"十四五"国家重点出版物出版规划项目
教育部长江学者创新团队发展计划
南京大学文科卓越研究计划"十层次"项目

本书受教育部"创新团队发展计划"滚动支持项目"经济转型期稳定物价的货币政策"（IRT_17R52）、国家自然科学基金青年项目"金融科技与银行小微企业信贷供给：效果、机制与对策"（71803081）资助

高质量发展阶段货币政策研究论丛

Monetary Policy, Fintech and
Commercial Bank Credit Allocation

货币政策、金融科技与商业银行信贷配置

盛天翔 /著

中国财经出版传媒集团
经济科学出版社
Economic Science Press

总　序

　　2013年，我们团队的研究计划"经济转型期稳定物价的货币政策"入选教育部"长江学者创新团队发展计划"，并于2014年正式立项建设。团队以范从来教授为带头人，骨干成员包括陈冬华、王宇伟、周耿、张勇、刘晓辉、高洁超、盛天翔等。立项建设以来，团队延续之前的方向，在货币政策领域开展持续性研究。2017年，经教育部专家组评估，团队的建设工作被评价为优秀，并获得了滚动支持。到2020年底，已完成两个完整的建设周期。期间，团队始终围绕中国的货币政策开展深入研究。也正是在这一时期，中国货币政策制定和实施的内外部环境都发生了较大变化。从内部来看，中国经济步入新常态，增长方式面临转型的同时，金融市场的市场化改革不断深入。从外部来看，虽然和平与发展仍是时代主题，但全球的不稳定性不确定性明显增加，经济全球化遭遇逆流，中国的金融开放面临新的挑战。在这一背景下，如何提高货币政策的有效性成为十分重要的问题，团队围绕这一问题开展了一系列的研究和探索，形成了本套丛书。总体来看，丛书在关注中国的货币政策问题上表现出以下四个方面的特色。

一、从价格稳定到金融稳定，探索货币政策与宏观审慎双支柱的政策框架

　　大量文献研究表明，将价格稳定设定为货币政策的最终目标符合社会福利最大化的原则。这成为20世纪80年代以来各国中央银行逐渐转向通货膨胀目标制的理论基础。团队的研究最初也以"经济转型期稳定物价的货币

政策"为切入点展开研究。2008年国际金融危机的爆发使人们对单一的价格稳定目标展开了深刻反思。美国虽然在2008年之前实现了价格稳定目标，但金融体系却出现了重大风险，并直接引致次贷危机的爆发。兼顾金融稳定目标的"宏观审慎管理框架"成为货币政策发展的新趋势。因此，在研究中团队适时将研究落脚点拓展到金融稳定。

实践表明，稳定价格的货币政策无法确保金融稳定。在通货膨胀目标制的货币政策导向下，物价和产出增长虽然平稳有序，但是金融失衡却快速发展，主要表现在信贷快速扩张、资产价格泡沫膨胀，系统性风险在时间和空间两个维度持续积累。而立足个体金融机构稳健运行的微观审慎政策亦无法有效化解金融不稳定因素。与之不同的是，宏观审慎政策是一种专门针对金融稳定目标设计的跨部门、逆周期制度安排，强调从宏观整体角度抑制金融与实体经济之间的顺周期反馈机制、防止系统性风险的传染和爆发，从而维护经济金融稳定运行。

相比欧美发达国家，中国在宏观审慎政策实践上走在前列。2008年底，中国银监会就根据银行规模前瞻性地提出了动态资本要求。2012颁布的《商业银行资本管理办法（试行）》则明确了逆周期资本计提要求。中国人民银行在2011年正式引入差别准备金动态调整机制，并于2016年将对银行业的差别准备金动态调整机制和合意贷款管理升级为"宏观审慎评估体系"。《中华人民共和国国民经济和社会发展第十三个五年规划纲要》首次明确将"防控风险"纳入宏观调控目标体系，并首次提出要"构建货币政策与审慎管理相协调的金融管理体制"。2017年成立的国务院金融稳定发展委员会从制度安排层面突出了货币政策、宏观审慎政策等协调的重要性。党的十九大报告则正式提出"健全货币政策和宏观审慎政策双支柱调控框架"。

从协调的必要性来看，货币政策与宏观审慎政策相互间的政策外溢性很强。二者所使用的工具如政策利率、逆周期资本充足率等，虽然各自调节的目标不同，但都会直接作用于金融体系。尤其是中国，在以银行为主体的金融体系和以信贷为主导的间接融资格局下，货币政策和宏观审慎政策的相互影响非常明显，二者的调整会直接作用于传统银行，并影响其与影子银行的信贷行为，进而影响产出、价格等宏观经济变量。因此，必须构建货币政策与宏观审慎政策协调的双支柱框架，以引导信贷资源合理、高效配置，确保宏观经济与金融的双稳定。在中国的宏观审慎政策实践中，人民银行和银保监会是两个关键主体，如何协调不同部门间的宏观审慎政策值得学术界做深入思考。团队基于上述视角，对中国货币政策与宏观审慎双支柱调控的政策框架进行了思考。以金融稳定与经济稳定的分化为起点，探讨了中国货币政策与宏观审慎政策的双支柱协调框架。在分别就货币政策、宏观审慎政策的转型与创新进行详细分析的基础上，从多个角度研究了双支柱框架的协调路径和完善空间，为理解近年来中国宏观调控创新的逻辑和可能方向提供了一定的启示。

二、从总量调控到结构调整，宏微观结合关注金融供给侧结构性改革

随着中国经济从高增长阶段向高质量发展阶段迈进，构建符合高质量发展阶段的货币政策框架成为推进国家治理体系现代化的客观要求。特别是金融层面供给侧结构性改革思路的提出为下一步的货币政策研究提出了新的问题。从货币层面看，当前我国货币运行与实体经济运行出现割裂且日趋明显，表现为M2/GDP居高不下，金融资源配置效率低下，甚至出现资金空转的现象。与此同时，大量有活力的中小微企业却面临融资难、融资贵的困境。这种割裂使宏观管理当局在制定和实施货币政策时陷入两难。针对上述结构性问题，团队的研究认为，对货币政策的研究必须引入新元素。其中，将宏观层面问题向微观视角研究拓展，从理论和实证两个层面强化宏观研究的微观基础是一个重要的选择。

团队在国内主导发起了"宏观经济政策与微观企业行为"学术研讨会，以此推动团队研究从宏观向微观层面拓展。为此，团队吸收了长期从事微观领域研究的成员，他们在发挥自身优势的同时，将宏观经济政策因素纳入对微观企业的研究，并以公司治理为切入点，深入探讨了宏观环境下的微观企业行为。这一研究为团队其他成员将宏观与微观研究结合提供了重要的基础。

首先，团队成员侧重从商业银行的角度，研究了货币政策的信贷传导渠道。疏通货币政策传导机制、增强服务实体经济的能力是货币政策框架建设的重心。然而，由于受到政策运行外部环境因素的干扰，现有兼具数量型和价格型的混合型特征货币政策框架非但不能有效疏通货币政策传导，反而还造成了货币信贷总量收缩和投向扭曲等一系列问题，由此也导致了金融活水难以支持实体经济的高质量发展。因此，团队成员从微观主体行为决策角度考察了现阶段货币政策传导不畅的梗阻因素及其影响机制。从现实情况来

看，受各类外生冲击的影响，央行注入银行体系的流动性往往会滞留其中，或者在投向实体经济过程中出现行业、期限错配，由此造成了货币政策传导的梗阻。由此，研究团队以银行信贷资金配置行为为切入点，考察了银行贷款渠道的梗阻因素及其影响机制。从期限结构的视角来看，不同期限的银行贷款对宏观经济产生的效应存在差异。中国商业银行特殊的利率定价机制下，货币政策紧缩（宽松）时，银行将减少（增加）中长期信贷资源配置，而由于不同货币政策立场下的金融杠杆变化，导致货币政策的上述影响效应表现出非对称性，进而弱化了货币政策传导的有效性。从信息沟通视角来看，中央银行对宏观经济信息、金融稳定信息的沟通会通过影响微观主体预期的形成，并进一步作用于消费和投资行为，最终影响到宏观经济的稳定运行。为此，研究团队分别从信息沟通对微观主体的宏观经济运行风险预期和金融稳定预期的形成、银行风险承担意愿变化等方面系统考察信息沟通渠道存在的梗阻因素及其影响机制。从防范金融风险目标视角来看，金融风险不仅会引发宏观经济波动，而且还会弱化货币政策传导效率，防范金融风险已构成中央银行制定货币政策的重要约束条件。研究团队以2008年国际金融危机爆发以来我国金融风险不断积聚现状为背景，运用金融压力来刻画金融风险，以微观主体非理性行为为切入点，并借鉴行为金融学领域的"情绪加速器机制"，系统考察金融风险的测度、经济效应以及中央银行应对金融风险的操作策略。

其次，团队成员从微观和结构的视角关注了中国的高货币化率（M2/GDP）问题。高货币化率现象虽是典型的宏观经济现象，其背后反映的却是微观经济中的各类结构性问题。这一点在2008年以后表现得尤为突出。长期以来，人们关注高货币化率问题时，习惯于从分子（M2）的角度分析高货币存量的形成原因，而忽略了对分母（GDP）的关注。导致过多的注意力集中在"货币发行"这一层面，认为M2/GDP高企的原因一定是M2发行过度，社会上甚至普遍将该现象归咎于所谓的"货币超发"。事实上，若金融资源配置失当，等量的货币投放在推动GDP增长中的能力出现下降，也会引致M2/GDP的上升。而这恰恰可能是2008年以来中国的货币化率指标大幅攀升的主因。众所周知，2009年的"四万亿"财政刺激和"天量信贷"虽在短期内刺激了经济的增长，但金融资源的配置扭曲加大了经济中的结构性矛盾，给中国宏观经济的持续增长带来隐忧。货币信贷资源流向了GDP创造能力较弱的部门，在形成诸如"产能过剩"、"僵尸企业"和"房地产过热"等现象的同时，民营经济、实体制造业等领域获得的金融支持出现下滑。随之出现的货币化率攀升便与此相关。可见，若不结合微观经济主体的行为对上述现象加以分析，很难寻找到问题背后的根源并提出合适的解决方案。因此，有必要基于微观和结构的视角，从中国经济转型中的结构变迁特征和微观经济主体的行为动机出发，以中国的高货币化率成因为切入点，对中国宏观货币金融层面的重要问题进行研究和讨论，提出优化金融资源配置结构，提升货币使用效率的政策建议。

三、从传统技术到互联网技术，关注新技术背景下的货币政策转型问题

近年来，互联网技术的飞速发展给货币政策带来两方面的冲击。

首先，互联网技术带来货币形式的变革。以支付宝和微信支付为代表的数字形态货币逐渐被人们广泛接纳。数字货币不仅通过降低支付成本和提高支付效率给人们带来了便利，还能够助力普惠金融、实现社会公平，其潜在的反洗钱、反逃税功能对政府也有着巨大的吸引力。数字货币发展的根基是互联网，互联网发展推动个体经济模式逐渐转型为群体经济模式，促进大量新业态产生。这些新业态对货币的应用场景提出了新的需求，未来的数字货币不再是一成不变的体系，而是跟随经济发展模式变化而不断升级的生态系统。相对于传统货币，数字货币更值得信任。法定数字货币的实施不仅提高了货币防伪性能、降低全社会的货币防伪成本，而且货币的去匿名化将强化信誉机制，社会信任水平将大幅提高，大大促进人们之间的协作。不仅群体经济模式将朝着更有效率的方向进化，而且协作产生的创新将加速平台经济的发展。相对于传统货币，数字货币所有交易都可以追踪，以往地下经济的税收流失和资源错配的问题可以得到根本性的解决。政府完全可以改变征税的模式，从事后征税转变到交易时征税，经济活动的过程和结果更加确定，市场效率和公平性都得到大幅的提高。相对于传统货币，数字货币最大的优势在于使用过程中产生大量的数据，而法定数字货币本质上是经济发展模式运行的总账本，记录了线上线下所有的经济活动的信息。从这个意义上而言，数字货币有助于加速线上线下的融合，并提高政府的治理水平。团队成员在探讨各类经济新业态发展的基础上，对互联网背景下市场的信息不对称和效率问题进行研究，并沿着互联网经

济的理论框架,对未来货币变革进行分析和展望。

其次,互联网技术带来金融科技的兴起,这对货币政策的传导机制和传导效率都形成了影响。一方面,团队成员在货币政策的银行流动性创造效应中讨论金融科技带来的作用。随着金融科技水平的不断提升,货币政策影响银行流动性创造的效果将被削弱,并且不同类型银行存在异质性情况。货币政策调控银行流动性创造时,要充分关注金融科技的影响,考虑将金融科技纳入宏观审慎监管,健全双支柱体系,同时在微观监管中予以差异化的业务引导。另一方面,团队成员关注了金融科技对商业银行信贷资源配置效率的影响。小微企业在中国经济发展中发挥着重要作用,而小微企业信贷也成为银行信贷配置中的热点问题。着眼于整个银行业体系,金融科技有助于促进银行小微企业信贷供给,并且将改变银行业的最优市场结构,银行类型不再成为小微企业信贷供给的障碍。因此,从宏观层面来看,金融科技的运用有助于银行信贷结构调整,从而有利于提高货币政策的传导效率。未来,要充分发挥金融科技带来的技术升级效应,注重金融科技发挥效用的微观基础,地区银行业金融机构的增减应该与金融科技发展水平、银行业市场结构相结合。

四、从经济开放到金融开放,研究新时期的汇率形成机制问题

20世纪90年代以来,新兴市场爆发的一系列的货币和金融危机以及国际资本市场一体化的迅速推进,引起了学界对汇率制度和货币危机以及汇率制度和资本流动之间的关系等重大理论问题的反思。这种反思使汇率制度的研究在21世纪后重新成为国际金融领域研究的一条主线。在新的时代背景下,如何利用跨国的数据集实证地分析发展中国家汇率制度选择的决定因素,是我们理解汇率政策制定的重要理论依据和参考。

几乎与此同时,进入21世纪以来,人民币是否应该升值迅即成为国际社会关注的热点问题,引起了学界和政策制定者广泛的讨论和争论。这些讨论和争论很快就转变为对人民币汇率制度选择和汇率制度弹性问题的关注。于是,中国应选择什么样的汇率制度以满足中国的政治和经济诉求,成为最近十余年来国内外学界的研究热点。受2007~2008年全球金融危机的深刻影响,人民币国际化也成为我国亟待破解的重要现实和理论问题,而人民币国际化的起点和逻辑前提之一,便是人民币汇率形成机制的改革和进一步完善。

以上述问题为背景,团队成员在一般性理论梳理和分析基础上,首先着重

考察了20世纪50年代以来汇率制度选择的理论发展，然后以跨国面板数据为样本，在考察汇率制度演变的特征事实基础上，深入研究了资本管制、金融结构、出口产品分散化和政治制度等经济和政治因素对汇率制度选择的影响，最后，以中国为案例，考察了人民币最优汇率制度选择、人民币汇率制度弹性测度及人民币汇率制度弹性对通货膨胀和经济增长的影响。

总体来说，这套货币政策研究系列丛书紧紧抓住中国货币政策转型这一关键问题，体现了创新团队六年来在相关领域的研究成果。感谢教育部长江学者创新团队发展计划对丛书出版的支持，这将激励团队在这一领域持续研究，为中国特色的货币经济学建设贡献自己的一份力量。

前　言

根据货币政策框架的理论研究体系，以银行信贷为核心的货币政策信用传导机制占据了重要地位。从全球的历史经验来看，在每次重大的经济和金融危机中，银行的信贷供给也都扮演着重要的角色。例如20世纪30年代的美国经济大萧条、80年代的拉美债务危机、1997年的亚洲金融危机以及2008年开始的全球经济危机。但是，对于银行信贷的宏观经济影响效果，依然存在着不少分歧，究其原因，很可能是银行信贷资源的配置在其中发挥着重要调节作用。

一直以来，中国的金融体系以间接融资为主导，商业银行的信贷投放对中国经济的发展起到巨大作用。围绕中国的货币政策传导机制，大多数观点认为信用传导机制在中国货币政策传导中处于主导地位（盛朝晖，2006；盛松成和吴培新，2008；张勇等，2014；战明华和应诚炜，2015）。因此，本书将以货币政策的信用传导机制为基础，讨论商业银行信贷资源配置的系列问题。这对于中央银行如何更有效地进行货币政策操作，提高调控的精准性，更好地支持实体经济有着十分重要的理论意义和现实意义。与此同时，金融科技（fintech）在中国迅速发展，逐渐对金融市场、金融机构和金融体系产生巨大冲击，引起了各界普遍关注。金融科技将对商业银行的信贷资源配置产生何种影响，从而对现有货币政策传导机制带来怎样的新变化，也需要展开进一步研究。

货币经济学新范式强调宏观分析和微观基础的结合，将银行体系的具体制度结构看成货币经济学的内在组成部分，将银行的微观行为纳入一般均衡模型，在此基础上去研究宏观经济波动和制定经济政策（Stiglitz & Greenwald, 2005）。本书的研究遵循新范式的思想，同时融入银行业监管和金融科技等因素，充分考虑商业银行经营管理行为对货币政策的反馈，进而分析对信贷资源总量和结构性配置产生的影响，以及最终的货币政策宏观经济效应。

第一，围绕货币政策与银行信贷供给总量配置，检验各类货币政策工具的总量调控能力。在中国情境下，通过对数量型和价格型货币政策工具的对比，发现数量型货币政策对信贷总量的调控更有效，这与中国以信贷可得性为基础的信用传导机制在逻辑上保持了一致。同时，资本约束、资产质量以及流动性管理等银行业监管政策都将对商业银行经营决策造成影响，从而改变货币政策的总量执行效果。

第二，围绕货币政策与银行中长期信贷资源配置，讨论货币政策的结构调节作用。基于中国商业银行特殊的利率定价机制，我们从盈利动机的视角出发，研究发现，货币政策紧缩（宽松）时，银行将减少（增加）中长期信贷资源配置，而短期贷款和中长期贷款的基准期限利差水平会减弱上述关系。2016年以来，银行业金融机构的杠杆问题受到监管部门的高度重视，因此我们继续分析了金融杠杆在货币政策影响银行信贷期限结构过程中的中介效应，提出由于不同货币政策立场下的金融杠杆变化，货币政策对中长期信贷资源期限配置的影响效应表现出非对称性，由此弱化了货币政策传导的有效性。

第三，结合金融科技发展，讨论货币政策对银行流动性创造能力的影响。流动性创造主要用于衡量商业银行将流动负债转换为非流动资产的程度，本质上也是银行信贷资源配置效率的一种体现。我们认为，货币政策紧缩时，商业银行流动性创造能力下降；金融科技发展达到一定程度时，货币政策影响银行流动性创造的效果将被削弱；金融科技发展对不同类型银行（国有大型银行、全国性股份制商业银行、城市商业银行和农村商业银行）的调节效应不同。因此，货币政策调控银行流动性创造时，应该充分关注金融科技的影响，并且考虑将金融科技纳入宏观审慎监管，健全双支柱体系。

第四，将小微企业信贷供给作为重点，讨论金融科技对银行信贷资源配置的微观影响。我们构建了包含贷款技术和银行业市场结构的理论模型，提出金融科技、银行业市场结构与小微企业信贷供给的关系假说。研究结果表明：金融科技有助于促进银行小微企业信贷供给；推动银行增加小微企业信贷供给时，存在最优银行业市场结构；而金融科技发展水平将影响银行业最优市场结构。进一步，我们提出要增加商业银行对小微企业的信贷资源配置，应当更重视金融科技带来的技术升级效应，而不是简单地增设中小银行业金融机构。

第五，在前期信贷资源配置分析的基础上，重点讨论信贷期限结构的宏观经济效应。我们发现，短期贷款对经济增长虽然有短期的促进作用，但是却会形成通货膨胀的压力；而中长期贷款对经济增长能够有长期的促进作用，同时对通货膨胀有一定的抑制作用。不同阶段信贷量的期限结构不同，所以不同时期的信贷供给对宏观经济产生了不同的冲击效果，信贷政策及其监管应加强对信贷期限结构的关注。

第六，在金融科技基础上考虑银行业转型问题，开放银行新业态或将是一个重要方向，我们以长三角地区金融一体化为例进行相应分析。近年来新兴的开放银行特征与金融一体化内涵高度相似，金融科技的发展能够推动银行业体系实现金融资源共享、增强金融服务可获性以及提升金融配置效率。未来可以借助开放银行的共享理念、科学技术、商业模式和创新尝试，多层面规划金融一体化建设体系，全方位打造金融一体化生态圈，从而进一步提高商业银行信贷资源配置效率。

在本书主要结论的基础上，我们认为要完善中国的货币政策框架，疏通货币政策传导机制，必须重视商业银行的信贷资源配置行为，系统分析货币政策、宏观审慎监管和微观监管的叠合效应，同时要充分考虑金融科技引发的新技术、新模式和新业态冲击。

目录 Contents

第一章　货币政策信用传导机制的基础 / 001
　　第一节　货币政策传导机制回顾 / 001
　　第二节　中国货币政策框架的演变 / 012
　　第三节　货币经济学新范式与金融科技的启示 / 014

第二章　货币政策与银行信贷供给总量 / 018
　　第一节　货币政策工具对信贷总量的调控效果 / 018
　　第二节　银行业监管影响信贷供给的理论分析 / 031
　　第三节　银行业监管影响信贷供给的实证检验 / 052

第三章　货币政策与银行中长期信贷资源配置 / 061
　　第一节　货币政策、银行决策行为与信贷期限结构 / 061
　　第二节　货币政策、金融杠杆与银行中长期信贷 / 088

第四章　货币政策、金融科技与银行信贷的流动性创造 / 106
　　第一节　银行流动性创造的影响因素 / 106
　　第二节　货币政策与银行流动性创造
　　　　　　——基于金融科技调节效应 / 110
　　第三节　金融科技影响银行流动性创造的异质性分析 / 120

第五章　金融科技与银行小微企业信贷配置 / 125
　　第一节　金融科技影响小微企业信贷的机制与模式 / 125

第二节　金融科技、最优银行业结构与小微企业信贷供给 / 133

第三节　金融科技、银行规模与小微企业信贷供给 / 157

第四节　金融科技影响小微企业信贷供给存在的问题 / 165

第六章　银行信贷资源配置的宏观经济效应 / **169**

第一节　银行信贷资源配置效果的结构视角 / 169

第二节　信贷期限结构的宏观效应分析 / 173

第三节　银行信贷资源配置结构的启示 / 182

第七章　金融科技与银行业转型
　　　　——以长三角金融一体化为例 / **186**

第一节　金融科技、开放银行与金融一体化 / 186

第二节　借助开放银行推动金融一体化 / 188

参考文献 / 198

后记 / 226

第一章

货币政策信用传导机制的基础

货币政策的传导机制是货币政策框架研究的核心问题。大多数研究认为，目前中国的货币政策传导以信用传导为主，银行的信贷行为在其中发挥着重要作用。因此，本章首先对货币政策传导机制的"货币观"和"信用观"进行回顾，然后总结中国货币政策框架演变的历史过程。在此基础上，结合货币经济学新范式，强调宏观研究中融入商业银行微观活动的重要性，同时指出金融科技可能带来的新变化，从而为全书的后续研究奠定框架基础和理论依据。

第一节 货币政策传导机制回顾

一、货币政策传导机制的内涵

货币政策传导机制是货币政策调控框架的核心内容，也一直是货币政策分析中最重要的话题之一。在现有的文献中，货币政策传导机制一般被称为"货币传导机制"（money transmission mechanism）或"货币政策传导机制"（monetary policy transmission mechanism）。帕帕季莫斯和莫迪利亚尼（Papademos & Modigliani，1986）认为"货币传导机制"是货币影响实际及名义量值的渠道和机制[1]。泰勒（Taylor，1995）则认为货币政策传导机制是货币政

---

[1] 弗里德曼、哈恩：《货币经济学手册》（陈雨露、曾刚、王芳等译），经济科学出版社2002年版，第379页。

策通过某种渠道引起真实国内生产总值（GDP）和通货膨胀变动的过程。黄达（2000）指出"一定的货币政策工具，如何引起社会经济生活的某些变化，最终实现预期的货币政策目标，就是所谓货币政策的传导机制"[①]。

总的来说，国内外学者对于货币政策传导机制基本内涵的界定是类似的。一般而言，货币政策传导机制主要研究的是，中央银行在确定货币政策的目标后，使用操作工具影响实体经济中总产出、物价水平等经济总量的作用途径。由于各学派对有效的货币政策操作工具、中间目标的选择以及经济结构的看法存在诸多分歧，基本的假设观点也不尽相同，因此形成了不同的货币政策传导机制理论。其中，最典型的两类主流观点为"货币观点"和"信用观点"。

虽然货币政策传导机制的理论存在着巨大差异，但是一个标准的货币政策传导机制所包含的环节基本是一致的。中国人民银行将货币政策传导机制概述为："货币政策从政策手段到操作目标，再到中介目标，最后到最终目标发挥作用的途径和传导过程的机能。货币政策分为制定和执行两个过程，制定过程从确定最终目标开始，依次确定中介目标、操作目标、政策手段。执行过程则正好相反，首先从操作政策手段开始，通过政策手段直接作用于操作目标，进而影响中介目标，从而达到最后实现货币政策最终目标的目的"[②]。

综上所述，货币政策传导机制是货币政策变量与经济变量之间相互作用的过程，整个途径中一般包括三大类变量：货币政策变量、中间变量和最终目标变量，不同理论的分歧主要在于中间变量的选择方面。整个货币政策传导机制的过程可以用图1-1表示。金融机构（商业银行等）主要在操作目标向中介目标传导的过程中产生影响，中介目标向最终目标传导的过程中，主要是相关的实体部门（企业和居民等）发挥作用。

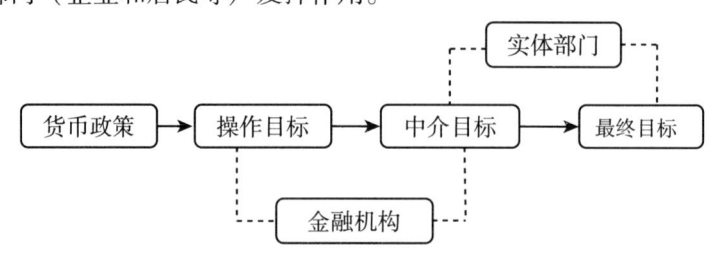

图1-1 货币政策传导机制的过程

[①] 黄达：《货币银行学》，中国人民大学出版社2000年版，第360页。
[②] 中国人民银行网站。

货币政策变量一般是指货币政策工具，它是由中央银行直接调控的变量。中国人民银行传统的四类政策工具包括公开市场业务、存款准备金、中央银行贷款和利率政策。2013年以后，中国人民银行又陆续推出常备借贷便利、中期借贷便利、抵押补充贷款、定向中期借贷便利等结构性货币政策工具。

在中间变量方面，参考索彦峰（2008）的概括，"中间变量可以进一步分为操作目标和中介目标，操作目标通常是指货币政策工具能够灵敏地影响其变化的变量，而中介目标则是间接地反映和度量货币政策执行效果的中间变量"。[1] 中介目标又可以分为数量指标和价格指标两大类，数量指标主要为货币供应量、信贷规模等，价格指标主要为利率、汇率等。

最终目标变量则是指货币当局想要实现的目标，一般包括充分就业、稳定物价、经济增长和国际收支平衡四项内容。在实际的经济发展中，货币政策事实上很难同时满足四项目标的要求，所以各国都以其中一项作为主要目标。1995年颁布并于2003年修改的《中华人民共和国中国人民银行法》明确规定，我国货币政策的目标是"保持货币币值稳定，并以此促进经济增长"。周小川（2016）将中国的货币政策目标表述为"4+2模式"，其中的"4"包括维护价格稳定、促进经济增长、促进就业、保持国际收支大体平衡；"2"是推动改革开放和金融市场发展。马骏和管涛（2018）认为，中国的货币政策一定程度上同时追求增长、就业、通胀、汇率、外汇储备水平、金融稳定和结构调整等至少七个最终目标。何德旭和冯明（2019）经过梳理后发现，中国货币政策的最终目标兼顾物价稳定、经济增长、就业、汇率、外汇储备水平、金融稳定和防风险、经济结构调整、促改革、惠民生等多个方面。

二、货币政策的货币观和信用观

目前，国内外学术界对货币政策传导机制的主流理论大致可以分为"货币观点"和"信用观点"，两大观点体现了货币政策影响实体经济的两类不同途径。因此，以这两种观点为理论基础的货币政策操作模式存在着显著的不同，前者以货币供应量和利率为基础，后者则是以调控信用可得性为基础。

---

[1] 索彦峰：《货币政策传导机制的理论脉络、内涵界定及实证方法》，载《南京审计学院学报》2008年第1期。

(一) 货币政策传导机制的货币观

货币政策传导机制的货币观点包括利率渠道、汇率渠道和资产价格渠道，持货币观点的学者们认为，金融资产只有货币和债券两种形式，银行贷款只是属于债券的一种，贷款和债券可以相互替代，在这种情况下，企业的直接和间接融资完全相同。此时货币政策的传导过程主要是通过不同金融资产的价格变化发生作用，最终影响投资水平和产出。相关理论主要基于完全信息的金融市场假设，但是忽略了金融市场的自身结构问题和信息不完全问题。

利率渠道是货币政策传导机制中最早提出的，也是最基本和最重要的一个，是其他途径的作用基础。20 世纪 30 年代的经济危机催生了凯恩斯主义理论，认为应该采取主动的政策调整来保证经济的稳定运行，并提出了货币政策通过利率影响有效需求的传导机制，希克斯（Hicks，1937）和汉森（Hansen，1953）进一步构筑了属于一般均衡的 IS–LM 模型，明确地提出了货币政策的利率传导机制，即货币的扩张会通过以下机制对实体经济产生影响：货币政策（M）↑→利率（i）↓→投资（I）↑→总产出（Y）↑。货币供应量（M）上升导致利率水平（i）下降，投资成本下降使得投资（I）增加，包括企业投资、消费者住房和耐用消费品投资，最终促进了总需求和总产出的增加。但是，凯恩斯的货币传导理论存在一个较大的缺陷，它没有考虑到金融资产之间的替代性，以及名义财富和实际财富相互影响的问题。

后凯恩斯主义开始重视非货币金融资产价格的传导分析，相关的货币政策传导机制理论则主要包括托宾的 Q 理论和莫迪利亚尼的居民财富传导机制理论。托宾（Tobin，1969）研究了货币发行与资本存量变化之间的关系，提出 Q 理论，本质上属于一种资产组合选择理论。他认为货币政策通过利率改变资产结构，从而影响股票价格（P_e），股票价格的变动将会调整企业的重置成本（q），最终决定企业的投资水平（I），进而改变实体经济的总产出（Y）。在居民财富传导机制方面，莫迪利亚尼（1954；1971）提出了生命周期模型，认为消费水平取决于消费者生命周期内的总财富，包括实际资本、金融财富和人力资本，其中金融财富的主要组成部分是普通股票。生命周期内总财富的变化会影响居民的收入预期，进而影响居民的消费行为。当股票价格上升时，金融财富的增加导致消费者收入资源的增长，从而使得居民的消费上升。货币政策的财富效应渠道认为货币政策引起了利率的变化，导致股票价格（P_e）的变化，带来了居民总财富（TI）的变动，从而引起消费水平（C）的变化，并最终导致经济总产出（Y）的变化。

另外，随着经济全球化发展以及浮动汇率制的出现，货币政策的汇率传导途径也开始引起学者们的重视。国际资金的流动对国内货币流通的影响以及汇率对净出口的影响，成为普遍关注的问题。蒙代尔和弗莱明在20世纪60年代建立的IS–LM–BP模型，被用于分析货币政策通过汇率渠道对实体经济的影响。货币政策对汇率的影响与货币政策对利率水平的影响机制类似，这一传导途径发挥作用的关键是利率对汇率的决定作用。扩张性货币政策（M）导致实际利率（i）下降，从而使得本国的投资收益率下降，导致资金流出本国，引起了本国的汇率（E）贬值，因此本国的净出口（NX）会增加，最终使得实体经济的总产出（Y）提高。

（二）货币政策传导机制的信用观

货币政策的"货币观"主要是强调银行资产负债表的负债方（货币）在货币政策传导中的重要作用，但是却忽略了银行资产负债表的资产方（信贷）的作用。20世纪30年代、80年代以及90年代出现的美国经济衰退也导致了货币观的理论困境，货币供给的变化并不足以解释经济的波动。因此，学者们将目光转向资产方（信贷）所发挥的作用上，并最终形成了货币政策传导的"信用观点"，主要包括银行贷款渠道、资产负债表渠道、银行资本渠道和风险承担渠道。

1. 银行贷款渠道

银行贷款渠道[①]（bank loan channel）一般被认为是狭义的信用传导机制，着重分析货币政策如何通过改变银行的贷款供给量，从而影响借款人的可贷资金，最终影响实体经济。货币政策信用渠道来源于鲁萨（Roosa，1951）提出的信用可得性学说，强调了准备金和利率的变动将会改变银行的贷款供给能力，当企业的原始需求没有减少时，由于可得信贷量的减少，实际支出将受到影响，最终波及整个社会的经济产出。信用可得性学说在很大程度上是以信贷配给为基础的。斯蒂格利茨和维斯（Stiglitz & Weiss，1981）提出了 S–W 模

---

① 不少学者在相关研究中也将其称为"银行信贷渠道"或"信用渠道"，本书在后续的文献回顾中将不作区分，其内涵一致。

型，认为由于存在逆向选择和道德风险，随着利率的提高，贷款数量的增长反而出现下降，银行会在高利率水平上拒绝一部分贷款要求，从而产生信贷配给均衡。信贷配给理论的发展初步奠定了货币政策影响实体经济的微观基础。当企业的融资渠道仅有银行信贷时，在遭受信贷配给时，企业将会收缩投资，从而带来经济总产出的下降。

信贷配给现象促使学者们进一步思考信贷和金融中介（尤其是银行）对宏观经济的重要作用。伯南克和布林德（Bernanke & Blinder, 1988）开创性地将金融资产分为货币、债券和银行贷款，并且假定它们之间不能完全替代，在此基础上建立了 CC–LM 模型，信贷市场、货币市场和商品市场三个市场存在均衡，奠定了银行贷款渠道的理论基础。伯南克和布林德（1992）指出，中央银行可以通过调整准备金规模，改变商业银行贷款供给的能力，在紧缩性的货币政策下，依靠银行贷款融资的企业由于资金需求得不到满足，将不得不缩减生产和减少投资，最终影响总需求。卡什亚普和斯坦（Kashyap & Stein, 1994）则概括指出银行信贷机制的存在必须满足三个前提：第一，价格调整存在粘性，从而导致货币政策的影响非中性化；第二，至少存在一些借款人，在其资产负债表的负债方，银行贷款和非银行资金来源之间不能完全替代，也就是说，总有一些借款人必须依赖银行融资，在遇到贷款供给下降时，不能通过非银行资金来弥补贷款的减少，从而会影响到企业经济活动的变化；第三，货币政策能够影响银行的贷款供给，在银行资产负债表的资产方，银行贷款与证券无法完全相互替代。也就是说，央行在实行紧缩性政策时，银行无法通过减少证券持有来保持或增加贷款供给。

综上所述，货币政策通过银行贷款渠道传导的过程可以简单描述如下：货币政策(M)↓→银行贷款(L)↓→投资需求(I)↓→总产出(Y)↓。货币政策紧缩时，信贷渠道的传导并不通过利率来调整总需求，而是通过信贷供给曲线左移来减少信贷的可得性，从而削减信贷需求，降低了投资水平，最终减少总产出。

2. 资产负债表渠道

资产负债表渠道（balance sheet channel）一般也被称为广义的信用传导机制，该传导机制指出了外部融资溢价的概念，即外部融资不能完全替代内部融资，信用市场上的不对称信息将会造成外部融资与内部融资之间的成本溢价。借款人面临的外部融资溢价取决于其资产负债表所反映的内部财务状况，货币政策变化导致和借款人财务状况有关的金融因素变化,从而改变外部融资溢价,外部融资溢价的波动又将影响借款人的投融资和支出决策,从宏观层面上表现为经济的波动。借款人财务状况可以通过企业净值来表示,它的表达式为:企业净值=流动资产+非流动资产的抵押价值。企业净值越小,则外部融资溢价越高,融资条件越不利。

资产负债表渠道的理论突破来自伯南克和格特勒(Bernanke & Gertler, 1989)在威廉姆森(Williamson, 1987)的基础上建立的一个新古典商业周期模型。该模型分析了当存在代理成本时,内部资产净值的作用,认为内部资产净值会影响企业资金成本,代理成本导致外部融资溢价升高,信贷条件的恶化在经济紧缩时将放大其对经济的冲击,而且这种机制是非线性的,这为资产负债表渠道奠定了明确的微观基础。随后,不少学者(Greenwald & Stiglitz, 1993; Gertler & Gilchrist, 1993; Oliner & Rudebusch, 1996; Kiyotaki & Moore, 1997)都注意到借款人的资产负债状况在经济冲击中的关键性作用。

伯南克和格特勒(1995)正式提出了"资产负债表渠道"的概念,认为货币政策会影响借款人的资产负债表,改变其财务状况,影响外部融资额外费用,进而改变他们的投资和支出行为。同时,引入了利息负担率(coverage ratio)的概念,即非金融企业的利息支出/利息与利润之和,认为可以使用这个指标来衡量企业的财务状况。伯南克等(Bernanke et al., 1996)提出了与资产负债表渠道密切相关的"金融加速器"(financial accelerator)的概念,借款人资产负债表具有周期性的内生性变动,能够强化和传导商业周期,金融加速器效应将信贷市场状况变化所带来的最初冲击进行了放大。伯南克等(1998)以 DNK(dynamic new keynesian)框架为基础,构建了动态一般均衡的 BGG 模型,对金融加速机制在经济波动中的作用进行了相对完整的描述,完成了对广义信用传导机制的规范分析,即以微观经济主体的金融加速器机制为基础,从企业现金流效应和资产价格效应两个方面去解释货币政策的传导过程。为提高实证上的相关性,模型中加入了三个假设(货币与价格"黏性",投资的"滞后性",企业间的"异质性"),这使得模型的校准和模拟与实际经济运行更加吻合。

综上所述,资产负债表渠道之所以存在,参考夏德仁等(2003)的概括,主要是货币政策从两个方面影响了借款人的财务状况。一方面,由于借款人可能会持有一些未到期的浮动利率的债务,利率的调整会直接改变借款人的利息支出,从而影响其净现金流量及财务状况。另一方面,利率的调整通常也会带来资产价格的改变,导致借款人抵押资产价值发生变化。这两个方面的作用都会影响企业的净价值和信贷资信度,从而影响企业的筹资能力和投资活动。

货币政策通过资产负债表渠道传导的过程可以简单描述如下:货币政策(M)↓→利率(i)↑→企业净价值(V)↓→外部融资成本(C)↑→投资需求(I)↓→总产出(Y)↓。

3. 银行资本渠道

传统的银行贷款渠道主要强调存款准备金等货币政策工具对银行信贷供给能力的影响。1988 年,《巴塞尔协议Ⅰ》(Basel Ⅰ)首次提出了银行资本充足率监管,而 20 世纪 90 年代初美国出现了由于信贷萎缩而造成的经济衰退,不少学者开始重视银行资本在货币政策传导中的作用,并侧重于深入分析资本充足率的约束对信贷的影响,逐步提出货币政策通过银行资本传导的新渠道。我们认为,银行资本渠道应该属于银行贷款渠道的一种衍生,其本质上是货币政策在传导过程中受到了银行资本约束的影响,商业银行面临的资本监管要求将会改变其原先的信贷供给能力。银行资本渠道的传导根据资本充足率不同的作用方式,又可以分为两种不完全相同的途径。

一是通过银行贷款渠道的间接作用。银行贷款渠道理论认为,货币政策将直接影响银行的信贷供给能力,相关的货币政策工具可以对银行的信贷投放产生影响。但是,当商业银行面临资本充足率的约束时,货币政策的原有效应可能会被弱化,并存在非对称性。布利斯和考夫曼(Bliss & Kaufman,2003)构建了一个简单的银行资产负债模型,认为在银行贷款渠道中除了存款准备金的约束之外,还需要增加银行的资本约束。在宽松的货币政策下,如果受到资本充足率的约束,银行依然无法提高贷款供给的水平,那么在经济萧条期实施扩张性政策时,监管资本的约束将会限制货币政策的有效性。范·登·霍伊维尔(Van den Heuvel,2003)认为,如果商业银行的资本充足率低于最低监管要求,当中央银行实行宽松的货币政策时,降低存款准备金率所释放出的资金将只能用于配置在风险权重更低的资产(如债券)上,无法用于信贷投放,银行的信贷渠道受阻,货币政策效果将大打折扣。资本约束间接作用的渠道可以简单描述如下:货币政策(M)↑→受资本约束影响→银行贷款(L)(受阻)→投资需求(受阻)→总产出(受阻)。

二是资本约束的直接作用。银行资本渠道的另一种作用途径,主要是货币政策对资本充足率直接造成影响，从而导致资本监管约束对银行信贷供给造成冲击。博尔顿和弗雷塔斯（Bolton & Freixas，2000）认为，紧缩性货币政策将导致银行存贷款利差减少，导致贷款盈利能力下降，对银行资本造成的影响会进一步放大信贷紧缩效应。查米和库西马诺（Chami & Cosimano，2001）建立了一个包含资本充足率约束的动态模型，认为在不完全竞争的银行市场中，当货币政策紧缩时，会减少银行存款和贷款之间的净利差，这将使得未来贷款的供应减少，银行收益降低。同时，他们还首先提出了"银行资本加速器"（bank capital financial accelerator），即紧缩性货币政策在降低银行贷款意愿的同时，也降低了银行未来受到资本约束的可能性，银行持有资本的期权价值将会下降。因此，现阶段银行会提高分红的水平，减少资本持有数量，这又进一步导致下期的贷款量受到更加严厉的资本制约。

范·登·霍伊维尔（2002）建立了银行在不完全竞争和资本约束情况下的动态模型，并提出了"银行资本渠道"（banking capital channel）的概念，阐述了货币政策对银行资本渠道的作用机制。他认为，由于银行资产的期限比负债的到期期限长，导致其容易受到利率的影响。当中央银行实施紧缩性的货币政策时，利率的提高使得利差减少，从而导致商业银行的盈利能力下降，除非其大幅度降低分红，否则从长期来看，银行的资本充足率将会不断下降。因此，监管资本的要求会导致银行信贷供给能力的下降，从而放大了货币政策的紧缩性效果。相对于资本充足率高的银行而言，银行资本渠道对于资本充足率较低的银行的约束效应更大。当实施扩张性货币政策时，面临资本约束，银行的信贷供给增加也会较少，削弱了扩张性政策的效果。资本约束直接作用的传导渠道可以简单概括如下：货币政策（M）↓→银行利润(P)↓→资本充足率↓→银行贷款(L)↓→投资需求(I)↓→总产出(Y)↓。

4. 银行风险承担渠道

传统货币政策理论认为商业银行是中性风险的，侧重于研究货币政策环境变化对银行信贷数量的影响，较少关注银行风险感知与风险容忍度对货币政策传导的影响。2008年全球金融危机的爆发使得学术界和实务界普遍认识到，危机前长期宽松的货币政策是导致金融危机爆发的关键原因之一。博里奥和朱（Borio & Zhu，2012）首次提出货币政策的银行风险承担渠道（bank risk-taking channel），即货币政策通过影响金融机构（主要是银行）的风险容忍度，进而对资产风险、资产定价及融资成本产生影响，促使银行重新考虑其贷款决策行为，最终对实体经济产生影响，这是银行的一种主动风险承担行为。

银行的风险承担行为有主动、被动之分（方意，2015；金鹏辉，2015）。主动风险承担（proactive risk-taking）发生于银行发放贷款之时，是银行风险承担意愿的及时反映。主动风险承担加剧表现为风险容忍度上升、道德风险加剧以及信贷标准的主动放松。被动风险承担（passive risk-taking）则发生于银行发放贷款之时或之后。被动风险承担加剧表现为在风险容忍度未变的条件下，银行风险识别水平下降所导致的风险承担增大，或是宏观经济下行等不利因素所导致的信贷违约风险加大。银行的主动、被动风险承担行为综合体现在其总体破产风险（insolvency risk）中[1]。在理论分析中，银行风险承担主要反映的是商业银行依据货币政策环境变化，权衡投资组合风险和收益后，继而主动承担相应的已经发生了的风险行为。

根据银行风险承担渠道理论（Borio & Zhu，2012），货币政策的影响过程主要包括两个方面。一方面，宽松货币政策可以推动资产价格上涨、抵押物价值上升，企业财务费用下降、现金流增加，从而降低银行对风险的识别和测度程度；另一方面，宽松货币政策降低投资回报率，在收益搜寻动机和竞争效应等推动下，降低了银行和其他金融机构的风险规避程度。

国内外诸多学者在风险承担渠道的基础上，进一步探究了其存在性及作用机制[2]。第一，估值与收入效应。宽松的货币政策会推动资产价格上涨、抵押物价值上升，同时企业财务费用下降、现金流增加。这样将降低银行对违约概率、违约损失率的估计，银行风险偏好和容忍度随之改变，促使银行风险承担意愿和能力上升（Adrian & Shin，2009）。第二，收益搜寻动机。宽松的货币政策会导致无风险利率下降，在其他因素不变的情况下，将导致银行的资产组合收益率下降，银行就会开始涉足更多高风险业务，从而增加了自身的风险承担（Rajan，2006）。第三，保险效应。中央银行货币政策的可预期性越强、政策透明度越高，则可能降低市场的不确定性，从而降低风险溢价，为实现目标收益率，银行可能承担更高的风险（Borio & Zhu，2012）。第四，杠杆效应。阿德里安和申（Adrian & Shin，2009）认为，金融机构都有固定的（如商业银

---

[1] 顾海峰、于家珺：《中国经济政策不确定性与银行风险承担》，载《世界经济》2019年第11期。

[2] 张强、乔煜峰、张宝：《中国货币政策的银行风险承担渠道存在吗?》，载《金融研究》2013年第8期。

行）或顺周期的杠杆比率（如投资银行）目标，当这些银行的资产组合或利润遭受冲击时，银行通过买卖资产加以应对，虽然上述杠杆机制并未关注资产质量，但也显示出了风险承担的作用机理（De Nicold et al.，2010）。

综上所述，货币政策通过银行风险承担渠道传导的过程可以简单描述如下：货币政策（M）↑→银行风险识别和规避能力↓→银行风险承担↑→总产出(Y)↑。货币政策的变动不仅通过影响利率、汇率、银行可贷资金量等导致投资和社会总产出发生变化，还会通过银行等金融机构的风险识别与风险偏好渠道影响银行资产组合风险、贷款定价和其他非价格条款，从而作用于投资和社会总产出。风险承担渠道主要从行为主体决策的微观角度来分析银行对货币政策的反应及传导。宽松的货币政策会降低银行的风险识别和规避能力，从而提高银行风险承担水平，进而推动总产出的提升。

三、中国的货币政策传导机制述评

通过对货币政策传导机制理论的回顾，我们可以发现，无论是"货币观"还是"信用观"，学术界都给予高度关注，并且不断推进相关研究。那么，中国的货币政策传导机制如何呢？1998年开始，中国人民银行对货币调控方式进行了改革，商业银行信贷规模的直接控制被取消，我国的货币政策调控由直接方式转变为间接方式。随着金融改革的深入，金融市场的深度和广度不断扩展，国内大批学者开始深入分析中国货币政策的传导机制。

一种观点认为我国货币政策传导的主要渠道是货币渠道，信用渠道的作用不明显（冯春平，2002；陈飞等，2002；孙明华，2004；张辉和黄泽华，2011）。与此同时，更多学者则认为，转型期内信用渠道在我国货币政策传导中占主导地位，或者说比货币渠道更重要一些。例如，李斌（2001）认为货币供应量和信贷总量都比较切合我国货币政策的中间目标，其中信贷总量对经济运行具有更重要的作用。王国松（2004）利用1994~2002年间的年度数据进行分析，结果显示，我国货币政策传导的货币渠道在通货紧缩期间"受阻"，而信贷渠道发挥了重要作用。蒋瑛琨等（2005）对我国1992~2004年的货币政策传导机制进行实证分析，结果显示贷款对物价和产出的影响最为显著。盛朝晖（2006）全面分析了1994~2004年我国货币政策的主要传导渠道效应，认为信贷渠道在货币政策传导机制中发挥主要作用，利率传导的作用得到发挥，但是小于信贷渠道。盛松成和吴培新（2008）利用 1998~2006 年的经济金融月度数据，运用 VAR 模型分析得出，我国基本不存在货币传导渠道，信贷规模是事实上的中介目标，主要的传导渠道为银行贷款。战明华和应诚炜（2015）构建了中国货币政策广义信贷渠道作用机制的拓展模型，并且以 1998~2007 年中国非上市公司为研究对象，验证了紧缩性货币政策通过广义信贷渠道，对经济产生金融加速器效应。

总的来说，大部分学者认为目前中国货币政策传导的主要渠道依然是信用渠道，一些支持货币政策渠道更重要的研究似乎并不能提供充分的证据。因此，我们初步判断中国货币政策的信用渠道传导扮演着重要的角色。随着四大国有银行全部完成股份制改造并成功上市，全国性股份制商业银行发展壮大，城市商业银行迅速成长，信用渠道传导的微观基础也发生了巨大的变化，银行业市场结构的改变和商业银行的微观经营行为使得货币政策的间接调控变得越来越复杂。同时，2003 年中国银监会正式成立后，银行业监管制度的完善和执行手段的严格要求，也对货币政策银行贷款渠道的传导产生了重要影响。

第二节 中国货币政策框架的演变

何德旭和冯明（2019）指出，"概括而言，狭义的货币政策框架由四部分内容构成——货币政策目标、货币政策工具、货币政策规则和货币政策传导渠道，其中货币政策目标又可分为最终目标和中介目标；广义的货币政策框架还应包括一个国家或经济体的货币创造机制"[①]。国际货币基金组织（IMF）将货币政策框架定义为：运用货币政策工具实现货币政策的操作目标，通过操作目标实现货币政策的中介目标，从而达到货币政策的最终目标的基本架构。中国的货币政策在经历了直接调控到间接调控的转变后，最终确定了"以货币供应量为中介目标，保持货币币值的稳定并以此促进经济增长为最终目标"的货币政策框架。同时，由于中国长期以来属于事实上盯住美元的固定汇率制度，因此一般认为目前中国的货币政策框架主要属于货币目标框架，兼具汇率目标框架的特征（陈雨露和周晴，2004；孔丹凤，2008 等）。

---

① 何德旭、冯明：《新中国货币政策框架 70 年：变迁与转型》，载《财贸经济》2019 年第 9 期。

参考何德旭和冯明（2019）的研究，1978年以来，中国的货币政策框架大致可以划分为三个阶段。

第一阶段为1978～1992年，计划与市场调节并存时期。这一时期，货币政策的最终目标首先是维持物价稳定，其次是促进产业结构调整。市场化的货币政策中介目标体系初步形成，1987年中国人民银行开始试编"货币供应量计划"。在货币政策工具方面，包括创立中央银行贷款制度、设立存款准备金制度、调整利率体系等。

第二阶段为1993～2012年，建立完善社会主义市场经济时期。这一时期，货币政策创造机制进一步发展，基础货币发行渠道多元化，外汇占款成为央行基础货币发行的主要途径，商业银行的货币派生能力不断提升，创造大量货币。同时，货币政策调控开始从直接调控转向间接调控。1993年，首次以中央文件阐述货币的最终目标是"保持货币的稳定，并以此促进经济增长"，随着金融改革的深入，在货币政策中介目标层面，货币供应量逐渐得到更多的关注和依赖。在货币政策工具方面，间接工具和国际通行的政策工具开始更多地被采用，包括再贴现业务、公开市场业务的使用，并且继续改革中央银行贷款制度和存款准备金制度。以1998年取消对国有银行的贷款规模控制为标志，计划性和指令性工具逐渐被弱化或停止使用。

第三阶段为2013年以来，全面深化改革阶段。这一时期，外汇占款不再是基础货币创造的主要渠道，央行再贷款重新成为基础货币的重要来源。在货币政策工具方面，中国人民银行新创设了常备借贷便利（SLF）、抵押补充贷款（PSL）、中期借贷便利（MLF）等工具。在货币政策传导中的信用活动方面，传统商业银行、非银行金融机构以及商业信用等相互交织，业务活动更加复杂。随着信息科技手段的迅速发展，也产生一些新的金融业态，P2P等互联网金融平台带来新兴模式的同时，也导致了诸多风险。货币政策传导的顺畅性和货币政策工具的有效性都面临着新的挑战。

在货币政策调控框架不断发展的同时，央行也在不断探索建立适合中国国情的宏观审慎政策框架。陈雨露（2019）概括指出，"中国人民银行2003年开始对房地产信贷风险进行提示并通过调节按揭成数和利率杠杆防范房地产泡沫，2004年实行差别存款准备金制度，分类开展信贷政策，这都体现了宏观审慎政策的思想。2009年，人民银行开始系统研究宏观审慎政策框架，2011年引入差别准备金动态调整制度，并在2015年将其升级为宏观审慎评估体系

（MPA），从资本和杠杆、资产负债、流动性、定价行为、资产质量、跨境融资风险、信贷政策执行情况等七个方面引导银行业金融机构加强自我约束和自律管理，并在2016年将表外理财纳入宏观审慎评估。同时，根据资本流动的新特点，在2015年将外汇流动性和跨境资金流动纳入了宏观审慎管理范畴，进一步完善了宏观审慎政策框架"。① 这意味着，银行业的宏观监管或许会对货币政策传导机制带来影响，改变原先的货币政策执行效果，需要进一步展开相关研究。

第三节 货币经济学新范式与金融科技的启示

一、货币经济学新范式

斯蒂格利茨和格林沃尔德（Stiglitz & Greenwald，2005）在以往研究的基础上，发展了一个新的货币经济学理论范式。该范式关注的不是传统的交易性货币需求，而是着重研究信贷在经济活动中的作用，认为银行在货币政策传导中占据主要地位，主张将银行体系的具体制度结构看成货币经济学的内在组成部分，将银行的微观行为纳入一般均衡模型，在此基础上去研究宏观经济波动和制定经济政策。"新范式"的分析方式与货币政策信用传导机制理论高度相关，都关注了信用可得性、不完美金融市场以及金融监管等问题。

中国经济金融环境的变革性，要求我们在对中国货币政策信用传导机制的研究中必须考虑实际的银行经营活动。因此，基于"新范式"的货币政策传导机制研究可以为我们后续的研究提供以下一些关键结论和启示②。（1）实际利率不一定能够很好地衡量货币政策的松紧，信贷的可得性是重要的，当存在信贷配给的情况时，相对于信贷需求，贷款供给才是更重要的。与此同时，信贷结构具有重要影响，仅仅分析信贷总量难以展开深入讨论。（2）银行在信贷供给中处于核心地位，因此必须理解各种政策如何影响银行的经营活动，不能完全应用标准的竞争范式来分析监管放松和金融自由化的影响。（3）在经

---

① 陈雨露：《四十年来中央银行的研究进展及中国的实践》，载《金融研究》2019年第2期。
② 约瑟夫·斯蒂格利茨、布鲁斯·格林沃尔德：《通往货币经济学的新范式》（陆磊、张怀清译），中信出版社2005年版，第260~262页。

济萧条期间，货币当局必须特别注意保持银行体系内的信息资本和组织资本，否则将会加剧经济萧条的深度以及持续时间。当遭遇危机时，政府需要考虑重组金融体系对信贷流量的影响。（4）与传统的货币政策工具一样，金融监管政策也能够对信贷的可得性产生巨大影响。当金融监管与货币政策制定属于不同机构时，监管政策的变化可能会抵消货币当局的原有意图，因此机构之间需要紧密协调。（5）由于货币政策通过影响信贷供给进而影响经济，中央银行应该有所作为，但是货币政策对各个经济部门的影响程度不同，过度依赖货币政策可能会造成扭曲性效应，随着时间的推移会削弱货币政策的有效性。未来，交易成本和信息技术的变化或许会显著影响货币政策的传导效应。

二、金融科技的内涵和启发

2013年以来，金融科技在中国市场发展迅速，逐步对金融市场、金融机构和金融体系产生巨大影响。金融科技是技术进步的典型体现，它并非一个基于理论研究而产生的名词，而是随着全球金融实务的不断发展而出现的新事物。金融科技（fintech）是"financial technology"的缩写，最早起源于20世纪90年代初的"金融服务科技联盟"（financial services technology consortium）[①]，是花旗集团发起的一个促进技术合作的项目（Arner et al., 2015）。金融和技术的发展长期以来是相互交织、相互促进的。

阿纳等（Arner et al., 2015）将金融科技划分为三个阶段。金融科技1.0时代（1866~1967年），是从模拟信息时代到数字时代，主要以电报、铁路、运河和轮船等技术加强全球金融信息传播，直到建立全球电传网络，出现第一台银行ATM机。金融科技2.0时代（1967~2008年），是传统数字金融服务发展的时代，金融行业的运营逐步实现完全数字化，信息技术在提高业务效率方面的重要性凸显，对金融监管也提出了新要求。金融科技3.0时代（2008年至今），是数字金融的大众化时代，金融危机促进了金融服务业创新市场参与者的出现，加速建立起金融科技的新范式，不是强调金融产品或服务的提供，而是由谁提供这些产品或服务，以及在零售和批发层面应用迅速发展的技

[①] 王达（2018）总结相关文献时，发现"金融科技"一词还可以追溯到1972年，我们经过比较后，认为更贴近现状的含义可能来源于20世纪90年代初，因此没有进一步追溯。

术。针对亚洲新兴市场，还专门提出金融科技 3.5 时代，认为与西方国家不同，金融科技在亚洲的发展主要是由于追求经济的发展。

基于上述阶段的划分，围绕着当前讨论的热点话题，我们将关注金融科技 3.0 时代。从具体定义来看，目前不少机构和学者（BCBS，2017；Navaretti et al.，2018；杨涛等，2018；王达，2018）较为认可全球金融治理核心机构金融稳定理事会（Financial Stability Board）的定义：" 金融科技是指由科技引发的金融创新，它能够创造新的业务模式、应用、流程或产品，从而对金融市场、金融机构或提供金融服务的方式造成实质性影响。" 也有少数学者提出了其他界定方式。陈等（Chen et al.，2018）将金融科技划分为七个关键技术类别，包括网络安全、移动交易、数据分析、区块链、P2P、智能投顾和物联网。施魏策尔和巴克利（Schweitzer & Barkley，2017）认为，金融科技指的是一组快速成长的科技公司，它们提供传统银行服务之外的替代服务，并且通常只在网络环境中提供。李文红和蒋则沈（2017）认为，不同背景下金融科技的具体含义存在差异，可以指对现行金融业务的数字化或电子化，可以指应用于金融领域的各类新技术，也可以指希望涉足金融领域的科技企业或电信运营商。易宪容（2017）、皮天雷等（2018）认为，金融科技以新兴科技为支撑，带来了新的业务模式、产品及服务，提升了金融服务效率。

一些学者还将金融科技与国内较热门的 " 互联网金融" 概念进行了比较。王海军和冯乾（2015）提出，发达国家并没有出现互联网金融这一词汇，而主要称为替代性金融；王国刚和张扬（2015）指出，国际上普遍使用网络金融，而不是国内所说的互联网金融，其范畴也更大。李文红和蒋则沈（2017）认为，互联网金融的概念可能会逐步融入金融科技的概念体系；李扬等（2017）表示，在监管、成本与技术的共同推动下，金融科技成为互联网金融的高级阶段；黄益平和黄卓（2018）认为，数字金融、互联网金融和金融科技基本相似，只是直观理解上的侧重点不同。

综合上述定义，结合金融科技的实务发展情况，本节认为金融科技的内涵主要包括三个方面：一是新的科技手段，二是新的业务模式，三是新的金融服务提供机构。因此，金融稳定理事会的定义应该是相对比较全面的。米什金和斯特拉恩（Mishkin & Strahan，1999）指出，技术进步能够很大程度降低交易成本，减缓信息不对称的问题，提高金融系统的效率，推动新的金融服务不断涌现。因此，结合货币经济学新范式，金融科技的出现，很可能会对货币政策传导机制的微观基础带来新的变化。中国是一个以间接融资为主体的国家，要分析中国货币政策的传导机制，需要重点研究商业银行的信贷行为，而金融科技的发展很可能对商业银行的信贷资源配置产生影响，应该予以考虑。

第二章

货币政策与银行信贷供给总量

货币政策对银行信贷供给总量的影响问题，处于货币政策信用传导机制中的前半段环节。首先，本章检验了各类货币政策工具对信贷供给总量的调节能力，发现数量型工具的调控效果更加明显。其次，货币政策影响银行信贷总量的过程，很可能也同时受到银行业监管的影响，因此我们构建一个综合考虑商业银行经营活动和银行业监管的信贷决策模型，从而分析银行业监管如何影响银行信贷行为，为货币政策的研究提供补充。最后，在理论模型结论的基础上，以 2005～2017 年 25 家中国商业银行的面板数据进行相应的实证检验。

第一节 货币政策工具对信贷总量的调控效果[①]

中国人民银行取消贷款规模控制后，对信贷量的调控主要采用间接手段为主的货币政策工具。本节首先比较了数量型工具和价格型工具调节信贷规模的平均效用，整体而言，法定存款准备金率、公开市场业务比利率工具更加有效；其次通过引入可变参数状态空间模型，分析 1998～2014 年各类工具对信贷量的动态作用过程，探讨了不同阶段影响力不同的原因，并认为未来公开市场业务或将成为央行控制信贷供给最重要的工具，准备金工具的效果将会增强，而利率工具依然不适用于调控信贷量。

---

① 本节核心内容来自盛天翔、范从来：《信贷调控：数量型工具还是价格型工具》，载《国际金融研究》2012 年第 5 期。

一、货币政策工具调控信贷总量的文献综述

1998 年中国人民银行取消贷款规模控制后，对信贷量的调控逐步转变为以间接手段为主的市场化管理，主要包括法定存款准备金率、公开市场业务、基准利率等货币政策工具。从货币政策执行情况看，为增强对宏观经济的调控，1998 年以来，中国的货币政策也是频繁调整，不过实际的信贷投放总是与目标值相差较大。2007 年后的部分时间段央行甚至重启了"信贷规划"。货币政策工具是否能够有效调节信贷规模？各种货币政策工具的影响力如何？不同时期是否存在差异？从实证的角度进行全面分析具有重要的现实意义。

货币政策工具可以分为数量型工具和价格型工具。存款准备金、公开市场业务、再贷款和再贴现属于数量型工具；利率则属于价格型工具。两类工具的侧重点有所不同，央行提高法定准备金率、加强公开市场操作，主要调节商业银行的可贷资金，从而控制商业银行的放贷能力；利率工具则倾向于调节贷款需求，同时也会刺激银行信贷供给的积极性。由于金融市场环境的不同，国外学者侧重于研究货币政策松紧对信贷供给的作用（Bernanke & Blinder, 1992; Kashyap & Stein, 1994）等，鲜有直接研究各种货币政策工具对信贷的直接影响。在中国货币政策工具对信贷量的影响上，国内学者之间存在着较大的分歧，分析结论中各类工具的作用方向以及强度均有不同。

少部分学者认为货币政策工具对信贷调控基本是无效的，黄金老（2010）甚至明确指出信贷限额管理才是效果最好的，他通过央行的实际操作证实了这一点。吴丽华（2008）也认为信贷规模控制手段效果好、针对性强、收放自如，而三大货币政策工具的信贷调控效果却不明显。

随着金融市场化的不断发展，大部分学者认为货币政策工具能够起到信贷调控的作用，但是在各类工具的实际效力上结论不同。

第一，在数量型工具和价格型工具的比较上，部分学者认为数量型要优于价格型。莫万贵和王立元（2008）认为存款准备金率、公开市场操作等数量型工具通过调节商业银行的可贷资金来控制贷款供给，比通过贷款利率来调控贷款需求，对抑制贷款增加更加有效。陆前进和卢庆杰（2008）认为央行应更多地使用数量型工具，谨慎使用价格型工具，提高法定准备金率和发行央行票据对经济的影响较小，利率的不断提高会使调控面临更多的困境。

第二，数量型工具中，准备金和公开市场业务的影响效力方面也有不同结论。王艺明（2008）提出法定存款准备金率的提高造成信贷配给，不利于经济长期发展，同时其在收缩流动性方面存在局限性，未来的作用将减弱，我国必须提高公开市场业务操作的有效性和独立性。余明（2009）认为准备金政策的信贷紧缩效应是存在的，但是其有效性受商业银行超额准备金率、存款规模的变化情况以及其他资金来源构成三个方面的影响。

第三，在价格型工具的影响方向上，学者们的研究结论也存在一定的差异。王国刚（2009）认为2006～2007年，我国频繁提高存贷款利率以收紧银根，新增贷款规模不仅没有减少，反而大幅增加，因此在我国金融实践中，提高存贷款基准利率并不具有紧缩银根的效应。国务院发展研究中心金融研究所货币政策传导机制研究组（2003）认为贷款利率的提高将导致贷款投放下降。李占风等（2010）指出当利率调整1个百分点时，贷款余额会朝相反的方向变化4.572%。

总的来说，上述学者的研究都没有能够系统地去解释几类货币政策工具的影响。有的学者采用的数据时间较短，莫万贵和王立元（2008）、吴丽华（2008）等的研究主要以2007～2008年的情况作为分析的主要对象，从而使得结论具有一定片面性，不利于全面比较两类货币政策工具的效力。有的学者则没有全部对货币政策工具进行对比分析，只是考察其中的一部分，或侧重于研究法定准备金工具，或侧重于利率工具。因此，本节的研究拟将几类工具统一纳入一个框架下进行全面的比较分析。我们首先使用固定参数的分布滞后模型来检验货币政策工具对信贷总量的影响，分析各类工具的平均效应，然后通过引入可变参数状态空间模型，来分析各类工具各自对信贷量的动态影响过程，进而分析不同时间段所产生的不同效力，并揭示它们之间的内在联系，使得整个分析过程更具有说服力和严密性。

二、固定参数模型的建立与分析

我们关注的货币政策工具主要包括法定存款准备金率、公开市场业务和利率工具。由于在样本期间内，央行再贷款和再贴现使用较少，所以未予考虑。同时，存贷款基准利差实际上由中国人民银行规定，这对银行的实际经营行为将会产生较大影响，所以我们认为利率工具中，贷款利率绝对值和利差同时发挥作用，共同影响银行的贷款供给，因此将存贷基准利差也纳入模型中。

法定存款准备金率和公开市场业务可以迅速执行，当中央银行执行相关操作时，对信贷供给的影响比较迅速，因此对公开市场业务和存款准备金取当期的数据。而贷款利率和贷款利差对信贷量的调整需要一定时间来完成，因此，我们引入了贷款利率和贷款利差的一阶滞后。其他影响贷款供给的因素还有很多，例如宏观金融环境、监管制度、行业结构、存款等，考虑到贷款的投放存在一定的延续性，我们将上一期的贷款增加额作为一项影响因素，利用其涵盖其他未知的信息，和货币政策工具的相关变量一起构成计量模型的解释变量，同时也有助于缓解内生性的影响。

（一）变量指标的选择

1. 存款准备金

我们直接选择央行公布的法定存款准备金率。由于从 2008 年开始，央行对大型金融机构和中小型金融机构实行不同的法定存款准备金率要求，因此我们将两类机构的法定准备金率进行加权平均，作为当期的准备金率要求。如果涉及季度内法定准备金率调整，按照季度内的每档准备金率的持续时间占比，折算出该季度的法定准备金率。

2. 公开市场业务

1996 年 1 月，我国基本建成了全国性的银行间同业拆借市场，1997 年 6 月建立了银行间债券市场，总的来说，银行间债券市场利率和同业拆借利率的市场化程度均很高，都能够反映公开市场业务操作，并且银行间同业拆借市场与债券回购市场同期限的利率具有正向的协整关系，两个市场的利率具有趋同性（邓向荣等，2010）。但是银行间债券市场利率仅能获得 2002 年的数据。因此，我们最终选择银行间同业拆借利率作为公开市场业务操作的衡量变量，利用每个月的银行间同业拆借加权平均利率，将月度数据再次加权平均后得到当季的平均拆借利率。

3. 利率工具

很多学者在研究时，在利率指标的数据选取上，采用一年期基准贷款利率，属于短期贷款利率。但我们认为随着中长期贷款的比重不断上升，中长期贷款的利率可能更能代表利率水平。为了使数据更具有一般性，在实际的模型设定中，我们尝试将短期贷款利率和中长期贷款利率均纳入模型中，按照之前的分析，我们还将同时考虑短期贷款利差和中长期贷款利差。将 6 个月和 1 年的贷款利率进行平均，得到短期贷款利率；将 1~3 年、3~5 年、5 年以上的贷款利率进行平均，得到中长期贷款利率。季度内涉及利率调整的，按每档利率的持续时间占比，折算出该季度的短期贷款利率和中长期贷款利率。短期贷款利差和中长期贷款利差按相同方法得出。

中国人民银行从 1998 年开始取消了贷款限额的控制，因此我们的实证检验数据全部选用 1998~2014 年的季度数据，原始数据全部来源于 Wind 数据库。为消除贷款数据的季节趋势，我们首先使用 X－11 法对贷款余额进行了季节调整。我们认为在利用实际数据分析法定存款准备金率、公开市场业务和利率对信贷量的影响时，数据处理上存在一定的差异。法定存款准备金率影响新增贷款时，主要是提高的准备金部分对信贷供给产生影响，即不同阶段法定准备金率的差分值影响信贷新增量。反映公开市场业务的银行间同业拆借利率和贷款利率，主要是通过利率的绝对值来影响新增贷款，因为银行的信贷投放参考的是利率绝对值而不是调息的差值。因此，我们首先对贷款总量和法定存款准备金率进行差分。

由于所有数据均为时间序列，所以在进行回归分析前必须检验各变量是否为平稳数据。我们首先使用 ADF 法对各变量进行单位根检验，以判断其稳定性。我们发现银行间同业拆借加权平均利率、短期贷款利率、中长期贷款利率、短期存贷利差、中长期存贷利差在 5% 的显著性水平上平稳，而法定存款准备金率和贷款余额的差分在 5% 的显著性水平上平稳。所以相关数据都是平稳的，我们可以直接利用相关数据进行回归检验。

（二）模型的检验

按照之前的分析，我们构建固定参数的回归模型，从而检验法定存款准备金、公开市场操作和利率对信贷总量的影响，并采用逐步回归的方法来选择最终的模型。

$DLOAN = F(DLOAN(-1)、DRESERVERATE、IBRATE、LONGRATE(-1)、DLONGRATE(-1)、SHORTRATE(-1)、DSHORTRATE(-1))$

每个回归的被解释变量都是贷款总量增加额 DLOAN，解释变量是法定存款准备金率变动 DRESERVERATE、同业拆借加权平均利率 IBRATE、中长期贷款利率一阶滞后 LONGRATE(-1)、中长期贷款利差一阶滞后 DLONGRATE

(-1)、短期贷款利率一阶滞后 SHORTRATE(-1)、短期贷款利差一阶滞后 DSHORTRATE(-1)。

在对模型进行估计时，若解释变量中存在被解释变量的滞后项，则检验自相关时，DW 值的检验不再适用，我们采用 LM 值来检验自相关问题。相关结果见表 2-1，可以看出，两个模型均不存在自相关问题，相应的系数估计是有效的。模型（1）中包含了短期贷款增加额的一阶滞后和短期贷款利差一阶滞后，结果显示，只有法定存款准备金率变动、贷款总量增加额一阶滞后和中长期贷款利率一阶滞后前的系数显著，模型的解释性则较差。我们注意到，短期贷款利率和长期贷款利率显著相关，短期贷款利差和中长期贷款利差也显著相关，因此模型中的变量设置存在相关性问题。所以，我们在模型（2）中剔除了短期贷款利率、短期贷款利差和截距项，所有解释变量影响系数的显著性均在 5% 以上。

表 2-1　　　　　　　　　　固定参数回归模型

解释变量	被解释变量：贷款总量增加额	
	模型（1）	模型（2）
法定存款准备金率变动	-2653.617** (1057.080)	-2117.087** (962.853)
同业拆借加权平均利率	-1396.736 (1097.292)	-1783.618** (884.049)
贷款总量增加额一阶滞后	0.463*** (0.111)	0.742*** (0.076)
中长期贷款利率一阶滞后	-911.530*** (6821.199)	2387.534*** (699.843)
中长期贷款利差一阶滞后	-7871.875 (2273.455)	-2850.779*** (1064.425)
短期贷款利率一阶滞后	202.046 (7875.421)	
短期贷款利差一阶滞后	-1722.921 (4615.451)	
截距项	39569.230** (16800.730)	
调整后 R^2	0.769	0.739
LM 值 F 检验的概率值	0.277	0.091

注：括号中标注的为标准差，***、** 分别表示在 1%、5% 的水平上显著。
资料来源：利用 EViews 软件计算整理。

表 2-1 的回归结果表明，法定存款准备金率变动、同业拆借加权平均利率和中长期贷款利差均对贷款总量增加额有负向作用，而中长期贷款利率对贷款总量增加额有正向作用。总体来讲，在货币政策工具中，法定存款准备金制度和公开市场业务是能够对信贷供给起到明显的调节作用的，两类工具的收紧将会压缩信贷增加额。而对于利率这一工具，我们发现利率的提高虽然从形式上属于货币政策的紧缩，但是在实际中，利率的提高增加了银行投放贷款的动力，在信贷资源紧缺的情况下，利率提高未能有效压制市场需求。利率对贷款供给的促进作用要大于其对贷款需求的抑制作用，信贷总量最终还是由信贷供给决定，因此整体上出现了信贷总量增加额与利率之间的正相关。利差与信贷之间的负相关，主要是因为中国的利差由中国人民银行决定，并不是一个市场化行为，尽管利差在逐步降低，但随着商业银行间的竞争日趋激烈，在利润最大化的驱使下，利差下降时必须提高信贷总量，才能弥补银行利润的损失。童士清（2008）指出要减少贷款的发放量必须着眼于缩小存贷利差，但根据我们的结论，在商业银行没有新的有效的利润增长点时，仅靠简单的利差减少是无助于减少贷款投放量的。

由于表 2-1 中，模型（2）的回归系数没有进行标准化处理，我们无法比较各个解释变量作用的相对大小。因此，我们重新对模型（2）求标准化回归系数，如表 2-2 所示。从表 2-2 的结果可以看出，同业拆借加权平均利率对贷款总量增加额的影响要强于法定准备金利率。我们认为这可能主要是因为中央银行实现公开市场业务操作的市场有银行间债券市场和银行间同业拆借市场，所以公开市场操作发挥作用时，会有两方面的叠加作用。第一，通过在银行间债券市场的买卖，调节该市场的收益率水平，从而改变银行在贷款和证券两类资产间的投资比例。第二，在银行间同业拆借市场进行调节，提高或降低银行获取资金的价格。潘松等（2009）也指出商业银行参与拆借市场的重要目的包括保证支付的正常进行和满足中央银行法定存款准备金的要求。这两个方面的作用与公开市场操作本身兼具调整资产项和负债项的作用也是一致的。对于利率这样的价格工具，利率的提高和利差的降低不能有效降低信贷供给。因此在紧缩货币政策下，加息或许可以在缓解通货膨胀预期方面能起到一定作用，但是无法抑制信贷投放，甚至在整体信贷供给小于信贷需求的情况下，增强了银行的信贷投放动力。同时，如果在经济前景不确定的情况下，大幅的升息很可能增加企业的财务负担，造成一定的负面影响。

表 2-2　　　　　　　各类解释变量的标准化系数比较

解释变量	标准化系数
法定准备金率变动	-0.141
同业拆借加权平均利率	-0.164
贷款总量增加额一阶滞后	0.732
中长期贷款利率一阶滞后	0.190
中长期贷款利差一阶滞后	-0.173

资料来源：利用 EViews 软件计算整理。

三、可变参数状态空间方程的建立与分析

（一）可变参数模型的设置

在上一部分，我们用固定参数模型分析了几类货币政策工具和信贷量之间的整体关系，但由于我国近十年来经济结构、金融制度、银行经营等方面都发生了巨大变化，用传统的固定参数模型无法揭示相关制度变化对信贷量的动态影响。为解决这一问题，可以使用可变参数的状态空间模型刻画出货币政策工具效应的动态变化特征。高铁梅（2009）概括指出，在计量经济学文献中，状态空间模型常常被用来估计不可观测的时间变量，利用状态空间形式表示动态系统主要有两个优点：第一，状态空间模型将不可观测的变量（状态变量）并入可观测模型，并与其一起得到估计结果；第二，状态空间模型是利用强有效的递归算法（卡尔曼滤波）来估计的。[①]

以前述的固定参数模型为基础，我们设定状态空间方程的形式如下：

量测方程：$DLOAN_t = c(1) \times DLOAN_{t-1} + sv1_t \times DRESERVERATE_t + sv2_t \times IBRATE_t + sv3_t \times LONGRATE_{t-1} + sv4_t \times DLONGRATE_{t-1} + \varepsilon_t$

状态方程：$sv1_t = sv1_{t-1} + \mu1_t$

$sv2_t = sv2_{t-1} + \mu2_t$

$sv3_t = sv3_{t-1} + \mu3_t$

$sv4_t = sv4_{t-1} + \mu4_t$

---

① 高铁梅：《计量经济分析方法与建模》，清华大学出版社 2009 年版。

利用 EViews 软件对其进行估计，得到如下结果：

$$DLOAN_t = 0.691 \times DLOAN_{t-1} + sv1_t \times DRESERVERATE_t + sv2_t \times IBRATE_t +$$
$$sv3_t \times LONGRATE_{t-1} + sv4_t \times DLONGRATE_{t-1} + [\text{var} = \exp(16.800)]$$

方程估计的极大似然值 = -684.620，AIC = 20.807，参数估计的 p 值均小于 0.01，四个状态方程估计的 p 值均小于 0.01，这说明量测方程中的状态变量是显著的。时变参数 $sv1_t$、$sv2_t$、$sv3_t$、$sv4_t$ 的走势如图 2-1、图 2-3 和图 2-4 所示。可变参数状态方程估计出了各个自变量在不同时期的影响系数，如果将不同时期的系数值进行平均，其结果与前面部分使用固定参数模型得出的系数值是类似的，这说明了两者方法在整体结论上是一致的，我们的结论是相对稳定的。但是，由于近十年来我国的经济环境、金融市场、监管政策、银行业发展以及银行的经营行为等均发生了巨大的变化，因此不同时期操作工具的使用对信贷投放的影响效果可能存在较大的波动，在某些时间段的影响效力不同，甚至在某些时期还存在着不同的影响方向。下面我们将逐一进行相关的分析。

（二）各解释变量的结果分析

1. 法定存款准备金

在货币理论中，提高法定存款准备金率是一剂"猛药"，发达国家也基本上不再将调整法定存款准备金率作为货币政策的一种操作工具。但是，从中国货币政策调控的现实情况来看，1984 年中国人民银行建立存款准备金制度后，就一直把调整法定存款准备金率作为货币政策执行的重要工具之一，经常频繁、大幅度地对其进行调整。那么法定存款准备金在各个阶段实际达到的效果如何呢？

从图 2-1 我们可以看出，1998~2003 年，法定存款准备金率的下调并没有能够有效扩大信贷投放。1998~1999 年，法定存款准备金率连续下调，从 13% 下降到 6%，下降幅度超过了 50%，并且该较低的存款准备金率一直保持到 2003 年第三季度。虽然存款准备金率的大幅下调释放了大量的资金，但是该阶段商业银行在整体上出现了一定的"信贷萎缩"现象，我国宏观经济的增速也明显放缓。我们采纳了汪洋（2009）对此的解释，他认为 1998 年法定存款准备金率大幅下调后，四家国有银行释放了大量的超额准备金，这批资金被银行用于购买财政部发行的特别国债，财政部将筹集到的资金又注入国有银行，但是在资本金增加后，银行并没有相应地扩大贷款，而是用于归还了过去向中央银行借入的再贷款。所以，总的来说，该阶段法定存款准备金率的下调并没有促进信贷供给，而且由于信贷的增长不明显，造成了该阶段存款准备金率与信贷增加额之间形成了正相关的统计属性，这与货币当局的初衷是相违背的。

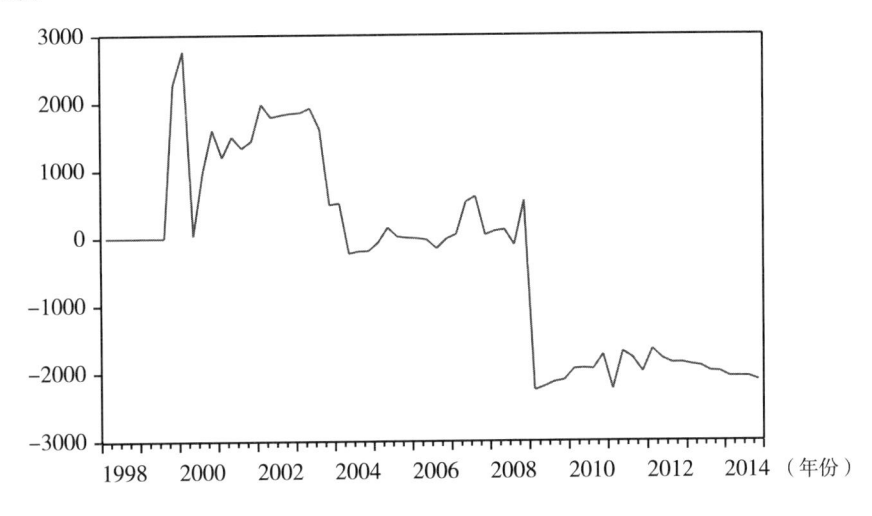

图 2-1　法定存款准备金率对信贷的影响

资料来源：利用 EViews 计算并绘制而得。

从 2004 年开始，存款准备金率与信贷增加额之间基本维持着负相关关系，并且在 2009 年以后，该影响系数的绝对值增大。我们认为按照货币理论，存款准备金率的调整能否对信贷供给产生影响的一个重要前提是：商业银行的超额准备金维持在一个相对较低的水平。我们统计了 2001 年以来金融机构超额准备金率的情况，如图 2-2 所示。由于中国人民银行在 2005 年之前一直对超额准备金支付较高的利息，尽管 2005 年 3 月 17 日已经大幅调低为 0.99%，但仍高于同期的活期存款利率，所以商业银行仍偏向于保持较高的超额准备金比率，在存在大量超额准备金的情况下，小幅提高法定存款准备金率对降低银行信贷投放的作用将明显弱化，卢庆杰（2007）、吴丽华（2008）均支持这一观点。所以尽管提高法定存款准备金能在一定程度上控制信贷投放，但更多的可能是因为它是体现中央银行货币政策立场的一种强烈信号，其警示效果超过了资金的约束效果。这也就是为什么 2004~2008 年准备金的影响效力较弱的原因。但是，从 2001 年开始，除了 2006 年和 2008 年，金融机构的超额准备金率已经逐年下降，到 2010 年末，最低点已经降为2%，2010年之后有所回升，但是基本在2%~3%的范围内。低水平的超额准备金率和央行信贷限额的重启，造成了2008年以后法定存款准备金率效力的显著提高。

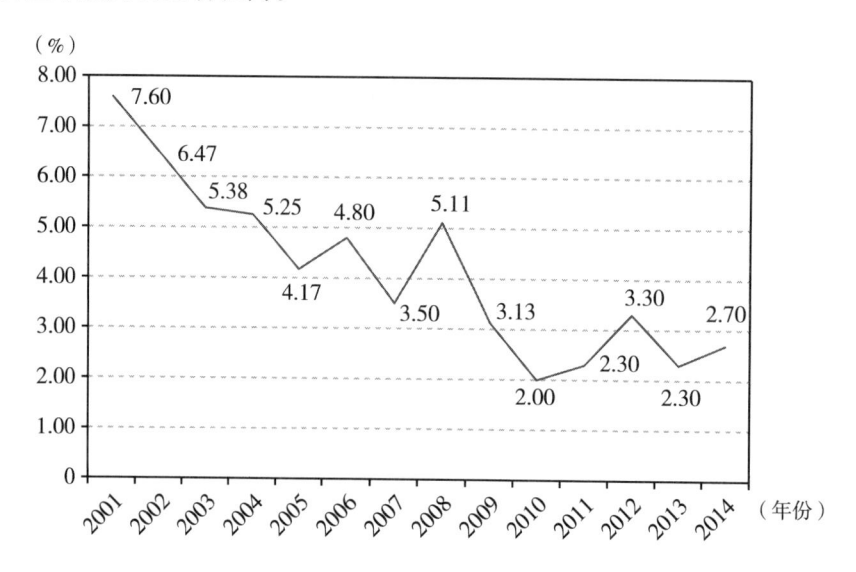

图2-2　金融机构超额准备金率变化情况

资料来源：利用EViews计算并绘制而得。

2. 公开市场操作

由图2-3可以看出，1998~2014年，公开市场业务总是能够对信贷投放产生显著影响，并且其作用的方向也是符合一般货币理论的，即公开市场的利率上涨会导致信贷供给的减少，但是不同阶段的影响效力却存在着较大波动。1998年5月26日中国人民银行恢复了以国债回购为主要形式的公开市场操作，公开市场操作成为日常货币管理的重要工具，也是货币当局注入流动性的主要力量之一（汪洋，2009；卢庆杰，2007）。1998~2000年，银行间隔夜拆借加权平均利率从8.5%左右降到2.5%左右，公开市场操作对信贷投放产生了非常积极的影响，尽管该阶段整体市场规模较小，但是公开市场业务还是带来了大量的低成本资金，有效促进了信贷供给的增加。孙国锋（2003）、汪洋（2009）也认为该时期基础货币总投放额中的大部分是通过公开市场业务投放的。

从2000年以后，除少数阶段以外，银行间同业拆借加权平均利率基本保持在1%~3%的区间波动。2000~2003年，其对信贷投放的影响基本保持着一个相对平和的作用。孙国峰（2003）认为该阶段公开市场业务实际是收缩

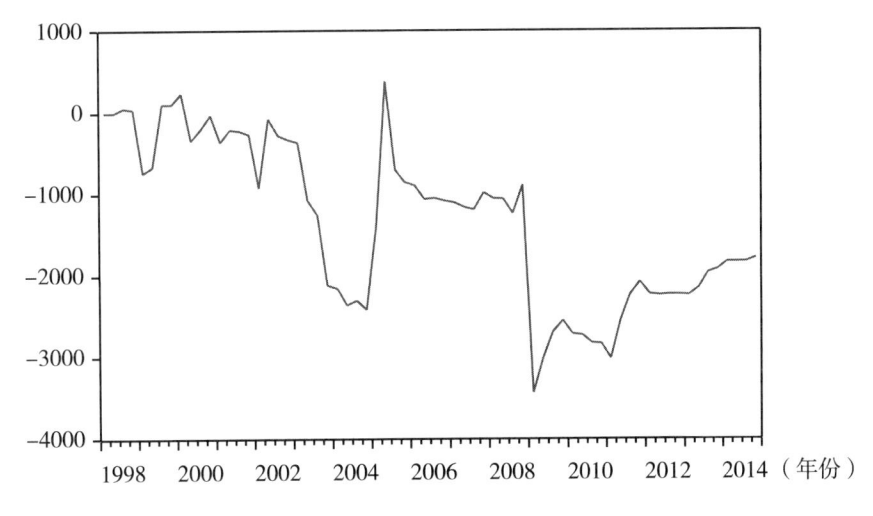

图 2-3　公开市场业务对信贷的影响

资料来源：利用 EViews 计算并绘制而得。

流动性，而不是注入流动性，而汪洋（2009）则认为2000年由于缺乏相应的数据支持，无法进行全面分析，2001年公开市场业务注入了流动性，2002年的年初和年底为注入流动性，而年中则处于回笼流动性。我们认为，正是因为该阶段经济环境的复杂性与公开市场业务操作的不成熟性，最终导致该时期公开市场业务操作的影响系数要小于其他大部分时期，所以该阶段的公开市场业务操作的效果也存在着争议。

2003~2005年，公开市场对信贷投放产生了一个猛烈的影响。我们认为，其可能的原因是，2003年4月22日起，中国人民银行开始通过发行中央银行票据来加大基础货币的回笼力度。央行票据进入了操作工具箱，并且其规模快速上升，这对收缩流行性、控制信贷的过快增长起到了较大的作用。尽管公开市场的利率没有出现大幅变动，但是交易量的剧增，使得该阶段公开市场业务的作用得到明显增强。

2006~2008年，公开市场业务操作对信贷的影响效力突然减弱。我们认为主要是因为在这期间，股市异常红火，新股大量发行，而新股的网下申购由于采用非电子化的方式，申购资金只能进入承销商的账户，一般大盘新股的承销商只会提供五家大银行（中国工商银行、中国农业银行、中国银行、中国建设银行和交通银行）的对应账户，却没有股份制银行的对应账户，这就造成了资金在银行间的短期大额流动。由于单个大盘新股申购期间冻结资金量在1万亿~3万亿元，如此大规模的资金冻结量对货币市场的资金头寸有较大的影响，特别是对 1 天、7 天和 14 天的拆借利率造成比较明显的影响，导致我们使用的银行间同业拆借加权平均利率在一定程度上失真，无法利用其来准确衡量该阶段公开市场业务的作用，也导致其对信贷投放的影响无法明显体现。

2008 年我国启动新股网下发行电子化，该项措施有效缓解了新股发行期间资金大规模跨行流动的问题，但是 2008 年下半年新股暂停发行，直到 2009 年下半年新股发行才恢复，新股网下申购的改革措施也才得以真正体现。由于 2008 年下半年开始，新股申购不再对拆借利率造成影响，拆借利率能够反映出公开市场业务操作。所以，从统计上来看，其对信贷的影响又重新恢复到一个真实状态，即 2008~2014 年公开市场业务能够显著影响信贷投放，并且该阶段信贷规模控制阶段性的重启也增强了公开市场业务的效率。

3. 利率

从图 2-4 中我们发现利率对信贷增长基本上起着正向的促进作用，但是我们也注意到 2001~2004 年和 2006~2008 年两个阶段，利率的实际效力出现了弱化，利差作为利率工具的一个衍生，也出现了相同的情况。我们认为，尽管中国整体上还是处于一个信贷资源稀缺的状态，但是不同阶段的信贷供需情况还是存在一些差异的。刘海英和何彬（2009）对信贷市场供求的均衡状态进行识别，分析信贷市场在不同阶段是处于贷款过度需求还是过度供给，他们基本认为 2002~2004 年，贷款供给大于贷款需求，信贷市场呈现出过度供给的状态。我们认为，正是基于这样的背景，该阶段利率工具对信贷的作用要明显弱于其他阶段，需求不足的情况下，利率无法有效带动信贷的增长。而 2006~2008 年，尽管需求强劲，但是信贷利率对信贷供给的拉动作用却出现弱化，一方面，由于前面我们所分析的，法定准备金率和公开市场操作导致该阶段信贷资金来源减少，约束了信贷投放；另一方面，大幅加息后，信贷配给的情况可能会加重，这也将一定程度上抑制信贷供给。以斯蒂格利茨和维斯（1981）为代表的一批学者提出了信贷配给均衡模型，认为贷款供给曲线是非单调的、弯曲的。李文豪（2006）认为如果银行片面强调规模的重要性，则信贷配给程度减轻，如果银行片面强调资产质量的重要性，则信贷配给程度加重。我们认为从 2006 年开始，随着国有银行陆续上市成功，银行加强了其风险管理，并注重资产质量的经营行为极可能会导致该时段信贷配给的增强。

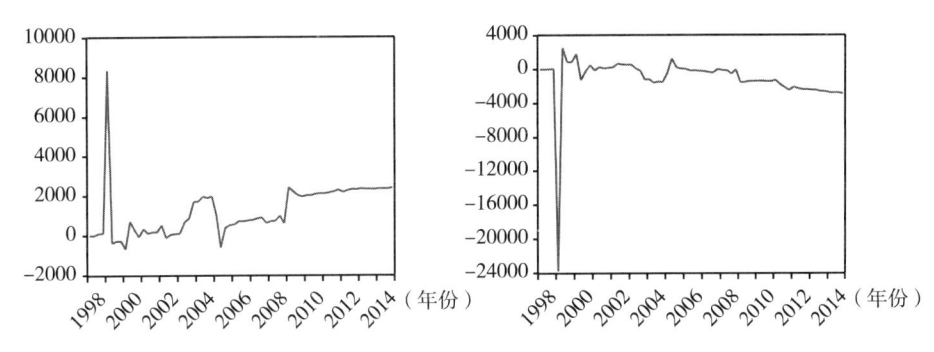

图 2-4　利率、利差对信贷的影响

资料来源：利用 EViews 计算并绘制而得。

四、结论性评述

通过对数量型工具和价格型工具平均效用的比较，我们认为整体上而言，在取消贷款规模控制后，通过法定存款准备金率、公开市场业务等数量工具来调节商业银行的资金来源，改变贷款创造能力，控制贷款供给，比通过贷款利率来调控信贷总量会更加有效。

总的来说，1998~2014 年，法定存款准备金率对信贷增长的影响经历了一个由正向作用到负向作用的过程，随着超额准备金的大幅下降，该工具负向的效应逐步趋于稳定，并且我们相信由于金融机构的超额准备金率已经处在一个很低的水平，法定存款准备金率这一工具在未来的效力还将会得到显著增强。公开市场业务总是能够对信贷增长产生显著负向影响，而且随着交易量的提高与操作手段的成熟，该工具的地位或许将进一步巩固，成为央行调节信贷最重要的工具。在整体信贷资源依然偏紧的情况下，利率工具一直无法有效抑制信贷增长，因此现阶段仍无法将其作为信贷调节的有力工具。

值得一提的是，2008 年以后，部分时期内央行的信贷规模窗口指导对数量型工具和价格型工具的效力都产生了放大影响，由于该措施带有很强的"行政性"意义，如果以后彻底取消信贷规模窗口指导，货币政策工具对信贷的实际影响作用也可能会有所减弱。

第二节　银行业监管影响信贷供给的理论分析

随着国内商业银行改革的不断深入以及各类银行业政策制度的逐步完善，

银行监管对商业银行的经营行为产生了越来越大的影响。货币政策影响银行信贷行为的过程中，很可能也同时受到银行业监管的影响，该问题近年来得到了不少学者的关注。我们认为如果想要分析银行业监管对货币政策执行效果的影响，其本质是要搞清银行监管对商业银行信贷行为的调节作用。银行监管对银行的风险偏好、资产组合以及信贷供给都可能产生一定的影响，本节将构建一个综合考虑商业银行经营活动和银行业监管的信贷决策模型，在货币政策对信贷行为的影响框架下，分析银行监管对信贷量及其结构产生的调节作用，以及银行监管对货币政策执行效果的影响，并探讨未来监管工具可能带来的改变。

一、中国的银行业监管情况

（一）监管的定义

"监管"一词包括管制（regulation）和监督（supervision）两个方面。根据《新帕尔格雷夫经济学大辞典》的定义，监管是指"国家以经济管理的名义进行干预"，主要指基于监管的目标而制定相关的法令、规章、政策、标准等。监督主要指持续监察和督促被监管者及其业务活动遵守这些法令、规章、政策、标准，监察其是否背离监管的目标，并对违反者进行惩罚[①]。

黄敏（2008）认为银行监管可以有广义和狭义之分，也可以分为宏观和微观。从广义来说，是指银行监管主体（政府监管当局、银行业自律组织、社会中介组织）对银行及与之相关的主体的监管。狭义的银行监管仅指银行监管当局对银行的监管。宏观上来说，银行监管是政府对银行业的干预，包括货币政策、信贷政策、最后贷款人职能、存款保险制度等。从微观上说，银行监管仅指对银行机构本身、其业务活动及其他银行交易参与者行为的管制与监督。陈静（2010）也提出监管的狭义和广义定义，并同时指出"银行监管作为现代市场经济和金融制度结构中的基本构成要素，是指官方监管当局、银行利益相关者及银行自身对于银行经营状况以及交易行为的监控、考察、评估及控制，以确保银行经营和交易活动稳健高效的一系列机制与行为。"[②]

---

① 黄敏：《银行监管制度研究——国际经验的借鉴》，华东师范大学博士论文，2008年。
② 陈静：《新巴塞尔协议框架下有效银行监管研究——兼论次贷危机的启示》，复旦大学博士论文，2010年。

全国人大常委会于 2006 年发布的《中华人民共和国银行业监督管理法（2006 年修正）》中指出，"为了加强对银行业的监督管理，规范监督管理行为，防范和化解银行业风险，保护存款人和其他客户的合法权益，促进银行业健康发展，制定本法"，并明确规定："银行业监督管理的目标是促进银行业的合法、稳健运行，维护公众对银行业的信心。"银行监管是随着中央银行的确立而逐步发展起来的。从全球来看，银行监管大致分为了四个阶段：自由银行时期（1694~1913 年）；从自由走向全面管制时期（1914 年至 20 世纪 70 年代末）、放松管制、金融自由化时期（20 世纪 80 年代初至 90 年代初）；再监管时期（20 世纪 90 年代至今）。

本节所研究的银行业监管更侧重于微观的范畴，主要指货币当局和监管当局在商业银行经营活动中，对商业银行风险管理的控制和货币政策执行方面的约束，包括资本管理、流动性管理以及法定存款准备金率等方面的制度规定，这一系列的监管要求会对商业银行信贷行为产生重要影响，同时也将对货币政策的执行效果产生作用。

（二）中国银行业监管现状

中国银行业监管体系的演变伴随着中国金融体制的变化而不断形成和完善。在监管手段上经历了以下几个阶段：第一阶段（1984~1992 年），行政管理监管阶段，该阶段主要是中国人民银行通过行政手段来管理银行领域；第二阶段（1993~1998 年），合规性监管阶段，该阶段公布了一系列金融法律法规，为金融监管提供了执法依据；第三阶段（1998~2003 年），风险监管阶段，中国人民银行的工作重点逐步转移到了以银行风险监管为核心的系统性监管上；第四阶段（2003 年至今），风险监管与合规监管并重的阶段。

我们主要关注第四阶段的银行业相关监管要求。2003 年 4 月 28 日，中国银行业监督管理委员会（以下简称"银监会"）正式挂牌履行职责。银监会的成立，改变了中国人民银行宏观调控和银行监管合一的管理模式，增强了中央银行的独立性，有助于更好地发挥中央银行在宏观调控方面的作用。同时，银监会的成立，明确了银行、保险、证券分业监管的框架，使银行业的监管力度得到了大大加强。

银监会成立后，将全面降低不良资产作为监管工作的主要目标，实行信贷资产、非信贷资产和表外业务的全面监管，着力督促银行不良资产的余额和比率持续实现双降，建立并完善了不良资产考核制度。同时，督促商业银行根据风险变化情况，提高贷款五级分类的准确性，严格执行充足的拨备制度，足额提取各类损失准备，及时调整贷款质量形态，做实银行的利润，提供资本充足率。2004年3月，银监会在借鉴《巴塞尔协议Ⅰ》和《巴塞尔协议Ⅱ》的基础上颁布实施了我国《商业银行资本充足率管理办法》，该办法给出了计算信用风险和市场风险的资本充足率方法，同时还制定了一些相关的制裁措施。

目前，中国银行业已经在资本充足率、贷存比等方面有了非常严格意义的监管要求，银行业的整体资产质量也大幅度提高，并且呈现逐年持续好转的趋势，监管要求的规范和相关处罚措施的执行到位都对商业银行的信贷供给行为产生了深远影响。2011年，银监会为配合《巴塞尔协议Ⅲ》在中国的落地，对贷款拨备率、拨备覆盖率、杠杆率等方面也进行了明确的规定，这也进一步增强了银行体系的稳健性。

(三)"《巴塞尔协议Ⅲ》中国版"引入

1. 巴塞尔协议的发展历程

1988年7月，国际清算银行颁布了《关于统一国际资本衡量和资本标准的协议》(以下简称《巴塞尔协议》)。该协议界定了资本的组成，将资本分为核心资本和附属资本两部分，建立了一套系统的衡量表内与表外风险的资本充足率标准。2004年6月，巴塞尔银行监管委员会(以下简称"巴塞尔委员会")正式通过《统一资本计量和资本标准的国际协议：修订框架》，即《巴塞尔新资本协议》的定稿。《新巴塞尔协议》继承了1988年《巴塞尔协议》的监管原则，主要内容可以概括为三大支柱：最低资本金要求、外部监管和市场约束。美国次贷危机暴露了金融体系的脆弱性和金融监管的缺陷，作为银行业监管标杆的巴塞尔新资本协议也面临着调整。2008年金融危机背景下出台的国际银行监管框架，意味着全球银行业监管将进入新时代。

2010年9月12日，巴塞尔委员会召开央行行长及监管当局负责人会议，对关于《巴塞尔协议Ⅲ》的基本框架达成一致。《巴塞尔协议Ⅲ》主要内容包括提高资本的标准和过渡期安排两方面内容，其中资本标准包括最低普通股要求、资本留存缓冲要求、逆周期资本缓冲、杠杆率、流动性风险监管标准等内容。《巴塞尔协议Ⅲ》强调资本在银行风险管理中的重要性，建立了多层次监管框架，除了强化重大风险的监管以外，还兼顾信用风险、市场风险、操作风险、流动性风险等风险覆盖,意在增强银行对风险的抵御能力。逆周期资本缓冲的引入关注到系统性风险的积累,金融机构在满足逐个微观监管指标的同时也要防范大规模风险暴露。2017年12月8日巴塞尔委员会发布了《巴塞尔Ⅲ:后危机改革的最终方案》(以下简称《最终方案》),是对《巴塞尔协议Ⅲ》的修订和完善,主要内容是补充设计了风险加权资产的衡量框架。《最终方案》原计划从2022年1月1日起逐步实施。2020年3月末,巴塞尔委员会表示,受新冠肺炎疫情的影响,将《巴塞尔协议Ⅲ》标准的执行时间(实施时间)推迟一年至2023年1月1日。

2. 中国银行业的监管要求

巴塞尔协议产生于银行业经营环境和业务范围经历重大变革的时期,为了紧跟国际监管标准变革的步伐,2009年3月13日我国正式成为巴塞尔委员会成员国,意味着此后银行业监管标准向国际监管标准靠拢。为了接轨国际监管规则、促进银行公平竞争,2012年银监会出台了《商业银行资本管理办法(试行)》(以下简称《资本管理办法》),自2013年1月1日开始施行,并于2018年底达标。《资本管理办法》提高了资本充足率、杠杆率、流动性、贷款损失准备等监管指标,强调了对系统重要性银行的监督,注重风险管理的全面性。

《资本管理办法》对我国的商业银行资本管理做出了以下几点重要改变:(1)建立统一配套的资本充足率监管体系,将资本监管要求分为四个层次。(2)严格明确资本定义。明确了各类资本工具的合格标准,提高了次级债券等资本工具的损失吸收能力。允许商业银行将超额贷款损失准备计入银行资本,并对国内银行已发行的不合格资本工具给予10年过渡期。(3)扩大资本覆盖风险范围。除信用风险和市场风险外,将操作风险也纳入资本监管框架。明确了资产证券化、场外衍生品等复杂交易性业务的资本监管规则,引导国内银行审慎开展金融创新。(4)按照审慎性原则重新设计各类资产的风险权重。下调小微企业贷款和个人贷款的风险权重,引导商业银行扩大小微企业和个人贷款投放,更有效地服务实体经济。下调公共部门实体债权的风险权重,适度上调商业银行同业债权的风险权重。(5)合理安排资本充足率达标过渡期,以利于保持适当的信贷增速。[1] 具体的资本要求如表2-3所示。

---

[1] 中国银行保险监督管理委员会网站。

表 2-3　　　　　　　　　　　　　资本要求

项目	最低资本要求			超额资本（%）	系统重要性银行附加资本（%）	逆周期资本（%）	达标时间
	核心一级资本（%）	一级资本（%）	总资本（%）				
系统重要性银行	5	6	8	2.5	1	0~2.5	2013年1月1日开始执行，2018年底达标
非系统重要性银行	5	6	8	2.5	无	0~2.5	2013年1月1日开始执行，2018年底达标

资料来源：《商业银行资本管理办法（试行）》。

相比于巴塞尔协议，《资本管理办法》对于核心一级资本充足率和杠杆率指标的要求更为严格，《巴塞尔协议Ⅲ》对两项指标的要求分别为 4.5%、3%，而中国对应的监管要求分别是 5%、4%。资本充足率的监管包括最低资本要求、储备资本要求、逆周期资本要求、系统重要性银行附加资本要求、第二支柱资本要求。其中，逆周期资本缓冲关注到银行经营的顺周期性问题，第二支柱侧重于全面风险管理，系统重要性银行的附加资本要求考虑了道德风险和银行"太大而不能倒"的问题。目前中国已有四家全球系统重要性银行，根据《资本管理办法》，正常时期系统重要性银行的资本充足率要求为 11.5%，非系统重要性银行为 10.5%。中国在《资本管理办法》中把资本充足率分为四个层次，明确了第二支柱资本要求，结合银行业在房地产、地方政府债务等领域面临的特殊风险，在符合国际监管指标的基础上，全面覆盖风险范围。《巴塞尔协议Ⅲ》与《资本管理办法》的具体资本构成如表 2-4 所示。

表 2-4　　　　《巴塞尔协议Ⅲ》与《资本管理办法》资本构成对比

资本等级	《巴塞尔协议Ⅲ》	《资本管理办法》
一级资本	普通股（股本和公开储备）	实收资本或普通股
	留存收益、一般风险准备	资本公积、盈余公积
	其他持续经营下的资本	一般风险准备、未分配利润
	少数股东权益将不能被计入核心资本的普通股部分	少数股东资本可计入部分
	创新资本工具将逐步被取消	其他一级资本工具及溢价、少数股东资本可计入部分

续表

资本等级	《巴塞尔协议Ⅲ》	《资本管理办法》
二级资本	二级资本工具及其溢价。简化二级资本，只有一套二级资本的合格标准，其他子类别将被取消	二级资本工具及其溢价
		超额贷款损失准备
		少数股东资本可计入部分
三级资本	三级资本将被取消	无

资料来源：《巴塞尔协议Ⅲ》和《商业银行资本管理办法（试行）》。

从计算方式来看，资本充足率等于资本与风险加权资产的比值。信用风险在风险监管中占有较大比重，在计算信用风险加权资产时，除了中国工商银行、中国建设银行、中国银行、中国农业银行、交通银行和招商银行等使用内部评级法以外，其他银行均采用权重法。中国在《资本管理办法》中按照不同的项目，将表外项目信用转换系数划分为0%、20%、50%和100%四个等级。此外，相较于《巴塞尔协议Ⅲ》，《资本管理办法》在银行对其他商业银行3个月以上期限债权的权重有着较高要求，信用卡未使用额度设为20%和50%两档，个人住房抵押贷款信用风险权重也较高。《资本管理办法》没有对市场风险资本计提设置门槛，同时提高操作风险资本要求。为了规避不同测量方法的差异，《资本管理办法》还规定了并行期第一年、第二年和第三年的资本底线调整系数分别为95%、90%和80%。国内银行平均风险权重约为62%，欧美国家为40%~50%之间，整体高于全球水平（王胜邦，2018）。中国的监管要求既照顾到中小企业的发展，也符合审慎监管原则。《巴塞尔协议Ⅲ》与《资本管理办法》的风险权重和资本要求对比如表2-5所示。

表2-5 《巴塞尔协议Ⅲ》与《资本管理办法》的风险权重和资本要求对比

项目		《巴塞尔协议Ⅲ》	《资本管理办法》
信用风险	一般企业贷款	100%	100%
	微型和小型企业贷款	75%	75%
	个人住房抵押贷款	不低于35%	50%
	零售贷款	75%	75%
	商业银行对我国其他商业银行债权	期限3个月内20%；以上不低于20%	期限3个月内20%；以上25%
	信用卡未使用额度	未明确规定	20%、50%两档

续表

项目	《巴塞尔协议Ⅲ》	《资本管理办法》
市场风险	所有银行计提市场风险资本要求	所有银行计提市场风险资本要求
操作风险	总收入的15%	过去三年中每年正的总收入平均值的15%

资料来源：《商业银行资本管理办法（试行）》，国开证券研究部。

在杠杆率监管方面，2015年1月30日，银监会印发《商业银行杠杆率管理办法（修订）》，设定并表和未并表的杠杆率不得低于4%。"修订后的管理办法在维持原有的基本框架和杠杆率监管要求的同时，主要对承兑汇票、保函、跟单信用证、贸易融资等表外项目的计量方法进行了调整，进一步明确了衍生产品和证券融资交易等敞口的计量方法。同时，对商业银行的杠杆率披露提出了更为明确、严格的要求。"①

流动性风险指标的监管可以减少期限错配风险和提高中长期抵御风险的能力。银监会2015年发布了《商业银行流动性风险管理办法（试行）》，2018年发布了《商业银行流动性风险管理办法》，还创设了流动性匹配率等指标，完善了流动性风险监管指标体系，设定净稳定资金比例和流动性匹配率的使用范围，更加有利于缓解期限错配风险。部分主要监管指标的监管标准如表2-6所示。

表2-6 杠杆率、贷款损失准备监管和流动性风险监管标准

项目	内容	水平（%）	过渡期安排	达标时间
杠杆率	一级资本/调整后表内外资产余额	4	2012年1月1日开始执行	系统重要性银行（2013年底）；非系统重要性银行（2016年底）
贷款损失准备监管	贷款拨备率（贷款损失准备/贷款）	2.5	2012年1月1日开始实施	系统重要性银行（2013年底）；非系统重要性银行（2016年底，个别机构2018年底）
	拨备覆盖率（贷款损失准备/不良贷款）	150		
流动性风险指标	流动性覆盖（LCR）	100	2012年1月1日开始实施	2013年底达标
	净稳定资金比率（NFSR）			2016年底达标

资料来源：《中国银监会关于中国银行业实施新监管标准的指导意见》。

---

① 中国银行保险监督管理委员会网站。

为了使商业银行更好地达到监管标准，监管文件都设置过渡期。过渡期的设置为银行转变经营方式预留了空间，缓解了监管压力，并在一定程度上维护了信贷市场和金融体系的稳定。商业银行是金融体系中的信用中介，也是经营风险的机构，对于经济发展和金融服务具有重要作用。《巴塞尔协议》体现的是事中监管，对于我国构建双支柱调控框架具有参考价值，推进《巴塞尔协议》也有利于中国银行业国际化和银行业对外开放，对于中国银行业监管具有借鉴意义。

（四）新监管工具对中国银行业的可能影响

《巴塞尔协议Ⅲ》的监管力度较大，决定了它对银行业的影响很可能要远远超过《巴塞尔协议Ⅰ》和《巴塞尔协议Ⅱ》，它的实施将会使得银行业在组织结构、业务模式、核心产品和市场等方面出现较大的改变。不过，《巴塞尔协议Ⅲ》对发达国家和我国银行业产生的影响不同，前者是解决过度发展的问题，即约束其放弃高风险的、复杂的创新金融产品，回归到银行基础业务中；后者则是要解决发展不足的问题，中国银行业必须在现有基础业务之上探索科学、合理的创新，增加低资本占用、高收益的中间业务，降低对贷款业务的过度依赖，实现资本节约和盈利增长。

1. 新监管指标的达标情况

在经历了2009年9.6万亿元、2010年7.95万亿元的信贷投放后，2011年前三个月银行业新增信贷规模2.24万亿，仍处于较高水平。为应对信贷规模快速扩张带来的资本金压力，2010年全年五大国有银行通过A+H上市配股、发行债等方式补充资本4200亿元。针对银监会提出的核心资本和总资本充足率指标，目前国内银行业已基本可达标。根据银监会的统计公布数据，在2010年融资后，五大国有商业银行平均资本充足率超过12%，股份制银行平均资本充足率超过11%。在随后的时间段中，中国的银行业一直较为重视资本监管问题，银行业整体达标情况良好。

至于新协议的其他监管指标，如杠杆率、缓冲资本和流动性指标等，从目前看对我国银行业的影响不大。监管机构对杠杆率提出的4%的要求，也高于《巴塞尔协议Ⅲ》的3%的杠杆水平。系统重要性银行要求在2013年年底达标，非系统重要性银行可推迟至2016年底。从国内情况来看，大多数银行都能够达到4%的基本要求，受影响程度应该也不大。此外，拨备率和流动性指标的完成时间均比《巴塞尔协议Ⅲ》的实施期限提前。

整体而言，中国根据《巴塞尔协议Ⅲ》的要求对具体管理标准进行了调整，既符合我国国情，又利于实体经济的发展和防范同业业务风险。当前我国各商业银行已完成过渡，基本达到了《巴塞尔协议Ⅲ》的相关标准。

2. 新监管要求对中国银行业信贷行为的影响预测

对照《巴塞尔协议Ⅲ》达标时间表，国内银行业尚有比较充裕的准备时间，那么新兴的监管工具未来可能会对中国银行业的信贷经营行为产生怎样的影响呢，部分国内学者进行了一些理论性的探讨。

陆静（2011）认为在短期内，中国银行业的一级资本缺口并不大，因此仍然可以像过去一样继续为实体经济提供融资。但是我国商业银行近年来资产和负债的平均增长率约为25%，从长期来看中国银行业缺口很大，还应继续补充额外的资本。钟伟和谢婷（2011）认为如果中国的银行监管要求随着新协议明显提高，严格的资本计提和杠杆率要求将大大抑制商业银行的信贷扩张；缓冲资本和流动性指标可能会导致银行信贷融资占全社会融资的比重缓缓下降，增加货币政策调控和银行监管的难度。宋琴和郑振龙（2011）认为四大监管工具（资本充足率、杠杆率、贷款拨备率和流动性）的实施与管理，有利于提高银行风险厌恶程度，降低破产概率，提高银行绩效。

虽然从监管指标的数据来看，短期内国内银行业在大部分监管指标上基本能够满足《巴塞尔协议Ⅲ》的定性要求，但是由于《巴塞尔协议Ⅲ》在银行资本监管的核心和导向上发生了转变，因此对商业银行信贷行为的影响应该是长远的。

一般而言，商业银行的经营行为都是亲经济周期的。特别在经济上行期，对逆周期监管一般会比较抵触。在经济上行期，银行竞相扩大信贷投放规模、降低准入标准、抢占市场份额，银行业利润普遍丰厚。如果逆向操作，提高贷款条件和定价标准，往往会导致市场份额缩减、利润对比同业下降。未来主动适应逆周期监管将是商业银行保障自身业务可持续增长的核心所在，我们认为可能会对商业银行的信贷资产组合产生如下影响。

一是逆周期的要求可能会导致商业银行适时调整长短期资产结构。在经济快速增长时期，特别是在已经持续很长时间的高速增长、市场泡沫已明显产生的情况下，商业银行可通过调整长短期信贷资产投放结构，即减少长期资产投放占比，避免过度承担风险，保障长期资产质量；同时适当增加短期资产投放,以维持市场份额和资产盈利。长短期资产结构的适时调整还有利于在经济过热阶段提高银行资产的流动性,以应对经济危机中出现的流动性蒸发。

二是合理调配非周期性行业的授信占比。现在,很多银行已对信贷投向采取组合管理、限额管理方式。但是,目前还主要集中在对热点行业的限额管控,目的是缓解行业集中度风险,一般仅局限于受宏观调控政策影响大的行业。同时,还存在行业覆盖面窄、未考虑不同行业之间的关联度、没有针对亲周期性和非周期行业的组合管理等问题。在经济上行期逐年调增对非周期性行业的信贷限额占比,反之,经济下行期逐年调增对亲周期性行业的占比,一方面有利于银行加强自身抵御经济周期波动带来的系统性风险;另一方面也有益于适应监管部门设定的动态拨备率指标要求。

三是流动性管理指标的测算亦会影响信贷资产及期限结构。新监管工具中的流行性指标包括了短期流动性覆盖率(LCR)和长期净稳定资金链(NSFR),在 LCR 的计算中,虽然中国银行业零售存款占比较大,但是在缺少存款保险机制的情况下,该类存款可能会被归为欠稳定存款,为了达到该要求,银行可能被迫增加更多流行性资产(现金、债券等),从而减少信贷资产的持有。在 NSFR 方面,中国银行业的中长期贷款占比不断提高以及贷存比呈现出的上升趋势,都将使得 NSFR 指标的达标压力增大。由于中国缺乏具有高度流动性和深度的金融市场,会妨碍资产变现程度,因此未来国内商业银行可能因为流动性达标的压力而缩减中长期贷款,调整贷款的期限结构。

二、银行监管影响商业银行信贷行为的文献回顾

自从《巴塞尔协议Ⅰ》《巴塞尔协议Ⅱ》和《巴塞尔协议Ⅲ》相继被引入,银行业监管问题得到了理论界和实务界的普遍重视,除了监管制度和工具的改进外,银行业的监管可能会对商业银行信贷决策行为造成何种影响也成为了一个热门话题,国内外学者们对此进行了广泛而深入的研究。

(一)资本监管对银行信贷供给的影响

关于银行监管对银行信贷影响的现有文献中,针对资本监管的研究成果最为丰富。陈龙腾和何建勇(2010)概括指出,目前研究资本监管与银行行为之间的相关文献大致可以分为两大类:一类是研究最低资本充足率要求对银行

微观行为的影响，例如资产组合选择、信贷配给、道德风险等（VanHoose，2007）；另一类主要是通过研究资本监管对银行资产负债表的影响，从而分析资本约束是否导致信贷紧缩、银行体系顺周期性、经济波动和货币政策有效性等宏观方面的命题（VanHoose，2008）。

我们主要侧重于从微观角度来研究资本监管对信贷供给的影响。总的来说，国外学者们普遍认为资本监管对银行贷款量具有负向效应。伯南克等（1991）的研究表明，银行资本比例的下降确实会带来信贷增长的放缓。布卢姆和赫尔维希（Blum & Hellwig，1995）指出，银行的资本水平将影响银行贷款的增长。皮克和罗森格伦（Peek & Rosengren，1995）指出，银行资本下降以及资本监管的约束导致了银行信贷萎缩，信贷萎缩是资本萎缩的一个可能结果。塔科尔（Thakor，1996）的研究表明，监管部门对资本充足率的要求恶化了信贷配给，从而减少了贷款总量。卡瓦略和马可尼（Cavallo & Majnoni，2001）的研究则认为资本充足率约束会妨碍银行的信贷供给。其他一些学者（Diamond & Rajan，2000；Chami & Cosimano，2001）的研究也表明，资本约束在短期会产生显著的信贷收缩现象。与此同时，也有少数学者提出了不同的观点。基利和弗隆（Keely & Furlong，1990）以1981~1986年美国和若干西方国家的银行数据进行了实证分析，认为资本约束会导致银行信用规模与风险偏好变化的观点缺乏检验支撑。霍瓦基米安和凯恩（Hovakimian & Kane，2000）认为1985~1994年，资本充足性约束对美国银行风险偏好的影响并不显著。以瑞士银行的数据进行研究也得出了类似结论（Rime，2001）。

国内一些学者从数理和实证的角度分析了资本约束对商业银行信贷行为的影响。黄宪等（2005）认为资本充足率的监管将使得银行在贷款选择中降低风险偏好，同时作为银行整体行为调整的效应，它将会导致银行信用紧缩。刘斌（2005）认为受到最低资本充足率的约束时，银行信贷收缩的现象将会出现，如果银行追加资本满足了最低资本要求，但是不加强对资本的有效管理，那么信贷扩张虽然暂时不受到资本约束的限制，但今后仍然可能会受到资本约束的限制。郭友和莫倩（2006）认为在提高资本充足率的过程中，银行体系一般会提高债券等低风险资产的比重，从而降低对实体经济的贷款供给。戴金平等（2008）指出当商业银行的资本充足率不高时，以资本金监管为核心的风险监管行为强化了货币政策的非对称效应；当商业银行的资本充足率很高时，银行监管可能出现"顺风向"运行特点。陈龙腾和何建勇（2010）的研究表明在资本约束情形下，短期内外贷款需求增加时，银行为了追求利润最大化，最优贷款量将持续增加，而随着信贷投放量的增加，银行将面临束紧的资本约束，此时银行最优的信贷投放量存在上限。但是，一些学者也提出其他观点以及异质性情况。温信祥（2006）认为中国虽然颁布了资本充足率监管规定，但是在过渡期内无法实施严格的监管，因此未发现银行的信贷供给行为受到资本充足率的显著影响。陈学彬等（2009）发现股份制银行和国有银行对资本约束的信贷行为反应存在差异，股份制银行资本约束的信贷行为反应敏感性比国有银行更高，资本越充足的股份制银行其信贷扩张行为越明显。

（二）资产质量对信贷供给的影响

专门研究资产质量对信贷供给影响的文献相对较少，主要是关于不良贷款拨备和不良贷款率方面的。戴蒙德和拉詹（Diamond & Rajan，2006）指出贷款损失给银行资产负债状况带来压力，使得银行信贷数量降低。尼尔和齐奇诺（Nier & Zicchino，2008）通过实证发现，贷款损失会减少银行的信贷规模。贝蒂和廖（Beatty & Liao，2009）研究发现，贷款损失拨备是顺周期性的，经济衰退期贷款违约概率上升，贷款损失拨备进一步增加，会造成更大幅度的信贷萎缩。但是，侯荣华等（2010）概括指出如果贷款损失拨备充足，贷款损失可以得到有力的补偿，那么，由贷款损失而引致的信贷萎缩就会减弱。白鹤祥（2010）认为贷款损失准备金的增长率与贷款增长率之间呈现反向变化的现象。

在银行的不良贷款率方面，陈学彬等（2009）发现银行前期不良贷款率越高，银行贷款增长率则越低。郭友和莫倩（2006）认为不良贷款率限制了贷款的投放，即使存在银行通过扩大贷款供给来降低不良贷款的机制，也不会处于主导地位。但是白鹤祥（2010）指出，为了稀释不良贷款，降低不良贷款率，银行有提高总贷款余额的冲动，并且更愿意做大中长期贷款份额。

三、商业银行信贷供给行为的模型分析

基于本章第一节的研究结论，在货币政策中，利率对信贷供给并无显著影响，而法定存款准备金率、公开市场业务将对商业银行信贷行为产生重要影响，其中公开市场操作不属于对银行的监管约束，而法定存款准备金率虽然是货币政策的工具，但其本质上应该也属于一项银行监管指标，是具有硬性要求

的。为了能够更全面地考察监管因素的影响,在理论模型的分析中我们也将法定存款准备金率作为银行业监管的一种手段。因此,在本节我们将主要关注与银行业监管相关的政策(包括资本监管、流动性监管、法定存款准备金监管以及资产质量等)对银行信贷供给决策的影响。

(一)模型设定

我们借鉴伯南克和布林德(1988)分析银行资产负债的方法,以简化后的全社会商业银行体系的资产负债表为依据,从商业银行资金的来源和运用分析监管政策可能会对贷款供给产生的影响。将银行的资产负债表设定为:

$$G_j + L_j + R_j = D_j + E_j \tag{2.1}$$

其中,G_j 为银行持有的债券,L_j 为银行的贷款供给,R_j 为银行缴纳的存款准备金,D_j 为银行吸纳的存款,E_j 为银行自身拥有的资本金。

李伟和韩立岩(2008)、黄隽和汤珂(2008)均认为中国银行业处于垄断竞争的格局,而且随着市场化改革的推进,竞争压力呈现上升趋势;胡莹和仲伟周(2010)在中国情境下的银行业模型假定也是基于垄断竞争的。因此,我们假设在垄断竞争的市场结构下,贷款市场中存在 N 个银行(记作 $j = 1$, 2, 3, …, N),相互之间存在着竞争。借鉴巴廖尼(Baglioni,2007)、胡莹和仲伟周(2010)的做法,并对贷款的成本函数进行了较大调整,最终设定第 j 个银行的贷款供给函数如下:

$$L_j = \alpha - \beta(r_j - r_A) - c_j \tag{2.2}$$

其中,L_j 表示第 j 个银行的贷款供给数量,r_j 表示第 j 个银行贷款供给的平均利率,r_A 为中央银行规定的贷款基准利率,c_j 为银行贷款的运营管理成本,包括为满足不良贷款率、贷款拨备率等方面的监管要求而带来的资金运营成本,以及商业银行在违反监管条例的要求时,受到处罚后造成的损失,例如违反了资本充足率的要求、贷存比的要求等。α、β 为正的系数,同时为保证贷款为正,需满足 $\alpha > c_j$。

由于巴廖尼(2007)、胡莹和仲伟周(2010)的模型中仅考察了存款利率所带来的成本,却没有考虑到贷款供给的营销管理成本和债券的管理成本,而科佩克和范霍斯(Kopecky & VanHoose,2004)的模型中虽然考虑到了相关成本,却没有结合分析银行业的结构问题,我们尝试将两者结合起来。参考科佩克和范霍斯(2004)的做法,同时为了简化对模型的计算处理,我们假设银行自有资本金（E_j）的机会成本、存款准备金（R_j）的利率、存款（D_j）的利率以及相应的管理成本为零，但此假设并不会改变最终得到的结论。

我们设定 r_G 为债券投资的收益，并且从实际情况来看，$r_G < r_A$。银行在对资产进行投资管理时会产生一定的管理成本，g_j 表示债券投资管理的成本，由于债券投资需要专业的金融知识，而且在资金操作数量较大时，会降低平均成本，这两者都具有一定的规模效应，使得债券投资管理的成本具有二次型的形式。f_j 表示贷款的营销管理成本，包括银行自身战略发展的定位、寻找和识别客户的能力、专业信贷知识的储备和运用等，随着贷款供给量的提高，也存在着相关成本的规模效应，因此可以假定贷款的营销管理成本具有二次型的形式。

所以，当假设银行的贷款供给等于贷款需求时，最终的利润函数如下：

$$\Pi = r_j L_j + r_G G_j - \left(\frac{g_j}{2}\right) G_j^2 - \left(\frac{f_j}{2}\right) L_j^2 \qquad (2.3)$$

由于银行贷款供给的平均利率（r_j）决定了贷款供给的数量（L_j），同时贷款供给的数量（L_j）也会反向作用于最终贷款供给的平均利率（r_j），因此我们可以对式（2.2）进行转换，求得，

$$r_j = \left(\frac{\alpha - L_j - c_j}{\beta} + r_A\right) \qquad (2.4)$$

将式（2.4）代入式（2.3），则银行的利润函数可以化简如下：

$$\Pi = \left(\frac{\alpha - L_j - c_j}{\beta} + r_A\right) L_j + r_G G_j - \left(\frac{g_j}{2}\right) G_j^2 - \left(\frac{f_j}{2}\right) L_j^2 \qquad (2.5)$$

由于商业银行在日常经营管理中会受到货币政策和监管政策的相应约束，除了与贷款运营管理成本相关的资产质量外，我们还重点关注资本监管、流动性监管和法定存款准备金监管的影响。

资本监管方面，设定 k 为资本充足率，按照国际清算银行下的巴塞尔银行监理委员会制定的《巴塞尔协议》，商业银行必须满足资本充足率的约束。监管部门的资本监管要求可以设定如下：

$$E \geq k L_j \qquad (2.6)$$

流动性监管方面，设定 w 为贷存比，1995 年颁布的《中华人民共和国商业银行法》中规定：贷款余额与存款余额的比例不得超过 75%，因此各家银行必须满足监管部门的要求如下：

$$\frac{L_j}{D_j} \leq w \tag{2.7}$$

法定存款准备金监管方面，设定 ρ 为法定存款准备金率，金融机构按规定向中央银行缴纳的存款准备金占其存款总额的比例就是法定存款准备金率。2008年9月以来中央银行对大型金融机构和中小型金融机构实行了差别存款准备金率，但是我们在本节的分析中对所有银行仍使用一样的准备金率要求，因此各家银行必须满足中央银行的要求如下：

$$\frac{R_j}{D_j} \geq \rho \tag{2.8}$$

（二）模型分析

情形一：银行在资本充足率（k）方面受到约束，我们主要考察资本充足率对贷款供给（L_j）和债券（G_j）的影响。

将式（2.6）代入式（2.1）和式（2.5），则得：

$$G_j + E_j/k + R_j = D_j + E_j$$

$$\Pi = \left(\frac{\alpha - \frac{E_j}{k} - c_j}{\beta} + r_A\right)\left(\frac{E_j}{k}\right) + r_G G_j - \left(\frac{g_j}{2}\right)G_j^2 - \left(\frac{f_j}{2}\right)(E_j/k)^2$$

在资本充足率的约束下，按照情形一的做法，我们对式（2.5）求利润最大化：

$$(\alpha - c_j)/\beta + r_A - 2(E_j/k)/\beta - f_j(E_j/k) + \lambda = 0$$

$$r_G - g_j G_j + \lambda = 0$$

解得贷款供给（L_j）和债券（G_j）的最佳持有量如下：

$$L_j = -\frac{(\alpha - c_j + \beta D_j g_j - \beta g_j R_j + \beta r_A - \beta r_G)}{-2 - \beta g_j - \beta f_j + \beta g_j k}$$

$$G_j = -\frac{\alpha - c_j + 2D_j + \beta D_j f_j + \alpha k - c_j k - 2R_j - \beta f_j R_j - \beta r_A + \beta k r_A + \beta r_G - \beta k r_G}{-2 - \beta g_j - \beta f_j + \beta g_j k}$$

考察资本充足率（k）对贷款供给（L_j）和债券持有量（G_j）的影响：

$$\frac{\partial L_j}{\partial k} = -\frac{\beta g_j(\alpha - c_j + \beta(D_j g_j - g_j R_j + r_A - r_G))}{(2 + \beta(f_j + g_j - g_j k))^2}$$

$$\frac{\partial G_j}{\partial k} = -\frac{(2 + \beta f_j)(\alpha - c_j + \beta(D_j g_j - g_j R_j + r_A - r_G))}{(2 + \beta(f_j + g_j - g_j k))^2}$$

因为，$D_j > R_j$，$r_A > r_G$，所以，$(D_j g_j - g_j R_j + r_A - r_G) > 0$，同时，由于 $\alpha > c_j$，

因此 $\alpha - c_j + \beta(D_j g_j - g_j R_j + r_A - r_G) > 0$，从而 $\dfrac{\partial L_j}{\partial k} < 0$，$\dfrac{\partial G_j}{\partial k} < 0$。

因此，可以认为，当资本充足率（k）形成了实际约束的时候，其对贷款供给（L_j）和债券持有（G_j）均会产生负向的影响。资本充足率是银行资本总额与加权平均风险资产的比值，反映了商业银行在存款人和债权人的资产遭到损失之前，该银行能以自有资本承担损失的程度，在自有资本一定的情况下，银行在风险资产方面的投资总量是有上限的。一般来讲，贷款的风险权重要高于债券投资的风险权重。在资本金不增加的情况下，银行如果要提高总风险投资额，只能将贷款投放转化为债券投资，但是如果银行已经在贷款供给和债券持有之间选择了比较合适的比例，则资本充足率的约束将会导致银行在这两方面的投资总量均出现下降。

情形二：银行在贷存比[①]（w）方面受到约束，我们主要考察贷存比（w）约束对贷款供给（L_j）和债券（G_j）的影响。

将式（2.7）代入式（2.1）和式（2.5），则得：

$$G_j + D_j w + R_j = D_j + E_j$$

$$\Pi = \left(\frac{\alpha - D_j w - c_j}{\beta} + r_A\right)(D_j w) + r_G G_j - \left(\frac{g_j}{2}\right) G_j^2 - \left(\frac{f_j}{2}\right)(E_j/k)^2$$

在贷存比（w）的约束下，按照情形一的做法，我们求解银行利润最大化：

$$\alpha - \frac{c_j}{\beta} + r_A - 2 \times D_j \times \frac{w}{\beta} - f_j \times D_j \times w + \lambda = 0$$

$$r_G - g_j \times G_j + \lambda = 0$$

解得贷款供给（L_j）和债券（G_j）的最佳持有量如下：

$$L_j = \frac{(-\alpha + c_j - \beta E_j g_j + \beta g_j R_j - \beta r_A + \beta r_G) \times W}{-\beta g_j + 2w + \beta f_j w + \beta g_j w}$$

$$G_j = -\frac{\left(\dfrac{\alpha - c_j}{\beta} + r_A - r_G\right)(-1 + W) - (-E_j + R_j)\left(-\dfrac{2w}{\beta} - f_j w\right)}{g_j(-1 + w) + \dfrac{2w}{\beta} + f_j w}$$

[①] 2015 年 10 月前，75% 的贷存比一直是中国商业银行的监管要求，虽然 2015 年 10 月以后，根据修订后的《中华人民共和国商业银行法》，该硬性要求被删除，但是贷存比仍然是银行流动性监测的重要指标。从银行经营管理来看，贷存比依然能够产生较强的流动性约束。因此，我们继续将贷存比作为银行业监管的一项重要指标。

考察贷存比（w）对贷款供给（L_j）和债券持有量（G_j）的影响：

$$\frac{\partial L_j}{\partial w} = -\frac{\beta g_j(\alpha - c_j + \beta(E_j g_j - g_j R_j + r_A - r_G))}{(2w + \beta(g_j(-1+w) + f_j w))^2}$$

$$\frac{\partial G_j}{\partial w} = -\frac{(2 + \beta f_j)(\alpha - c_j + \beta(E_j g_j - g_j R_j + r_A - r_G))}{(2w + \beta(g_j(-1+w) + f_j w))^2}$$

根据现实中商业银行的资产负债表及附注说明，我们发现在一般情况下，E_j 远小于 R_j，即 $E_j < R_j$，同时，尽管 $\alpha - c_j > 0$，$r_A - r_G > 0$，但相关变量的值相对于 E_j 和 R_j 来说，都是比较小的，因此，可以认为 $\beta g_j(\alpha - c_j + \beta(E_j g_j - g_j R_j + r_A - r_G)) < 0$。最终得到 $\frac{\partial L_j}{\partial w} > 0$ 和 $\frac{\partial G_j}{\partial w} > 0$。

可以看出，在贷存比（w）存在约束时，提高贷存比（w）的值将会促进贷款供给（L_j）和债券持有（G_j）。从监管要求上看，贷存比是贷款余额与存款余额的比例，在存款一定的情况下，对贷款的上限是有严格约束的。在存款无法实现增加的时候，如果银行仍然有剩余的资金，银行可以将剩余资金投资于债券市场。而如果此时监管机构提高贷存比的约束值，则银行可以将剩余资金继续用于贷款的投放，增加整体的信贷供给。

情形三：银行在法定存款准备金（ρ）方面受到约束，我们主要考察法定存款准备金率对贷款供给（L_j）和债券（G_j）的影响。

将式（2.8）代入式（2.1），则得 $G_j + L_j + \rho D_j = D_j + E_j$。

在此约束下，按照情形一的做法，我们对式（2.5）求利润最大化：

$$\frac{\alpha - c_j}{\beta} + r_A - \frac{2L_j}{\beta} - f_j L_j + \lambda = 0$$

$$r_G - g_j G_j + \lambda = 0$$

解得贷款供给（L_j）和债券（G_j）的最佳持有量如下：

$$L_j = -\frac{-\alpha + c - \beta D_j g_j - \beta E_j g_j + \beta D_j g_j \rho - \beta r_A + \beta r_G}{2 + \beta f_j + \beta g_j}$$

$$G_j = -\frac{\alpha - c - 2D_j - 2E_j - \beta D_j f_j - \beta E_j f_j + 2D_j \rho + \beta D_j f_j \rho + \beta r_A - \beta r_G}{2 + \beta f_j + \beta g_j}$$

考察法定存款准备金率（ρ）对贷款供给（L_j）和债券持有量（G_j）的影响：

$$\frac{\partial L_j}{\partial \rho} = -\frac{\beta D_j g_j}{2 + \beta f_j + \beta g_j} < 0$$

$$\frac{\partial G_j}{\partial \rho} = -\frac{2D_j + \beta D_j f_j}{2 + \beta f_j + \beta g_j} < 0$$

可以看出，在法定存款准备金率（ρ）形成了实际约束的时候，其对贷款供给（L_j）和债券持有（G_j）均产生负向的影响。即当银行不存在超额准备金时，随着法定存款准备金率的上升，将使银行可用于进行资产组合的资金量减少，从而在贷款供给和债券投资方面均出现减少。我们发现，在经过央行多次上调法定存款准备金率的情况下，2010 年末，中资大型银行的超额准备金率已经降低为 0.9%[①]，并且仍然呈现下降趋势，因此法定存款准备金率对银行信贷供给的约束效力或许越来越强。这也再次说明了我们的研究假设和结论是基本符合现实情况的。

情形四：商业银行在资本充足率（k）、贷存比（w）和法定存款准备金（ρ）方面均满足相关的监管要求。

因此，我们主要考察作为贷款的运营管理成本（c_j）、贷款的营销管理成本（f_j）、债券的投资管理成本（g_j）以及债券投资的收益（r_G）、中央银行规定的贷款基准利率（r_A）对贷款供给（L_j）和债券持有（G_j）的影响。

在满足式（2.1）的条件下，为使得式（2.5）表示的银行利润最大化，商业银行在日常经营中必须选择最优的贷款供给（L_j）和债券持有（G_j），λ 为拉格朗日乘子，求解如下：

$$\frac{\partial \Pi}{\partial L_j} = \frac{\alpha - c_j}{\beta} + r_A - \frac{2L_j}{\beta} - f_j L_j + \lambda = 0$$

$$\frac{\partial \Pi}{\partial G_j} = r_G - g_j G_j + \lambda = 0$$

联合式（2.1），解得：

$$L_j = -\frac{-\alpha + c_j - \beta D_j g_j - \beta E_j g_j + \beta g_j R_j - \beta r_A + \beta r_G}{2 + \beta f_j + \beta g_j}$$

$$G_j = -\frac{\alpha - c_j - 2D_j - 2E_j - \beta D_j f_j - \beta E_j f_j + 2R_j + \beta f_j R_j + \beta r_A - \beta r_G}{2 + \beta f_j + \beta g_j}$$

第一，考察贷款的运营管理成本（c_j）对贷款供给（L_j）和债券持有（G_j）的影响：

$$\frac{\partial L_j}{\partial c_j} = -\frac{1}{2 + \beta f_j + \beta g_j} < 0$$

[①] 数据来源于 Wind 数据库。

$$\frac{\partial G_j}{\partial c_j} = \frac{1}{2 + \beta f_j + \beta g_j} > 0$$

可以看出，贷款的运营管理成本（c_j）对贷款供给（L_j）将产生负向影响，而对债券持有（G_j）产生正向的影响。例如，如果监管机构要求进一步降低不良贷款率，提高贷款拨备率，并强化相关的监管执行力度，甚至在特定时期采取有针对性的处罚措施，则意味着资产质量越差，相应的贷款运营管理成本（c_j）可能越高，从而会降低商业银行投放贷款的积极性，并提高债券（G_j）的持有量。

第二，考察贷款的营销管理成本（f_j）对贷款供给（L_j）和债券持有（G_j）的影响：

$$\frac{\partial L_j}{\partial f_j} = -\frac{\beta(\alpha - c_j + \beta(D_j g_j + E_j g_j - g_j R_j + r_A - r_G))}{(2 + \beta(f_j + g_j))^2}$$

$$\frac{\partial G_j}{\partial f_j} = \frac{\beta(\alpha - c_j + \beta(D_j g_j + E_j g_j - g_j R_j + r_A - r_G))}{(2 + \beta(f_j + g_j))^2}$$

因为，$D_j > R_j$，$r_A > r_G$，所以，$\beta(D_j g_j + E_j g_j - g_j R_j + r_A - r_G) > 0$，同时，由于 $\alpha > c_j$，因此 $\alpha - c_j + \beta(D_j g_j + E_j g_j - g_j R_j + r_A - r_G) > 0$，从而 $\frac{\partial L_j}{\partial f_j} < 0$，$\frac{\partial G_j}{\partial f_j} > 0$。

可以看出，贷款的营销管理成本（f_j）对贷款供给（L_j）将产生负向影响，而对债券持有（G_j）产生正向的影响。我们以某一个行业为例，如果商业银行对该领域非常了解，对相关信贷审批、贷后管理的专业知识和案例积累越多，则相应的风险掌握能力越强，那么投放贷款的成本也就越低；如果银行将重点战略定位于该行业，那么在积累了一定的客户数量以后，客户拓展和维护的营销成本也将由于规模效应而降低。因此，综合而言，营销管理成本的降低将使得银行在该行业的信贷投放量增加。如果从单个行业扩展到全领域，随着营销管理成本的降低，银行的贷款供给（L_j）在资产组合中将会提高，相应的债券持有量（G_j）将会减少。

第三，考察债券的投资管理成本（g_j）对贷款供给（L_j）和债券持有（G_j）的影响：

$$\frac{\partial L_j}{\partial g_j} = \frac{\beta(-\alpha + c_j + 2D_j + 2E_j + \beta D_j f_j + \beta E_j f_j - 2R_j - \beta f_j R_j - \beta r_A + \beta r_G)}{(2 + \beta(f_j + g_j))^2}$$

$$\frac{\partial G_j}{\partial g_j} = \frac{\beta(\alpha - c_j - 2D_j - 2E_j - \beta D_j f_j - \beta E_j f_j + 2R_j + \beta f_j R_j + \beta r_A - \beta r_G)}{(2 + \beta f_j + \beta g_j)^2}$$

可以看出，我们难以判断 $\frac{\partial L_j}{\partial g_j}$ 和 $\frac{\partial G_j}{\partial g_j}$ 的符号，因此债券投资管理成本（g_j）对贷款供给（L_j）和债券持有（G_j）的影响方向是不明确的。我们认为，这主要是因为相对于贷款管理相关的成本来说，债券投资的成本是比较低的，所以当其发生变化时，对贷款供给量和债券持有量的组合决策影响不大，很难去判断其作用的方向。

第四，考察债券收益率（r_g）、中央银行贷款基准利率（r_A）对贷款供给（L_j）和债券持有量（G_j）的影响：

$$\frac{\partial L_j}{\partial r_g} = \frac{-\beta}{2 + \beta f_j + \beta g_j} < 0$$

$$\frac{\partial G_j}{\partial r_g} = \frac{\beta}{2 + \beta f_j + \beta g_j} > 0$$

$$\frac{\partial L_j}{\partial r_A} = \frac{\beta}{2 + \beta f_j + \beta g_j} > 0$$

$$\frac{\partial G_j}{\partial r_A} = \frac{-\beta}{2 + \beta f_j + \beta g_j} < 0$$

可以看出，随着债券收益率（g_j）的提高，贷款供给（L_j）将减少，而债券的持有量（G_j）将会提高，这与现实情况也是较为一致的。一般认为，银行持有的债券大部分属于低风险的投资，甚至有时可以作为流动性的一种替代。如果这种低风险收益持续提高，那么在信贷风险没有显著降低的情况下，银行在权衡风险收益后，很可能会加大对债券的投资，同时退出一些高风险的信贷项目，减少总的贷款供给量。

按照我们的理论模型分析，随着中央银行贷款基准利率（r_A）的提高，贷款供给（L_j）将增加，而债券持有量（G_j）将会减少，这与中央银行调控信贷的初衷是相反的，但是与我们上一节实证检验的结论却是类似的。即在货币政策紧缩时期，基准利率的提高对于压缩总的贷款供给是无效的，依靠提高利率这样的手段来抑制信贷投放，从理论上来说也是不合理的。一方面，在紧缩货币政策时，基准利率的提高，使得银行平均定价与基准利率之间的差额减少了，从我们的模型假定中，可以清楚看出其无法有效压降信贷需求，甚至会刺激需求。另一方面，利率的提高增加了银行投放贷款的积极性，同时可能的利差减少也使得银行必须投放更多贷款来达到原先的利润目标。

第三节　银行业监管影响信贷供给的实证检验

上一节我们根据已有的研究，建立了商业银行的信贷决策模型，在此基础上分析银行监管对信贷量及其结构的影响。本节将以上一节的数理模型为基准，建立相应的回归计量模型，并利用 2005～2017 年 25 家中国商业银行的面板数据对银行信贷供给的影响因素进行实证分析。主要是关注银行业监管指标对信贷供给总量的作用，从而检验理论模型的结论是否与实际情况相符。

一、中国银行业的发展变迁

从 1978 年改革开放以来，中国的银行业经历了从中国人民银行"大一统"的格局，到四大国有专业银行的高度垄断，再到国有独资专业银行的商业化改革，最后形成众多股份制商业银行并存发展的过程，整体市场结构不断演变，竞争程度也逐步加强。以 1995 年正式颁布实施的《中华人民共和国中国人民银行法》和《中华人民共和国商业银行法》为转折点，整个银行业改革发展步入了法制轨道。参考王红（2005）、黄隽和汤珂（2008）以及刘明康（2009）等的概括，我们对 1995 年以后中国银行业的发展变迁情况总结如下。

（一）商业银行发展的新时代（1995～2003 年）

1995～2003 年银行法的颁布，开创了商业银行的新时代。1994 年，四大国有商业银行的政策性业务被正式剥离，《中华人民共和国商业银行法》明确了国有商业银行要"自主经营、自担风险、自负盈亏、自我约束"。至此，四大国有商业银行开始向更具商业功能的银行转变，为市场化的竞争格局奠定了基础。这一阶段的改革主要集中在处置不良资产，提升管理水平，逐步建立经营绩效和风险内控机制等方面。1998 年财政部用 30 年长期特别国债向工商银行、农业银行、中国银行、建设银行共注资 2700 亿元，用以补充四大国有商业银行的资本金。1999 年，财政部又以全额拨款的形式，相继成立了华融、东方、信达、长城四家金融资产管理公司，将四家国有商业银行的 1.4 万亿元不良资产予以剥离。另外，从 1996 年开始，地方性的城市商业银行陆续成立，对地方经济的发展起到了良好的推动作用。2001 年中国正式加入世界贸易组织，并承诺经过五年的缓冲期后，将全面开放中国金融市场。

（二）商业银行市场化竞争发展的时期（2003 年至今）

2003 年至今，银行业监管职能正式从中央银行独立出来，完成了对国有银行的股份制改造，中国的金融市场竞争程度进一步加强。2003 年 3 月，中国银行业监督管理委员会正式成立，开始履行独立的监管职责，推进了银行业的监管理念、制度和技术创新，使得银行业整体面貌发生了历史性改变，也引领我国银行业实现了跨越性发展。2003 年底，中国银行、中国建设银行作为试点进行了股份制改造，一系列银行业改革方案高频率陆续出台，实现了体制机制上的根本性突破，国有银行的股份制改造和上市成为了主旋律。2005 年以来，国有商业银行在全球市场上引进海外战略投资者，掀起了中国本土银行的融资热潮，其目的不仅是为了筹资，更是为了促进国有银行在经营理念、产品创新、公司治理和风险管理等方面的变化，使其成为真正的市场主体，也力争将其改造成具有国际竞争力的现代商业银行。2006 年底，在加入世贸组织的五年过渡期结束后，我国向外资银行开放人民币零售业务，全面兑现加入世贸组织的承诺。这些改革开放的措施，一步步将我国的银行业引向了市场化、多元化竞争经营的新阶段。

截至 2019 年底，我国银行业的资产总额达到 290.00 万亿元[①]，负债总额 265.54 万亿元，所有者权益 24.47 万亿元。资产规模是银监会成立前（截至 2002 年底）的 12.26 倍左右，是"十五"末期（截至 2005 年底）的 7.7 倍，按资产规模计算的市场份额结构逐步优化。

在银行业金融机构组成方面，2019 年末，我国银行业金融机构共有法人机构 4607 家，网点总数达到 22.8 万个。其中，政策性银行及国家开发银行 3 家、国有大型商业银行 6 家、股份制商业银行 12 家、城市商业银行 134 家、民营银行 18 家、外资法人银行 41 家、信托公司 68 家、金融租赁公司 70 家、住房储蓄银行 1 家、消费金融公司 24 家、汽车金融公司 25 家、货币经纪公司 5 家、企业集团财务公司 258 家、金融资产管理公司 4 家、贷款公司 13 家、村镇银行 1630 家、农村商业银行 1478 家、农村信用社 722 家、农村资金互助社

---

① 本小节相关数据来源于中国银行保险监督管理委员会、中国银行业协会、Wind 数据库。

44家、农村合作银行28家、其他金融机构23家。

在对外开放方面，截至2019年10月末，外资银行在中国共设立了41家外资法人银行、114家母行直属分行和151家代表处，外资银行营业机构总数976家，资产总额3.37万亿元。根据《福布斯》发布的2020年全球上市公司2000强榜单，中国工商银行、中国建设银行、中国农业银行、中国银行分别排名第一位、第二位、第五位、第十位。

二、银行业监管对信贷供给总量的影响情况

（一）模型设定

以上一节的模型为基础，我们构建实证分析的初始模型如下：

$$LOAN_{it} = \beta_0 + LOAN_{it-1} + \beta_1 RES_t + \beta_2 REG_{it} + \beta_3 LD_{it} + \beta_C CON + \varepsilon_{it} \quad (2.9)$$

其中，i代表商业银行个体，t代表年份，β为模型待估计参数，ε_{it}为随机误差项。

被解释变量为各家银行的贷款余额（$LOAN_{it}$），并进行对数化处理。考虑到贷款的投放存在一定的延续性，贷款投放存在着路径依赖，我们将上一期的贷款余额（$LOAN_{it-1}$）作为一项影响因素，也利用其涵盖其他一些未知的信息，缓解可能的内生性影响，与各项监管指标一起构成计量模型的解释变量。

核心解释变量为：法定存款准备金率（RES_t），衡量各家银行面临的法定存款准备金要求，并且区分大型存款类金融机构和中小型存款类金融机构；由于法定存款准备金率同时也是货币政策调控的重要手段，因此不再单独控制货币政策的影响。资本约束（REG_{it}），以"实际资本充足率–监管要求"衡量，表示各家银行面临的资本监管压力，并且采用两种方式具体测量。贷存比（LD_{it}），以"贷款/存款"衡量，用来反映各家银行面临的流动性管理压力。

CON为控制变量，主要包括：银行资产规模（$ASSET_{it}$），进行对数化处理，用于控制银行规模对信贷总量的影响。NPL_{it}表示银行资产质量，以不良贷款率衡量，从而控制银行资产质量对信贷总量的影响。ROA_{it}表示银行盈利能力，以总资产收益率衡量。银行业竞争程度（HHI_t），以"赫芬达尔–赫希曼指数"来衡量，用于控制银行业竞争程度对银行信贷供给的影响，该指数

越高表示竞争程度越低。经济增长水平（GDP_t），用于控制经济增长水平对信贷总量的影响。所有变量的具体含义汇总如表 2-7 所示。

表 2-7　　　　　　　　　　　变量说明

变量符号	变量名称	变量说明
Loan	贷款余额	各家银行贷款余额（取对数）
RES	法定存款准备金率	各家银行面临的法定存款准备金率要求，区分大型存款类金融机构和中小型存款类金融机构
REG1	资本约束	实际资本充足率 – 监管要求
REG2	资本约束	当实际资本充足率 < 监管要求时，取 0；否则，按"实际资本充足率 – 监管要求"计算
LD	银行贷存比	贷款/存款（具体存贷款口径参照监管部门要求）
ASSET	银行规模	银行总资产的对数
NPL	银行资产质量	银行不良贷款率
ROA	银行盈利能力	银行总资产收益率
HHI	银行业竞争结构	赫芬达尔－赫希曼指数，采用五家大型国有商业银行资产占商业银行总资产百分比的平方和表示
GDP	宏观经济增长	GDP 增长率

注：根据 2012 年发布的《商业银行资本管理办法（试行）》，2013 年开始，国内商业银行资本充足率的最低监管要求由原来的 8% 提升至 10.5%（增加了 2.5% 的储备资本要求），系统重要性银行在此基础上，额外增加 1% 的附加资本要求。因此，对于监管要求的资本充足率，2013 年之前统一设定为 8%，2013 年以后，系统性重要银行（工行、建行、中行、农行）设为 11.5%，其他银行设为 10.5%。

（二）数据描述与分析

1. 数据来源

我们选取的样本为 2005～2017 年 25 家中国商业银行年度非平衡面板数据，包括 5 家大型国有商业银行、9 家全国性股份制商业银行、7 家城市商业银行和 4 家农村商业银行。所有数据均来源于 Wind 数据库和各家银行年报，当部分数据出现不一致时，以相关银行的年报为准。因为少数银行在某些年份没有对一些数据进行相关统计，例如不良贷款率、资本充足率等，少数统计数据出现了缺失，但是整体占比较少，所以我们将在后续的计量检验中将相关样本予以直接剔除，形成非平衡面板。

2. 数据描述与处理

本节主要变量的描述性统计结果如表 2-8 所示，所有变量的样本数量为 295。从表 2-8 可以看出，各家银行的各类指标能够体现出较大差异，各变量也基本处于合理的范围之内，能够为基于面板数据的研究提供良好的样本分布基础。

表 2-8　　　　　　　　　主要变量的描述性统计

变量	均值	标准差	最小值	最大值
RES	0.1534	0.0354	0.0750	0.2083
REG1	3.0568	2.6774	-4.6000	22.6700
REG2	295.0000	3.1385	2.5291	0
LD	0.7041	0.0871	0.4700	1.0500
ASSET	9.3128	1.7182	4.9494	12.4718
NPL	1.5856	1.1747	0.3300	9.3300
ROA	1.0318	0.3117	-0.4822	2.1792
HHI	0.0523	0.0144	0.0330	0.0783
GDP	9.5771	2.4952	6.7000	16.1000

资料来源：利用 Stata 软件计算整理。

三、计量模型检验与结果分析

（一）回归方程的分析

由于回归变量中包括了被解释变量的滞后项，因此方程（2.9）存在着内生性问题，为了克服该动态方程中的内生性问题，我们拟采用广义矩估计法（GMM）来进行估计。GMM 估计法的基本思路可以分为两步：首先，对回归方程进行一阶差分，从而消除银行个体固定效应；其次，将滞后变量或滞后变量的一阶差分作为差分方程中对应内生变量的工具变量，从而估计差分方程。回归模型的 Hansen 检验表示，模型（1）和模型（2）不存在显著的工具变量过度识别问题；Arelleno - Bond 序列相关检验显示，残差项在 10% 水平上存在显著的一阶自相关，但是不存在显著的二阶自相关，满足了相关的统计要求。模型的具体回归结果如表 2-9 所示。

表 2-9　　　　　　　银行业监管与银行信贷供给

变量	模型（1）	模型（2）
$LOAN_{t-1}$	0.2077*** (0.0672)	0.2099*** (0.0677)
RES	-1.3448* (0.7631)	-1.3660* (0.7559)
REG1	-0.0079* (0.0039)	
REG2		-0.0079* (0.0039)
LD	1.1831*** (0.2860)	1.1829*** (0.2920)
ASSET	0.8037*** (0.0995)	0.8032*** (0.1021)
NPL	-0.0267* (0.0214)	-0.0266 (0.0219)
ROA	0.2140 (0.1567)	0.2171 (0.1572)
HHI	7.8337** (3.1641)	7.922** (3.2435)
GDP	-0.0110** (0.0051)	-0.0112** (0.0051)
AR1	0.045	0.050
AR2	0.829	0.934
Hansen	0.303	0.306
样本数	251	251

注：括号中标注的为标准差，***、**、*分别表示在1%、5%、10%的水平上显著。

资料来源：利用 Stata 软件计算整理。

模型（1）和模型（2）的结果基本类似，说明研究结论具有一定的稳定性。根据表2-9，可以得出以下主要结论。

法定存款准备金率前的系数显著为负，即法定存款准备金率与银行信贷供给之间呈现明显的负相关性。这与本章第二节的理论分析保持一致，同时也与本章第一节的宏观数据检验结论相同。意味着存款准备金率作为一项重要的货币政策手段和监管要求，确实能够对商业银行信贷供给产生重要影响。样本中各家银行的超额存款准备金大部分时候低于4%，并且整体上处于逐年下降的趋势，因此法定存款准备金率的调整对商业银行的信贷投放能够起到较好的调控作用。

两类资本约束前的系数均显著为负，即资本约束与银行信贷供给之间呈现明显的负相关性，意味着资本约束越强，银行信贷供给的增长反而越高。这与本章第二节的理论分析存在明显差异，而国内一些学者的实证研究结果也认为资本约束对贷款供给产生挤压。究其原因，我们认为可能是选取样本的时间点不同，例如，刘斌（2005）使用的是1998年一季度至2005年一季度的数据，样本中包含了16家商业银行，研究发现资本相对不足的商业银行，资本约束对贷款的影响程度较大；陈学彬等（2009）对2004~2007年的数据单独进行分析，认为银行资本约束解释了2004~2005年银行的"惜贷"行为。我们认为上述学者的实证检验之所以能够反映资本约束对信贷供给的影响，主要是因为样本期间的银行资本充足率大部分达不到监管要求。

我们的实证分析没有能够支持理论分析的结论，可能主要有以下三个方面的原因。第一，我们选取的样本为2005~2017年，样本期内未能满足监管要求的样本数量不到4%。第二，尽管少数银行可能短期存在着最低资本要求的压力，但是因为当时银行监管的不严格性，使得银行在实际经营中未受到相应的处罚，温信祥（2006）支持了这一观点，赵锡军和王胜邦（2007）则称之为"资本软约束"。第三，资本充足率相对较低的银行，本身投放贷款的动机往往更强，但是由于其尚未达到面临强烈资本约束的程度，因此依然能够继续大量增加信贷投放。

贷存比前的系数均为正数，即贷存比与银行信贷供给之间为正相关关系。该结论与本章第二节的理论结论相反。我们认为，这可能主要有两方面原因：一方面，样本银行中贷存比高于75%的数量仅占28%，并且大部分处于2015年以后，贷存比由监管指标改为监测指标的阶段，也意味着贷存比实质上并没有对信贷供给产生抑制作用。另一方面，贷存比较高并且没有超过监管要求的时候，往往展示出较强的信贷投放冲动，从而体现为贷存比与银行信贷供给之间的正相关性。

不良贷款率前的系数为负，意味着银行资产质量与信贷供给之间呈现负向相关。针对这样的结果，国内学者们给出不同的因果解释。郭友和莫倩（2006）、陈学彬等（2009）认为，随着近几年国内银行业不良贷款率的逐步降低,资产质量的提高对贷款供给的增加产生了促进作用。但是,白鹤祥(2010)认为,不良贷款率的考核可能会导致商业银行有信贷扩张的冲动,通过提高贷款余额来降低不良贷款率,也就是说,贷款余额的提高导致了不良贷款率的降低。

我们认为,代表资产质量的不良贷款率,会改变商业银行的贷款运营管理成本。为了降低不良贷款率,银行必须改善自身的治理结构,提升风险管理的能力,从而满足内部发展和外部监管的需要,这些都将增加银行的贷款运营管理成本。同时,不良贷款还会制约银行的流动性,给银行的资本带来压力,所以较高的不良贷款率将使得银行的贷款投放行为更加谨慎,减少放贷行为,较低的不良贷款率却可以促进银行的信贷供给。

(二) 稳健性检验

我们同时还考虑采用静态面板模型进行稳健性分析,即回归模型中不加入被解释的一阶滞后,其他核心解释变量和控制变量与式(2.9)中相同。经过 Hausman 检验,采用个体年份双固定效应模型进行相应估计,回归结果如表 2-10 所示,核心结论依然保持较好的稳定性。

表 2-10 银行业监管与银行信贷供给(固定效应静态面板模型)

变量	模型(1)	模型(2)
RES	-1.5921 (1.0415)	-1.6575 (1.0458)
REG1	-0.0067*** (0.0017)	
REG2		-0.0072*** (0.0019)
LD	0.7384*** (0.0653)	0.7359*** (0.0653)
控制变量	控制	控制
个体效应	控制	控制
时间效应	控制	控制
样本数	295	295

注:括号中标注的为稳健标准差,***表示在1%的水平上显著。
资料来源:利用 Stata 软件计算整理。

四、结论与启示

随着银行业的不断发展,银行监管对商业银行经营的影响越来越大,商业银行在货币政策的信用传导机制中处于核心地位,因此,银行监管将会改变货币政策的执行效果。如果要研究银行监管对货币政策的影响,其本质是分析银行业监管对商业银行信贷行为的调节作用。

我们构建了一个包含银行监管的商业银行信贷决策模型,并且基于2005~2017年25家中国商业银行进行实证检验。研究发现:在法定存款准备金监管方面,法定存款准备金率的提高,将减少商业银行信贷供给;在资本监管方面,资产充足率的约束没有对银行信贷供给产生抑制作用,而是呈现正向关系;在流动性监管方面,贷存比的提高,会推动银行信贷供给的提升;在银行资产质量监管方面,不良贷款率越高时,其信贷供给能力将越弱。因此,可以认为银行监管对银行信贷决策的作用最终将会影响货币政策的执行效果。

值得注意的是,资本监管(资本充足率)的约束和流动性监管(贷存比)的约束方向与理论预期存在差异,这很可能与中国银行业的整体发展相对比较稳健,监管指标的达标情况良好有关。未来,随着银行业的继续发展,监管指标的变化和样本的调整是否会带来新的结论,仍然需要进一步检验。

第三章

货币政策与银行中长期信贷资源配置*

　　第二章主要分析了货币政策与银行信贷总量的关系，而不少研究表明，银行信贷结构在货币政策信用传导中发挥着巨大影响作用，其中信贷期限结构是一个重要视角。因此，本章以银行中长期信贷资源配置为研究对象，围绕货币政策展开相关讨论。首先，基于中国商业银行特殊的利率定价机制，从盈利动机视角出发，构建两阶段的商业银行信贷决策模型，理论分析贷款基准利率政策对信贷期限结构的影响机制，并且基于2005~2016年的宏观季度数据，通过TVP-FAVAR模型和时间序列线性回归模型进行实证检验。其次，2016年以后金融机构的金融杠杆问题受到监管部门的普遍关注，因此我们系统梳理不同视角下金融杠杆的界定与衡量，将商业银行视角的金融杠杆作为研究对象，提出货币政策对中长期信贷资源配置产生直接和间接效应的理论机制，同时以中国25家商业银行为样本展开实证检验。

第一节　货币政策、银行决策行为与信贷期限结构

一、商业银行中长期信贷资源研究的重要性

　　中国的金融体系以间接融资为主导，2016年底商业银行提供的资金在存

---

* 本章核心内容来自盛天翔、王宇伟、范从来：《利率工具、银行决策行为与信贷期限结构》，载《中国工业经济》2017年第12期；盛天翔、张勇：《货币政策、金融杠杆与中长期信贷资源配置——基于中国商业银行的视角》，载《国际金融研究》2019年第5期。

量社会融资规模中的占比达到84%①，信贷量对于中国经济的发展起到了巨大作用。与此同时，不少学者发现由于短期贷款和中长期贷款的用途明显不同②，两类贷款对宏观经济会产生不同的影响效应，从而强调了信贷期限结构的重要性（范从来等，2012；李炳和袁威，2015），认为信贷期限对于企业投资和长期发展具有重要作用（段云和国瑶，2012；钟凯等，2016），中长期资金的获得在经济复苏中具有非常重要的作用（Black & Rosen，2016）。从国家政策来看，中国人民银行每季度公布的《中国货币政策执行报告》都非常重视信贷期限结构的变化。2017年4月，中国银行业监督管理委员会发布《关于提升银行业服务实体经济质效的指导意见》，专门指出银行业金融机构应切实加强对企业技术改造中长期贷款支持。因此可以说，无论从理论研究还是货币信贷政策实践来看，信贷期限结构在信贷总量发挥作用的过程中都占据着非常重要的地位。

当前，中国的货币政策框架正在逐步从数量型向价格型转变，那么货币政策的利率工具是否会影响信贷期限结构？商业银行作为信贷市场运行的主体，其决策行为在这一传导过程中将产生什么样的作用？如果能够厘清这些问题，将有助于为中央银行充分利用商业银行的决策行为，更好地发挥利率工具调节作用，从而更有效地支持实体经济发展提供一些理论参考和经验借鉴。

二、货币政策与银行信贷期限结构的述评与研究拓展

目前，国内学者较少关注利率工具对信贷期限结构的影响，更多的研究是围绕利率工具与信贷持有主体的产业结构、行业结构和产权结构等展开（吕光明，2013；王去非等，2015；战明华等，2016；欧阳志刚和薛龙，2017）。但是，国外学者的研究对信贷的期限结构保持了较高的关注度，这也从另一个角度说明该问题的重要性。按照利率工具对信贷期限结构影响机制分析的不同，国外学者的研究大致可以分为三类。

---

① 商业银行提供资金为本外币贷款、委托贷款、信托贷款和未贴现银行承兑汇票，数据来源为Wind数据库。

② 短期贷款主要用于借款人生产经营中的流动资金需要，而中长期贷款主要用于进行技术改造、新建固定资产项目等。短期贷款是指期限在一年以下（含一年）的贷款，中长期贷款是指贷款期限在一年以上（不含一年）的贷款，本书中提及的信贷期限划分方式，将全部按照这一标准进行。

第一类是围绕利率与银行的流动性风险承担展开。戴蒙德和拉詹（2006；2011）通过理论模型证明，当货币政策紧缩、利率提高时，为了保证存款的稳定性，商业银行要付出更多成本，这将增加其真正的流动性需求，从而导致银行减少对长期项目的贷款支持。布莱克和罗森（Black & Rosen，2016）的实证检验支持了这一理论分析，认为信贷渠道的流动性视角是存在的，并且影响了贷款的期限结构。

第二类是围绕利率与银行的信用风险承担展开。登汉等（Den Haan et al.，2007）以联邦货币基金利率为货币政策操作的指标，发现当货币政策紧缩时，短期的商业和工业贷款增加、中长期的房地产和消费贷款下降，认为这主要是因为紧缩期的商业银行倾向于投向短期的、低风险资产；布奇等（Buch et al.，2014）基于小银行的数据也得到了类似的结论。从本质上看，这其中的作用机制与货币政策风险承担渠道（Matsuyama，2007；Delis & Kouretas，2011；Borio & Zhu，2012 等）中利率影响估值的效应存在一定的相似性。对此，布莱克和罗森（2016）指出，当利率的提高增强了借款人风险时，可能会减弱其获得长期贷款的能力。

第三类不涉及对具体机制的深入探讨，仅仅是验证利率与信贷期限结构的关系。塔西克和瓦莱夫（Tasic & Valev，2010）通过 14 个国家的银行间比较，分析了影响商业银行贷款期限的各种因素，发现利率水平与中长期贷款的比例呈负相关关系，这与奥尔蒂斯莫利纳和佩纳斯（Ortiz - Molina & Penas，2008）等的结论是相同的。

总的来说，国外学者关于利率工具对信贷期限结构影响的研究结论基本是一致的，认为政策利率或实际利率与短期贷款占比之间是正相关的。在影响机制的探讨中，国外研究立足微观商业银行的决策行为，从风险管理的动机出发，分别关注了流动性风险管理和信用风险管理的需求。受此启发我们认为，要更好地揭示中国的利率工具与信贷期限结构之间的关系，必须从中国商业银行的行为入手，同时还需兼顾中国的货币政策环境。遵循这一思路，本节将重点从两个方面对上述的国外研究进行拓展。

一是以具有中国特色的贷款利率定价机制为基础进行研究。经过对中国商业银行贷款业务的现场调研和国际现状比较，同时结合商业银行从业人员的研究成果（郑晓亚等，2016），我们认为，在研究中国商业银行的贷款期限决策时，必须关注"贷款重定价周期"的影响。与发达国家相比，中国的贷款利率定价机制明显不同。中国的贷款平均重定价周期比较长[①]，而重定价周期越长，表示当政策基准利率变化时，实际贷款利率随之变动的滞后时间越长。因此国外学者在研究利率工具对信贷期限结构影响时，不需要考虑重定价的问题，但是在研究中国的问题时，这却是一个非常重要的基础前提。在实地调研中，我们大量比较了不同期限的贷款合同文本以后，进一步发现，短期贷款的重定价周期普遍短于中长期贷款，所以短期贷款和中长期贷款的利率锁定期是不同的，这将在加减息的过程中影响到商业银行的贷款收益水平。因此，与国外研究不同，我们将更侧重从银行盈利动机的角度考察货币政策利率工具的信贷期限结构调整机制。发现其与风险管理的动机比较，对盈利动机分析相对更为直观，也更易于模型化。

二是将贷款基准利率政策作为货币政策利率工具的典型代表进行研究。发达国家在研究货币政策利率工具时，由于金融市场大多高度发达，各个市场之间的利率联动非常灵敏，直接着眼于某一利率变化即可（马骏等，2016）。但是长期以来，中国的利率市场存在着双轨制情况，信贷市场的利率报价都是基于贷款基准利率，所以贷款基准利率的相关政策措施是中国信贷市场中最重要的货币政策利率工具。从贷款利率政策来看，2004年10月29日后，金融机构（不含城乡信用社）的贷款利率不再设上限，只保留贷款基准利率0.9倍的下限要求[②]。根据中国人民银行的统计数据，2005~2016年，实际贷款利率在基准利率下浮10%以内的贷款只占4.62%~35.38%[③]，也就是说贷款利率下限的要求在大多数时候是没有形成约束的。因此，2005年以来中国商业银行的实际贷款利率本质上属于有基准利率引导的市场化定价行为，研究贷款基准利率政策的作用，有助于更好地理解利率市场化定价过程中基准利率政策的传导效果。

与已有文献相比，本节的创新之处主要体现在以下方面：一是重点研究货币政策利率工具对信贷期限结构的影响，而目前国内的研究主要侧重信贷持有主体的结构，对信贷期限结构的关注还比较少，我们的研究结论可以为中国货

---

① 郑晓亚等（2016）比较了中美两国贷款的重定价周期，美国存量贷款的平均重定价期限基本集中于1个月以内，而中国四大国有银行存量贷款的平均重定价期限在三个月以上的约占一半左右。国外关于利率政策影响信贷期限结构的研究大部分都是基于美国数据，因此中美两国的情况对比具有比较好的代表性。

② 2012年6月8日和7月6日，贷款利率下限先后被调整到基准利率的0.8倍、0.7倍，2013年7月20日，贷款利率下限取消。

③ 数据来源于Wind数据库。

币政策利率工具的信贷结构调整效应提供有益补充。二是结合中国商业银行特殊的贷款利率定价机制，构建商业银行信贷收益的决策模型，从盈利动机的角度分析贷款基准利率政策对信贷期限结构影响的传导机制，这一传导机制更符合中国的实际情况，可以对国外学者的机制分析进行有效补充，深化学术界对信贷期限结构效应形成机制的理解。三是以往国内学者在研究货币政策利率工具时，既有存款基准利率，也有贷款基准利率，还涉及少数市场利率，而我们将货币政策利率工具聚焦到贷款基准利率，更加符合实际的商业银行贷款业务逻辑，进而提高了研究结论的可靠性和政策参考性。

三、理论模型分析

（一）中国商业银行的贷款利率定价机制

在构建商业银行信贷收益模型之前，首先要全面了解中国商业银行的贷款利率定价机制。通过对商业银行实务的深入调研，了解到目前商业银行贷款合同中的利率定价方式主要分为两种，固定利率定价与基准利率定价（也可称为"浮动利率定价"）。郑晓亚等（2016）将第一类定价方式称为"打包利率"，该利率不会随时间变动；第二类定价方式称为"基准利率+溢价"方式，在这种定价方式下，基准利率变动将会影响贷款存续期内的执行利率。

具体来说，对于固定利率定价，贷款在存续期内执行的利率始终是期初确定的利率，只有当贷款到期时才会重定价。对于基准利率定价，实际的贷款利率是以中国人民银行公布的贷款基准利率或2013年底推出的贷款基础利率（loan prime rate，LPR）作为基准利率，在此基准利率上进行浮动①，如果在合同期内基准利率出现调整，则根据约定的重定价期限规则进行调整。需要指出的是，由于LPR推出的时间较短，一方面，商业银行尚未完全将其应用至贷款定价中；另一方面，从LPR与贷款基准利率的相关性来看，两者保持了相

---

① 一直以来，基准利率都是中国人民银行公布的贷款基准利率，在贷款合同中一般体现为：实际贷款利率=某年期贷款基准利率上浮（下浮）X%，X为浮动比例。但是2013年10月中国人民银行宣布贷款基础利率（LPR）集中报价和发布机制正式运行，由全国银行间同业拆借中心发布LPR，并从2014年10月开始对商业银行考核以LPR进行贷款报价的情况，所以各家商业银行在贷款定价方式上逐步开始用LPR取代贷款基准利率，在贷款合同中体现为：将贷款基准利率替换为LPR，上下浮动比例变为加减基点。无论基准利率使用贷款基准利率还是LPR，其核心思想都属于基准利率定价方式。

当紧密的关系（见图 3-1），所以本节在后续理论探讨和实证检验时，对于基准利率将全部以中国人民银行公布的贷款基准利率为研究对象。

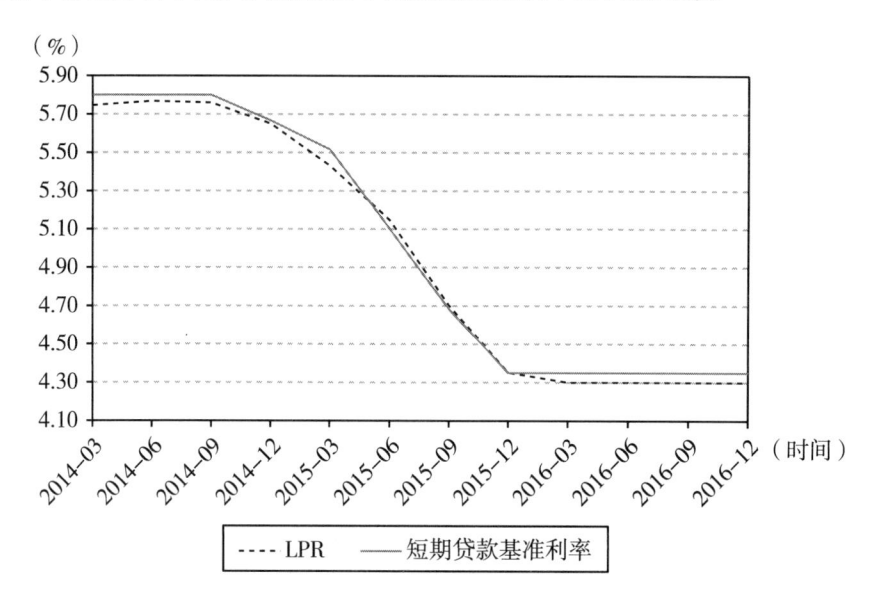

图 3-1　2014~2016 年短期贷款基准利率与 LPR 变化情况

资料来源：根据 Wind 数据库计算整理绘制而得。

如果按照固定利率定价方式，由于贷款期限的原因，短期贷款的利率锁定期肯定是明显小于中长期贷款；如果按照基准利率定价方式，根据对主要大型商业银行贷款合同的大量了解，中长期贷款一般约定一年重定价一次，要高于短期贷款的平均贷款期限。因此，综合这两种定价方式，短期贷款的平均重定价周期要小于中长期贷款，也就是说，当基准利率变动时，短期贷款的利率会比中长期贷款更快受到影响。

（二）理论模型构建

现有的关于货币政策利率工具影响信贷期限结构的理论模型较少，主要是基于流动性风险展开，需要考虑跨期的问题。根据上述的商业银行贷款定价模式，短期贷款和中长期贷款的利率锁定期明显不同，因此本节将主要从信贷利息收入变动的角度来探讨货币政策利率工具对信贷期限结构的影响。受戴蒙德和拉詹（2006）、阿克索伊和巴索（Aksoy & Basso, 2014）的模型启发，本节将构建一个两阶段的商业银行信贷收益模型，作为分析该问题的理论基础。

假设在整个经营期内，商业银行的资产投放全部为贷款，并且按照投放期限分为短期贷款和中长期贷款。该模型分为两个阶段、三个时点,T_0 为期初,T_1 为第一阶段末,T_2 为第二阶段末。为了重点考虑货币政策利率工具的影响,模型假设其他外部环境在接下来的两个阶段没有发生变化。同时,假设存款的供给比较充足,存款成本是外生的,不会对贷款决策造成影响,因此可以直接将存款成本设为 0,而不影响分析结果。根据前文所述,对于货币政策利率工具,模型中主要考虑贷款基准利率的引导作用,信贷期限结构将主要受到各期限的贷款基准利率以及与之相关的贷款利率收益率曲线影响,贷款利率收益率曲线主要通过短期与中长期贷款基准利率的期限利差进行衡量(以下简称"基准期限利差")。在时点 T_0,存量贷款为 L,其中短期贷款的比例为 k,商业银行需要在该时点决策将要新增的贷款 ΔL 中,短期贷款的比例 k',并且这一决策结果会持续至 T_2 时点,即时点 T_1 不会有新增贷款的决策,仅面临存量贷款重新定价的问题。商业银行的整个决策过程如图 3 – 2 所示。

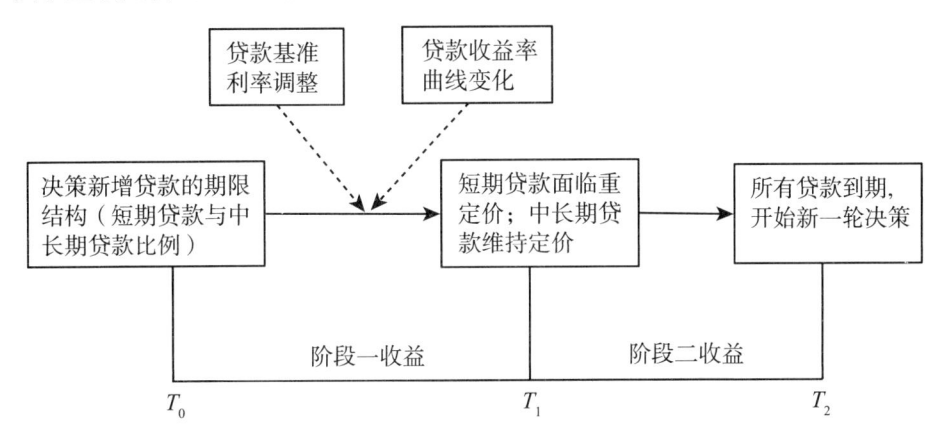

图 3 – 2 商业银行的信贷投放决策过程

基于上述假设,设期初 T_0 时的短期贷款利率为 R_s、中长期贷款利率 R_m,则第一阶段末,即 T_1 时点上,商业银行的利润为:

$$\varPi_1 = [kL + k'\Delta L]R_s + [(1-k)L + (1-k')\Delta L]R_m \quad (3.1)$$

根据前述的商业银行贷款定价机制,当贷款基准利率调整后,第二阶段的贷款将面临重定价问题,并且由于短期贷款和中长期贷款存在差异,T_1 时点以后设定:

短期贷款利率进行重新定价,其利率将调整为 R'_s,$R'_s = R_s + \Delta R + \Delta S$。其中,$\Delta R$ 为平均贷款基准利率变动,ΔS 表示贷款收益率曲线变动(即基准期限利差发生变化)。基准期限利差变化是由于短期贷款基准利率与中长期贷款基准利率调整的幅度不同，所以为了刻画这一不同，本节在短期贷款利率的额外变化上予以体现。$\Delta S > 0$ 表示基准期限利差缩小，对应着短期贷款利率提高，$\Delta S < 0$ 表示基准期限利差扩大，对应着短期贷款利率下降。而中长期贷款不进行重新定价，利率 R'_m 保持不变，即 $R'_m = R_m$。因此，截至 T_2 时点，第二阶段商业银行的利润为：

$$\Pi_2 = [kL + k'\Delta L]R'_s + [(1-k)L + (1-k')\Delta L]R'_m$$
$$= [kL + k'\Delta L](R_s + \Delta R + \Delta S) + [(1-k)L + (1-k')\Delta L]R_m \quad (3.2)$$

综合第一阶段和第二阶段，同时参考阿克索伊和巴索（2014）的做法，认为商业银行是风险厌恶型的，σ 为风险因子，β 为贴现因子，则在两阶段的经营期内，商业银行总的利润为：

$$\Pi = \frac{(\Pi_1)^{1-\sigma}}{(1-\sigma)} + \beta \frac{(\Pi_2)^{1-\sigma}}{(1-\sigma)} \quad (3.3)$$

除了利率变动带来的贷款收益变化以外，本节认为风险问题同样需要关注。国外学者们在从风险角度分析利率工具对信贷期限结构影响时，其核心思想是认为中长期贷款的流动性风险、信用风险要高于短期贷款。根据收益率曲线的相关理论（马骏和纪敏，2016），长期国债收益率对短期国债收益率的溢价往往体现了风险和流动性、通货膨胀预期、期限溢价等因素。因此可以认为中长期贷款与短期贷款的基准期限利差，同样体现了对信用风险和流动性风险因素的覆盖。基准期限利差变动（ΔS）对信贷期限结构产生影响，也正表明商业银行在决策时考虑了风险问题。

为了便于分析基准期限利差变动对风险覆盖程度的影响，本节假设在第一阶段时，基准期限利差完全覆盖了中长期贷款与短期贷款之间的流动性风险和信用风险，而基准期限利差的变动对风险覆盖程度的影响主要体现在第二阶段，进而对信贷决策产生影响。因此，当中长期贷款利率扣除了流动性风险和信用性风险因素以后，第一阶段中长期贷款的实际利率与短期贷款相同，也就是 $R_s = R_m = R$，将其代入式（3.1）和式（3.2）中，则式（3.3）可以变化为：

$$\Pi = \frac{[(L + \Delta L)R]^{1-\sigma}}{1-\sigma} + \beta \frac{[(L + \Delta L)R + (kL + k'\Delta L)(\Delta R + \Delta S)]^{1-\sigma}}{1-\sigma} \quad (3.4)$$

（三）模型求解

基于式（3.4），应该如何决定 k'，从而使得商业银行的两期总利润 Π 能够更优,针对这一问题可以通过对比的方式求解。

假设在 T_0 时,商业银行在新增的贷款 ΔL 中继续保持短期贷款的比例为 k,那么最终两期总利润为:

$$\Pi_0 = \frac{[(L+\Delta L)R]^{1-\sigma}}{1-\sigma} + \beta \frac{[(L+\Delta L)R + (kL+k\Delta L)(\Delta R + \Delta S)]^{1-\sigma}}{1-\sigma} \quad (3.5)$$

要使得 $\Pi > \Pi_0$,则要求 $k'\Delta L(\Delta R + \Delta S) > k\Delta L(\Delta R + \Delta S)$,最终结果可以分为以下两类:

(1) 当 $\Delta R + \Delta S > 0$,即 $\Delta R > -\Delta S$ 时,$k' > k$,即商业银行趋向于提高短期贷款比例。具体分析如下:

① 当货币政策处于收紧状态,贷款基准利率上升($\Delta R > 0$)的情况下,为了提高整体的利润水平,总体而言,商业银行是趋向于提高短期贷款比例的,但是这一过程会受到基准期限利差 ΔS 影响。需要指出的是,商业银行在 T_0 进行决策时,要对未来贷款基准利率是否调整(ΔR)做出预判,从而确定是否调整信贷期限结构,从货币政策实践来看,贷款基准利率的调整一般都是周期性的,一旦开始出现加减息的情况,就说明其基本具有可持续性,因此货币政策在步入调整期以后,商业银行能够做出相对准确趋势性的判断。

② 如果基准期限利差缩小($\Delta S > 0$),则只要贷款基准利率提高,商业银行就会提高短期贷款比例;如果基准期限利差扩大($\Delta S < 0$),则相对需要贷款基准利率提高较多,商业银行才会提高短期贷款比例,否则即使在贷款基准利率上升的情况下,商业银行也有可能降低短期贷款比例。也就是说,在贷款基准利率上升过程中,基准期限利差缩小($\Delta S > 0$)对于商业银行提高短期贷款有促进作用。

③ 如果货币政策不调整($\Delta R = 0$)[①],则当基准期限利差缩小($\Delta S > 0$)时,商业银行会提高其短期贷款比例。

(2) 当 $\Delta R + \Delta S < 0$,即 $\Delta R < -\Delta S$ 时,$k' < k$,商业银行趋向于降低短期贷款比例。具体分析如下:

① 当货币政策处于放松状态,贷款基准利率下降($\Delta R < 0$)的情况下,为了提高整体的利润水平,总体而言,商业银行是趋向于降低短期贷款比例的,这一过程同样也会受到期限利差 ΔS 影响。

[①] 从实际的货币政策操作来看,基准期限利差的变化都是伴随着短期和中长期贷款基准利率的变动而发生,主要由短期和中长期贷款基准利率变化幅度的不同导致。但是为了简化分析期限利差的变化,可以假定货币政策不调整,即总的基准利率方向不变,而仅是基准期限利差发生变动。

② 如果期限利差扩大（$\Delta S<0$），则只要降低贷款基准利率，商业银行就会降低短期贷款比例；如果基准期限利差缩小（$\Delta S>0$），则相对需要基准利率降低较多，商业银行才会降低短期贷款比例，否则即使在基准利率下降的情况下，商业银行也有可能提高短期贷款比例。也就是说在基准利率下降过程中，基准期限利差缩小（$\Delta S>0$）对于商业银行降低短期贷款有抑制作用。

③ 如果货币政策不调整（$\Delta R=0$），则基准期限利差扩大（$\Delta S<0$）时，商业银行会降低短期贷款比例。

综上所述，本节进一步概括出以下三个假说：

假说 3.1：当货币政策使用贷款基准利率政策工具进行调节时，贷款基准利率水平与商业银行贷款中的短期贷款比例呈正相关关系。

假说 3.2：在贷款基准利率提高（降低），推动商业银行提高（降低）短期贷款比例的过程中，短期贷款与中长期贷款的基准期限利差会减弱这一正相关关系。

假说 3.3：如果货币政策方向不调整，短期与中长期贷款的基准期限利差和商业银行贷款中的短期贷款比例呈负相关关系。

四、基于 TVP–FAVAR 模型的实证检验

根据前述的理论分析，本节认为贷款基准利率政策工具在影响商业银行信贷期限结构时，主要是通过贷款基准利率、短期贷款与中长期贷款的基准期限利差产生作用，本节将进一步通过 TVP–FAVAR 模型进行实证检验。需要注意的是，在研究货币政策对信贷影响时，对于信贷供给和需求的识别是一件非常困难的事情（Bernanke & Gertler，1995；Peek et al.，2003）。针对中国的信贷市场，部分学者进行过一些研究，刘海英和何彬（2009）、史青青等（2010）认为大部分时候中国的贷款需求大于供给，信贷供给能力在影响市场信贷时发挥主要作用；王义中等（2015）认为信贷供给周期会影响公司融资需求；伍戈和谢洁玉（2015）从贷款利率、贷款数量的量价组合变化规律识别信贷供给和需求冲击，认为不同阶段两者的冲击贡献不同。结合这些研究成果，本节认为中国的信贷市场中商业银行的信贷行为确实能够对最终的信贷结果发挥重要作用，但是随着商业银行的竞争越来越激烈，可能也无法直接认为商业银行信贷供给能力完全起主导作用，所以还是需要考虑信贷需求端的变化。但是在实证检验时，要准确区分供给和需求影响又确实比较困难，并且信

贷供给除了考虑信贷收益以外，还要考虑外部宏观环境对信贷供给的影响，因此借鉴国外学者们在研究信贷期限结构时的做法，拟纳入一些可能影响信贷供给与需求的宏观因素，从而控制外部因素可能造成的结构影响。

（一）TVP-FAVAR 模型设置

以往研究货币政策工具的影响效果时，在非结构性方法方面，早期主要采用了 VAR 或 SVAR 模型，但是由于其能够包括的变量数目比较少，很可能会使一些重要的经济信息出现遗漏，因此伯南克等（2005）开始将传统的 VAR 分析和因子分析相结合，建立了 FAVAR（Factor-Augmented VAR）模型，从而解决这种变量信息不充分导致的结果偏误问题。另外，VAR 基本模型假设了估计的系数是不随时间变化的，使得该模型无法反映货币政策工具的时变特征，所以部分学者（Primiceri, 2005; Nakajima et al., 2011）提出了 TVP-VAR（Time-Varying Parameter VAR）模型，认为 VAR 模型中的估计系数是随着时间变化的，从而刻画变量之间的动态特征。为了综合 FAVAR 模型和 TVP-VAR 模型的优势，一些学者（Kazi et al., 2013; Koop & Korobilis, 2014; 刘达禹等, 2016）开始尝试将两者进行整合，构建 TVP-FAVAR（Time-Varying Parameter Factor-augmented VAR）模型，从而实现在因子增广的基础上进行时间变化上的对比。

根据本节前述的理论机制分析，贷款基准利率在影响信贷期限结构时，会受到基准期限利差的影响，而不同时期的基准期限利差是不同的，所以利率政策工具对信贷期限结构的影响特征很可能是具有时变性的。同时也要考虑诸多宏观因素可能造成的影响，因此我们拟通过 TVP-FAVAR 模型进行相关检验。参考上述学者们的模型设置，本节的实证模型可以简单描述如下：

首先，构建一个基本的 FAVAR 模型：

$$Ay_t = F_1 y_{t-1} + \cdots + F_s y_{t-s} + v_t, t = s+1, \cdots, n \tag{3.6}$$

其中，$y_t = [f_t', r_t']$，r_t 为 $k \times 1$ 维可观测的因子，f_t 为 $(m-k) \times 1$ 维不可观测的潜在因子向量，通过对可观测的宏观经济向量 x_t 进行因子分析得到。A，F_1，…，F_s 是 $m \times m$ 维的系数矩阵，v_t 为扰动项。

其次，将模型（3.6）改写为：

$$y_t = B_1 y_{t-1} + \cdots + B_s y_{t-s} + A^{-1} \Sigma \varepsilon_t, \varepsilon_t \sim N(0, I_k) \tag{3.7}$$

其中，$B_i = A^{-1} F_i$，$i = 1, \cdots, s$。定义 $X_t = I_m \otimes (y_{t-1}', \cdots, y_{t-s}')$，其中 $\otimes$ 代表克罗内克积，考虑随时间变化的参数，将模型（3.7）转化为：

$$y_t = X_t \beta_t + A_t^{-1} \sum{}_t \varepsilon_t, \ t = s+1,\cdots,m \quad (3.8)$$

模型（3.8）中的系数 β_t、联立参数矩阵 A_t 和 $\sum_t$ 都是随时间变化的，与之对应的时变参数以 β，a，h 进行表示，根据普里米切里（Primiceri，2005）、中岛等（Nakajima et al.，2011）的做法，对时变参数的变动过程进行描述，并采用马尔科夫链·蒙特卡洛（MCMC）抽样方法对模型（3.8）进行估计①。

（二）数据选取与说明

针对上述模式中的 r_t，本节共涉及 3 个变量，即短期贷款比例、贷款基准利率和基准期限利差。对于宏观经济变量 (x_t)，参考塔西克和瓦莱夫（Tasic & Valev，2010）、布莱克和罗森（Black & Rosen，2016）等在分析信贷期限结构变化时考虑的宏观经济因素，本节有针对性地挑选了 15 个相关的经济指标，大致分为三类：一是反映经济发展及结构的变量，包括 GDP、第二和第三产业贡献率、社会消费品零售总额、进出口总额、财政收入和支出等；二是反映固定资产投资的变量，包括固定资产投资额、房地产开发投资完成额、第二和第三产业投资完成额等；三是反映价格水平方面的变量，GDP 平减指数、生产价格指数（PPI）等，上述宏观经济指标全部为同比增长率。最终通过因子分析归纳出 2 个潜在因子向量（f_{1t}、f_{2t}），对上述 15 个经济变量的方差累积贡献率达到 75%，基本能够包含全部指标信息②。

在样本时间上，我们选取了 2005~2016 年的季度数据，主要出于两个原因：一是 2005 年以后，国有商业银行基本完成了股份制改造，在经营理念、产品创新、公司治理、风险管理等方面发生明显变化，其经营行为更具有市场性；二是如引言部分所述，2004 年 11 月开始，金融机构（不含城乡信用社）的贷款利率不再设上限，尽管依然有利率下限的制约，但是商业银行的大部分贷款利率定价基本可以自主决定，通过贷款基准利率工具对信贷期限结构产生影响时具有了商

---

① 具体计算公式及下文中提及的参数设置可以参见中岛等（2011）的做法。中岛在其个人主页上提供了 TVP-VAR 计算的 MATLAB 软件包，我们在后续计算中使用该软件包。

② 因子分析主要是从诸多变量中提取共性潜在因子，将具有相似本质的变量归入一个因子内，从而用几个因子代表原来的多个变量，既能保证原有变量的信息量，又可减少变量的数目。根据对变量经济含义的认知，可以尝试对因子进行相应命名。但是参考一些学者（Kazi et al.，2013；Koop & Korobilis，2014；刘达禹等，2016 等）的做法，如果对于宏观因子没有准确的命名把握，可以不进行命名，而且在 TVP-FAVAR 模型中，潜在因子并不是核心关注的问题，所以我们也不对其进行命名，而直接以潜在因子向量（f_{1t}、f_{2t}）命名。

业银行经营的微观基础。本节所有的数据均来源于 Wind 数据库,核心变量的设定如表 3-1 所示。同时,为便于了解利率调整与信贷期限结构的整体变化,本节绘制了贷款基准利率与短期贷款比例的时间趋势图(见图 3-3)。

表 3-1　　　　　　　　　核心变量设定说明

变量符号	变量名	变量计算说明
SL	短期贷款比例	短期贷款余额/中长期贷款余额
SHORTRATE	贷款基准利率	以短期贷款基准利率来刻画贷款基准利率变动。使用 6 个月和 1 年贷款基准利率的平均值
LSRATE	基准期限利差	中长期贷款基准利率 - 短期贷款基准利率。中长期贷款基准利率为 1~3 年、3~5 年和 5 年以上的贷款基准利率的平均值

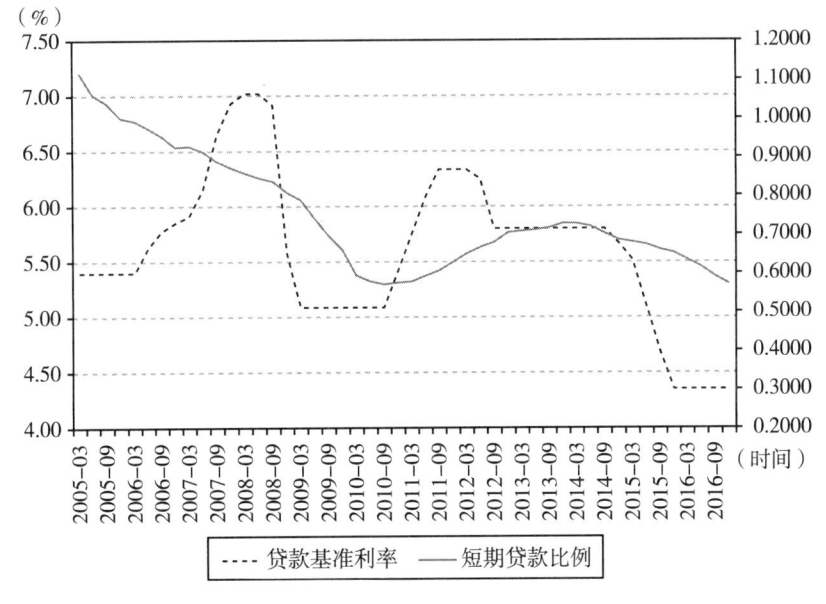

图 3-3　2005~2016 年贷款基准利率与短期贷款比例变化情况

资料来源:根据 Wind 数据库计算整理绘制而得。

(三) 参数估计结果诊断

参考中岛等(2011)的参数初始值设置方法,利用 Matlab 2015a 软件对 TVP-FAVAR 模型进行处理,用 MCMC 方法模拟 10000 次,得到有效样本。在剔除了预烧期(burn-in period)的样本后,样本的自相关系数稳定下降,并且样本的取值路径平稳,表明样本的取值方法比较有效地产生了不相关的样本(见图 3-4)。

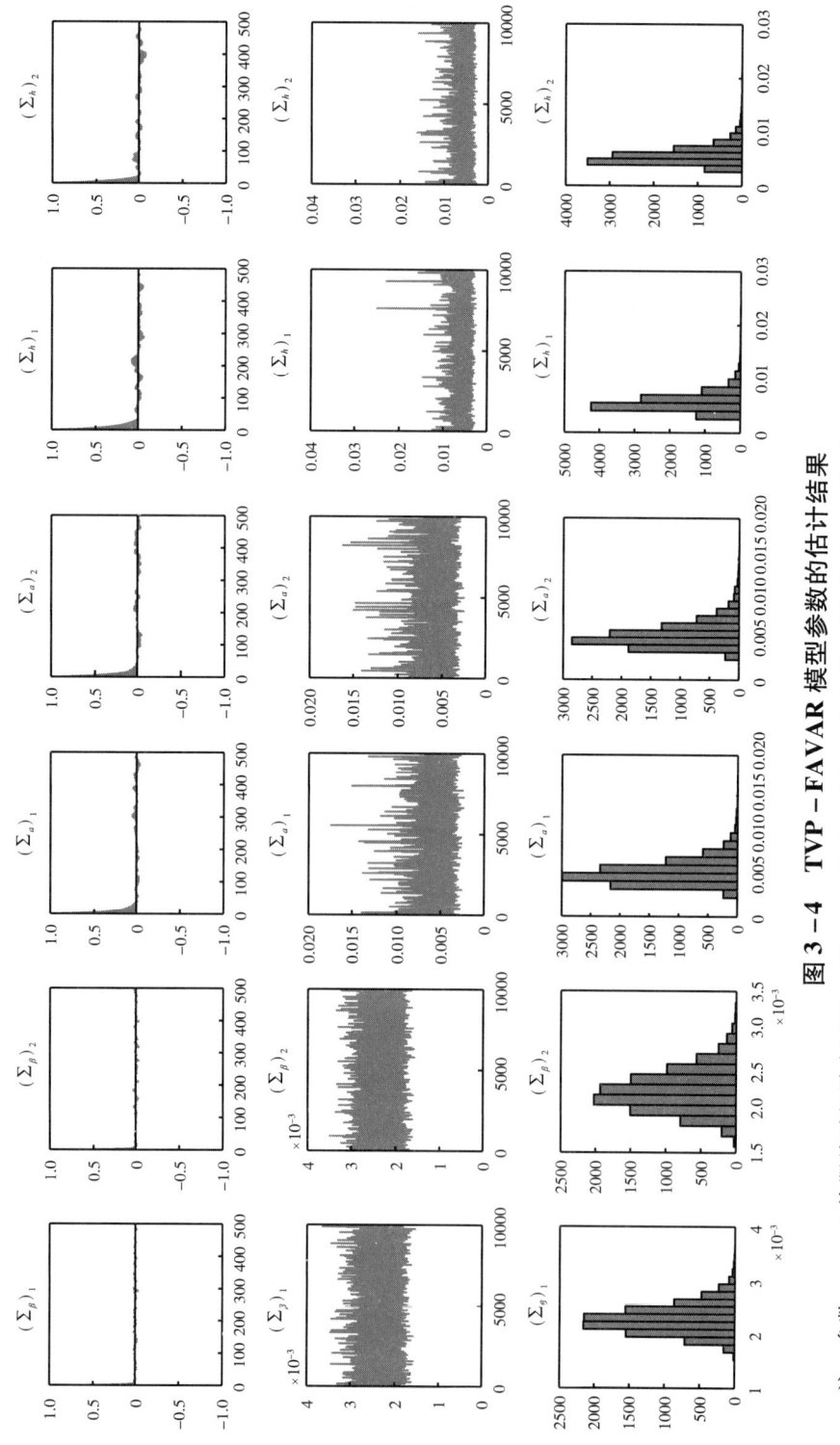

图 3-4 TVP-FAVAR 模型参数的估计结果

注：参数 β，a，h 均服从随机游走过程，$(\Sigma_\beta)_i$，$(\Sigma_a)_i$，$(\Sigma_h)_i$ 代表扰动项的协方差矩阵中的对角线元素。

资料来源：利用 Matlab 2015a 软件，Nakajima 的软件包计算并绘制而得。

表 3-2 给出了模型的参数估计结果,包括后验均值、后验标准差、95%置信区间、收敛诊断值和非有效性因子。结合中岛等(2011)、吴丽华和傅广敏(2014)对参数的解释方法,从参数的估计结果可以看出,后验均值均落入 95%置信区间;收敛诊断值均未超过 5%的临界值 1.96,表明收敛于后验分布的零假设不能被拒绝;各参数估计的非有效性因子都较低,远小于抽样次数 10000 次,其中最大值约为 19,这意味着在连续抽样 10000 次的情况下,至少能获得约 526(10000/19)个不相关的样本,用上述 10000 次抽样得到的样本个数对于本节模型的后验推断是足够的。

表 3-2　　　　　　　　　　参数估计结果

参数	后验均值	标准差	95%置信区间	收敛诊断值	非有效性因子
$(\Sigma_\beta)_1$	0.0023	0.0003	[0.0018, 0.0029]	0.9480	2.3600
$(\Sigma_\beta)_2$	0.0023	0.0003	[0.0018, 0.0028]	0.1530	2.6200
$(\Sigma_a)_1$	0.0055	0.0015	[0.0034, 0.0092]	0.2750	12.4000
$(\Sigma_a)_2$	0.0056	0.0016	[0.0034, 0.0097]	0.2330	14.0300
$(\Sigma_h)_1$	0.0057	0.0018	[0.0034, 0.0100]	0.3410	18.6500
$(\Sigma_h)_2$	0.0056	0.0017	[0.0034, 0.0098]	0.2760	16.8900

注：参数 β, a, h 均服从随机游走过程,$(\Sigma_\beta)_i$,$(\Sigma_a)_i$,$(\Sigma_h)_i$ 代表扰动项的协方差矩阵中的对角线元素。

资料来源：利用 Matlab 2015a 软件、Nakajima 的软件包计算而得。

(四) 利率工具对期限结构影响的时变特征分析

本节重点关注的是不同时期贷款基准利率、基准期限利差对短期贷款比例的影响,基于上述 TVP-FAVAR 模型,运用时变脉冲响应函数得出相应的响应动态,具体如图 3-5 和图 3-6 所示。图 3-5 是贷款基准利率对短期贷款比例的冲击,图 3-6 是基准期限利差对短期贷款比例的冲击,均反映了一个标准单位正向冲击形成脉冲响应的时间序列,其中短虚线、长虚线和实线分别代表对信贷期限结构的冲击提前期为一季度、二季度和三季度。可以看出,无论是对贷款基准利率还是基准期限利差,三个不同提前期冲击形成的脉冲响应的变化走势是相似的,说明冲击的效果是具有较好稳定性的。

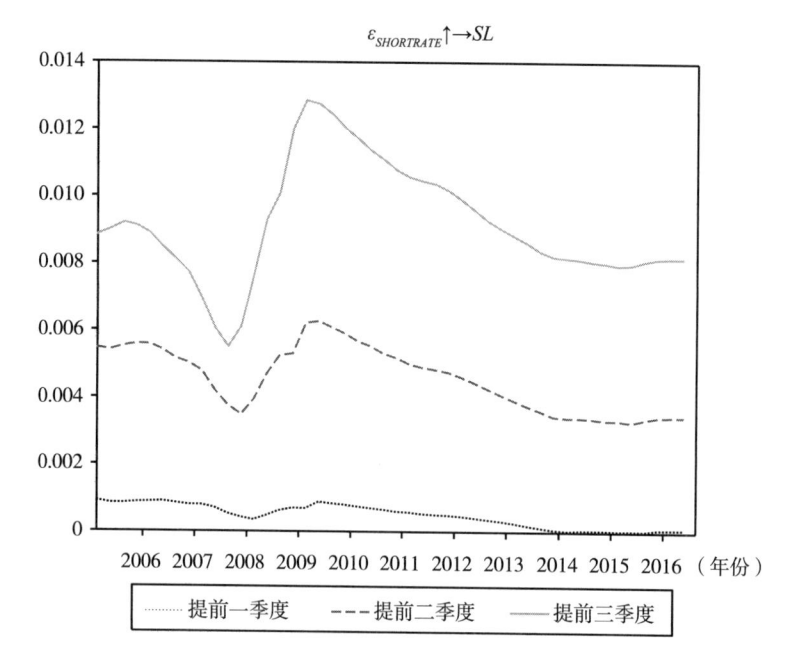

图 3-5　贷款基准利率对短期贷款比例的冲击

资料来源：利用 Matlab 2015a 软件、Nakajima 的软件包计算并绘制而得。

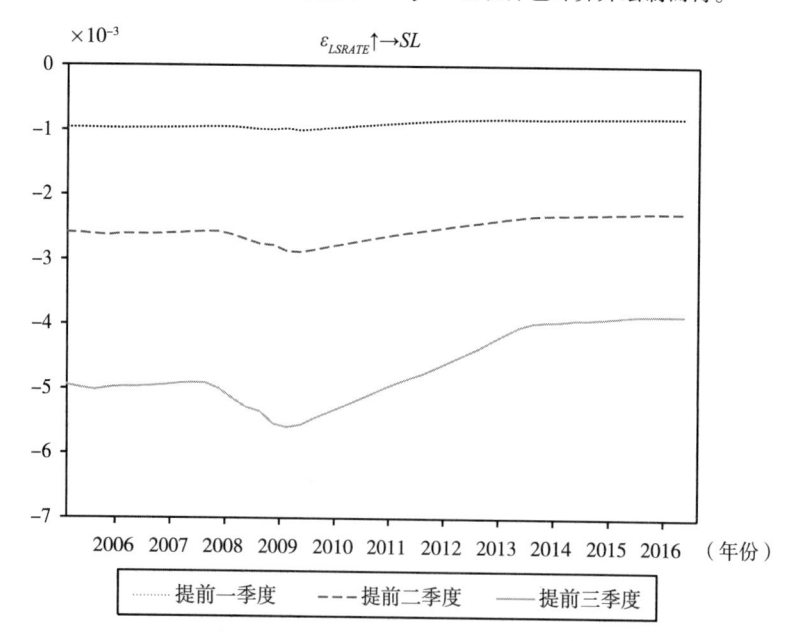

图 3-6　基准期限利差对短期贷款比例的冲击

资料来源：利用 Matlab 2015a 软件、Nakajima 的软件包计算并绘制而得。

从图 3-5 可以发现，对于贷款基准利率而言，其对短期贷款比例的影响效果是正向的，这支持了理论分析时的假说 3.1。从贷款基准利率的调整情况来看，2005年至2008年6月、2011年至2012年6月处于加息阶段，其余时间段整体处于降息或者保持阶段，这说明每次货币政策操作的持续性比较长，在进入调整期以后商业银行能够在较大概率上对贷款基准利率的加减趋势进行预判，支撑了本节在理论分析时的假设条件。

从不同时间点的贷款基准利率冲击效果来看，2006~2008年出现过明显的下滑，本节认为，这主要是由于2006~2007年的基准期限利差出现了明显的上升，从0.51%上升到0.77%，从而弱化了贷款基准利率调整的影响效果；而2008~2009年，基准期限利差大幅回落至0.62%，又重新加强了贷款基准利率的正向冲击效果；随后基准期限利差继续逐步调整，2016年末时基本重新接近了2005年水平（见图3-7），最终贷款基准利率调整的冲击效果基本与2005年一致。虽然在这一变化过程中，基准期限利差对贷款基准利率冲击效果的影响程度，并不完全与基准期限利差变化水平精确对应，但是假说3.2还是得到了较好的验证，即在贷款基准利率调整影响商业银行信贷期限结构的过程中，随着基准期限利差的提高，贷款基准利率对短期贷款比例的正向冲击会减弱。

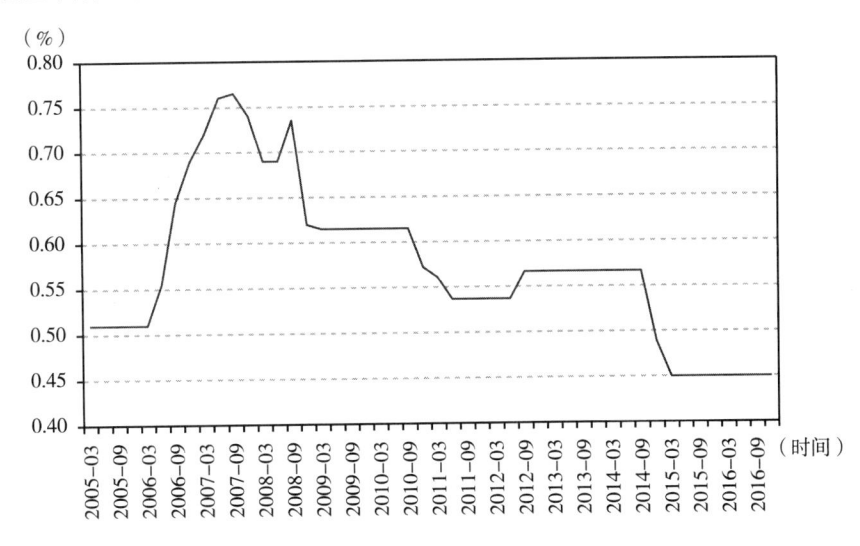

图3-7　2005~2016年基准期限利差变化情况

资料来源：根据Wind数据库计算整理绘制而得。

对于基准期限利差本身而言，从图3-6可以看出，其对短期贷款比例形成了负向冲击，并且冲击效果基本还是比较稳定的，特别是对于提前一季度、二季度的冲击，波动性非常小，说明不同阶段期基准期限利差的影响效果能够基本保持一致，充分验证了理论假说3.3。

另外，对于两个宏观潜在因子向量（f_{1t}、f_{2t}），其对短期贷款比例的冲击效果存在着比较大的波动性，具体如图3-8和图3-9所示。一方面，对于两个因子向量的冲击程度，不同提前期的脉冲影响变化走势均存在着交叉性的情

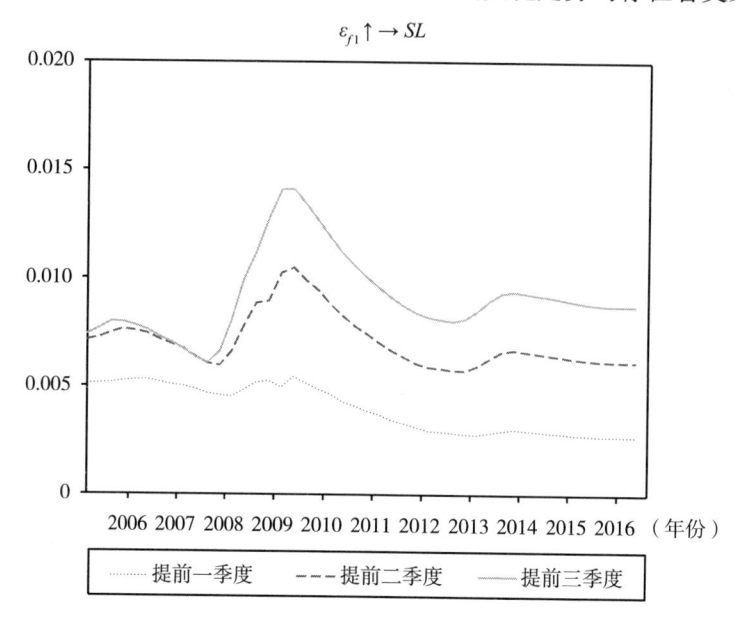

图3-8　宏观因子f_{1t}对短期贷款比例的冲击

资料来源：利用Matlab 2015a软件、Nakajima的软件包计算并绘制而得。

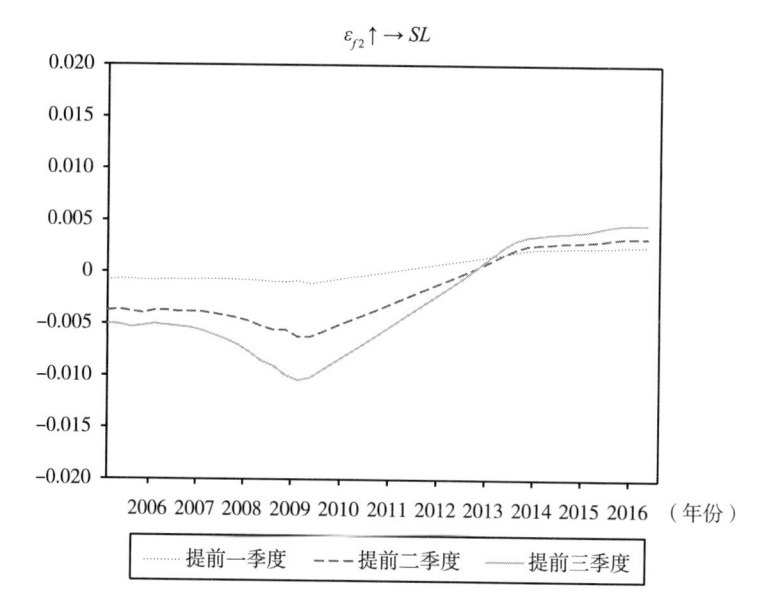

图3-9　宏观因子f_{2t}对短期贷款比例的冲击

资料来源：利用Matlab 2015a软件、Nakajima的软件包计算并绘制而得。

况，说明这种冲击本身可能就是有一定的不稳定性；另一方面，在冲击方向上，f_{2t} 造成的影响甚至出现了由负到正的情况，而 f_{1t} 造成的影响也有多次的起伏波动。这说明了如果从宏观经济因素出发，其对信贷期限结构的影响或许既不稳定也不确定，由于宏观因素不是本节重点关注的问题，仅将其作为控制因素，所以在此不对其冲击效果变化的原因进行更深入的分析。

五、对货币政策工具和传导机制的进一步验证和探讨

基于 TVP – FAVAR 模型，本节已经初步验证了前期的理论假说，为了确保上述分析结果的可靠性，充分探讨货币政策工具对信贷期限结构的影响，同时对本节提出的商业银行盈利动机视角的传导机制进行深入验证，我们还将通过时间序列线性回归模型进行分析。

（一）对货币政策工具的进一步验证

1. 基础模型和变量设置

在货币政策工具的运用方面，除了本节重点关注的贷款基准利率及基准期限利差水平外，为了更具全面性，还考虑了法定存款准备金率和公开市场操作的影响。基础回归模型构建如下：

$$\Delta SL_t = c_0 + c_1 SHORTRATE_t + c_2 LSRATE_t + c_3 IBRATE_t + c_4 RESERVATION_t + c_{(4+n)} X_{nt} + u_t \tag{3.9}$$

在式（3.9）中，ΔSL 为短期贷款比例的变动①，$SHORTRATE$、$LSRATE$ 的含义与前述模型保持一致。对于公开市场操作（$IBRATE$），央行主要操作的市场是银行间债券市场和银行间同业拆借市场，市场化程度均很高，并且两个市场的利率具有很强的趋同性，本节使用银行间同业拆借利率（7 天）的季度平均值，作为体现公开市场操作变化的指标。对于法定存款准备金率（$RESERVATION$），自 2008 年 9 月开始，央行对大型金融机构和中小型金融机构实行不同的法定存款准备金率要求，因此将两类机构的法定存款准备金率进行加权

---

① 在衡量短期贷款比例时，既可以使用短期贷款余额/中长期贷款余额，也可以使用短期贷款余额/（短期贷款+中长期贷款余额），两者呈现的规律性是一致的。不同之处在于前者对于波动性的刻画大于后者，为了能在 TVP – FAVAR 中更好地计算出时序变化，我们采用了前者，而在线性回归模型中，由于模型的局限性，要求数据特征更为平稳一些，我们采用了后者。

平均，作为当期的准备金率要求。

X_n 为控制变量，由于样本数量有限，所以本节将 TVP – FAVAR 模型中提取的两个宏观潜在因子向量（f_{1t}、f_{2t}）作为控制变量，另外，结合已有的研究，在不使用这两个因子变量时，本节还考虑将宏观经济增长率（GDP_t）和价格水平（CPI_t）作为控制变量进行检验。c 为模型待估计参数，u_t 为随机误差项。样本数据依然为 2005～2016 年的季度数据，为防止伪回归，所有相关变量均先进行了平稳性检验。

2. 回归结果分析

根据式（3.9）的基础模型，针对本节提出的三个假说，最终设定了 4 个回归模型，主要结果如表 3 – 3 所示。

表 3 – 3　　　　　　　　　　模型回归结果

变量	模型 1	模型 2	模型 3	模型 4
SHORTRATE	0.0038 * (0.0021)	0.0045 ** (0.0022)	0.0043 ** (0.0021)	0.0037 * (0.0022)
LSRATE	– 0.0294 ** (0.0130)	– 0.0266 * (0.0140)	– 0.0214 (0.0149)	– 0.0226 (0.0144)
LSRATE × SHORTRATE			– 0.0165 (0.0152)	– 0.01194 (0.0107)
IBRATE	0.0034 ** (0.0016)	0.0032 ** (0.0015)	0.0027 * (0.0017)	0.0033 ** (0.0015)
RESERVATION	0.0002 (0.0002)	0.0002 (0.0003)	0.0002 (0.0002)	0 (0.0003)
$f1$	0.0005 (0.0009)		0.0003 (0.0009)	
$f2$	0.0005 (0.0010)		– 0.0009 (0.0016)	
GDP		– 0.0001 (0.0006)		– 0.0002 (0.0006)
CPI		0 (0.0005)		0.0003 (0.0006)
C	– 0.0151 *** (0.0039)	– 0.0125 (0.0095)	– 0.0116 ** (0.0050)	– 0.0108 (0.0096)

续表

变量	模型 1	模型 2	模型 3	模型 4
调整后 R^2	0.4806	0.4764	0.4827	0.4795
LM 值 F 检验的 P 值	0.1457	0.0907	0.1292	0.1547
最大 VIF 值	4.288233	4.7671	5.6073	5.1964
样本数	48	48	48	48

注：括号中数值为标准误差，***、**、* 分别表示在 1%、5%、10% 的水平上显著。为了避免交互项引入后导致的多重共线性问题，对 *SHORTRATE* 和 *LSRATE* 进行了去中心化处理。

资料来源：利用 EViews 软件计算整理。

结果显示，全部 4 个回归模型的 LM 检验基本显示残差序列均不存在序列相关关系，每个模型中各解释变量的方差膨胀因子（VIF）最大值均不超过 10，不存在多重共线性问题，因此相应的系数估计是有效的。模型 1 和 2 中，*SHORTRATE* 前的系数全部显著为正，*LSRATE* 前的系数全部显著为负，有效支持了理论分析的假说 3.1 和假说 3.3。模型 3 和模型 4 中，考虑基准期限利差在贷款基准利率影响信贷期限结构时的交互作用，引入交互项以后，*SHORTRATE*、*LSRATE* × *SHORTRATE* 和 *LSRATE* 前的系数符号方向与理论预期一致①，基本能够支持假说 3.1、假说 3.2 和假说 3.3。

除了对本节主要关注的贷款基准利率政策的信贷期限结构效应进行再次验证之外，通过模型 1~模型 4，本节还发现，法定存款准备金率（*RESERVATION*）对于信贷期限结构的调整没有显著影响，这可能与法定存款准备金率主要是数量型工具有关，更偏向于约束商业银行信贷总量的供给能力，但是由于其没有太多直接的价格信号引导作用，所以对信贷期限结构没有明显的影响。对于公开市场操作（*IBRATE*），各模型显示其对短期贷款比例有显著的正向作用。由于中国的公开市场操作采用市场化招标方式，主要有价格招标和数量招标，已经形成了市场引导的利率和数量形成机制（中国人民银行营业管理部课题组，2013），所以其既有价格型工具特征也有数量型工具特征，本节使用的银行间同业拆借利率（7 天）在反映公开市场操作时，也是市场化利率水平的

---

① 引入交互项以后，虽然 *LSRATE* × *SHORTRATE* 和 *LSRATE* 前的系数不显著，但是在对两者进行联合显著性检验时，F 值在 10% 水平上显著，因此我们认为变量前的估计系数依然能具有较好的参考性。

具体展现,属于直接的价格信号。本节认为,尽管货币市场与信贷市场之间的利率定价存在着"双轨"现象,但是市场利率与贷款利率依然存在着一定的相互影响关系,并且随着存贷款利率市场化的推进,这种关联度也进一步被强化。

对于宏观控制变量,在模型1~模型4中,控制变量的系数都不显著,上一部分 TVP-FAVAR 模型的结果也显示,宏观潜在因子向量对信贷期限结构的冲击效果存在较大的波动性,所以本节认为在线性回归模型中,宏观变量固定系数显著的可能性很小,这或许再次说明与货币政策利率工具不同,宏观控制变量对于信贷期限结构并没有确定性的影响关系。

总的来说,通过 TVP-FAVAR 模型和时间序列线性回归模型,前期理论分析的假说3.1、假说3.2和假说3.3均得到了较为稳定的验证。

(二)深入检验盈利动机视角的传导机制

基于盈利动机的视角,本节提出了贷款基准利率政策影响信贷期限结构的传导机制,并且已经较为充分地验证了两者之间的影响关系。这一传导机制的基础是,商业银行为了增加贷款收益,会根据贷款基准利率政策的变化来调节信贷期限结构。如果要检验商业银行确实存在这样的决策动力,也就要验证不同的贷款基准利率政策阶段,以及信贷期限结构的调整是否真的可以促进商业银行利润增长。

对此,我们构建基础模型如下:

$$P_t = c_0 + c_1 \Delta SL_{t-1} + c_2 \Delta SHORTRATE_t \times \Delta SL_{t-1} + c_3 \Delta SHORTRATE_t + c_{(3+n)} X_n + u_t \quad (3.10)$$

在式(3.10)中,所有变量数据依然为2005~2016年的季度数据,且全部为平稳数据。P_t 为所有商业银行净利润的同比增长率,中国银行业监督管理委员会仅公布了2011~2016年每季度的所有商业银行净利润,对于2011年之前的净利润仅公布每年的年度数据,但是根据商业银行业务发展情况和已有的实际数据来看,其净利润与新增贷款之间的相关性非常高[①],

---

① 我们对2011~2016年每季度的商业银行净利润与新增贷款之间进行了相关性检验,发现两者的相关系数为97%(5%的显著性水平),2005~2016年每年的商业银行净利润与新增贷款的相关系数为85%(5%显著性水平)。从商业银行的实际业务情况可以了解到,贷款利息收入依然是商业银行最主要的利润来源,虽然非利息收入占比在逐步提高,但是非利息收入中有相当一部分是由贷款拉动形成,所以商业银行净利润与新增贷款的相关性非常高。

为保证季度利润数据的完整性，可以使用每季度新增贷款数据来替代净利润数据。

ΔSL_{t-1} 依然表示短期贷款比例的变化，在模型中采用一阶滞后，表示上一期信贷期限结构的调整会对下一期的利润增长造成影响。$\Delta SHORTRATE_t$ 表示当期贷款基准利率的变化，根据前述的传导机制分析，信贷期限结构对利润增长的调整方向主要受贷款基准利率的变化方向影响①，所以用 $\Delta SHORTRATE_t \times \Delta SL_{t-1}$ 来刻画这一过程。X_n 为控制变量，主要是当期的利润增长可能还受到当期的宏观因素影响，与前文相同，采用了宏观因子 f_{1t}、f_{2t}，在不使用这两个因子变量时，将 GDP_t 和 CPI_t 作为控制变量进行检验。c 为模型待估计参数，u_t 为随机误差项。

主要结果如表 3-4 所示。模型 7 没有考虑贷款基准利率政策的变化，仅考虑了信贷期限结构调整本身，LM 值显示残差序列存在序列相关关系，系数估计是无效的。模型 8 和模型 9 的 LM 值检验显示残差序列不存在序列相关关系，相应的系数估计是有效的。尽管 $\Delta SL(-1)$ 前的系数不显著，但是对 $\Delta SL(-1)$ 和 $\Delta SHORTRATE \times \Delta SL(-1)$ 前的系数进行联合显著性检验时，在 5% 水平上显著，表示三者的系数具备联合分析的基础。模型 8 和模型 9 的结果都显示，当贷款基准利率（$\Delta SHORTRATE > 0$）上升时，短期贷款比例的上升（$\Delta SL > 0$）会促进商业银行利润增长的提高；当贷款基准利率（$\Delta SHORTRATE < 0$）下降时，短期贷款比例的下降（$\Delta SL < 0$）会促进商业银行利润增长的提高。

表 3-4　　　　　　　　模型回归结果

变量	模型 7	模型 8	模型 9
$\Delta SL(-1)$	-13.043 (19.3892)	9.9622 (11.66)	13.0358 (13.9321)
$\Delta SHORTRATE \times \Delta SL(-1)$		212.1055** (83.5523)	241.5125*** (88.8337)

① 虽然在贷款基准利率影响信贷期限结构时，基准期限利差的变化会对其产生调节作用，但根据前文的实证检验，样本期内，其并未对信贷结构调整的方向性产生影响，只会影响变化程度。由于本节的样本数量较为有限，并且在验证盈利机制时，需要使用变量的差分，为了保证样本的自由度，更好地体现信贷期限结构调节的方向性影响，最终决定仅采用贷款基准利率的变化来刻画不同的贷款基准利率政策阶段。

续表

变量	模型7	模型8	模型9
$\Delta SHORTRATE$		-1.6195*** (0.3425)	-1.7030*** (0.3751)
$f1$		0.0498 (0.0773)	
$f2$		0.2209*** (0.0786)	
GDP	-0.0846* (0.0489)		0.0834** (0.0415)
CPI	0.0157 (0.0609)		-0.0100 (0.0423)
C	0.9923** (0.4507)	0.2539*** (0.0835)	-0.5050 (0.3781)
调整后 R^2	0.0010	0.5621	0.5230
LM值F检验的P值	0.0002	0.2611	0.3066
样本数	47	47	47

注：括号中数值为标准误差，***、**、* 分别表示在1%、5%、10%的水平上显著。

资料来源：利用 EViews 软件计算并绘制而得。

为更好地展现短期贷款比例变化与利润增长的变化关系，本节根据模型 8 的估计系数进行了计算，结果如图 3-10 所示。也就是说，当贷款基准利率处于不同变化阶段时，商业银行主动调整了信贷期限结构，这样的结构调整确实能够促进利润增长，因此可以再次说明本节提出的基于盈利动机视角的传导机制应该是真实存在的。另外，本节注意到，$\Delta SHORTRATE$ 前的系数显著为负，由于央行调整基准利率时，往往是存款和贷款利率同时调整，因此利率值的提高能否带动银行利润增长，还要考虑存款和贷款的利差问题。从 2005~2016 年的情况来看，在历次加息的过程中，存贷款利差（贷款利率－存款利率）都出现了下降，这可能是导致利率提高时，利润增速反而下降的重要原因。

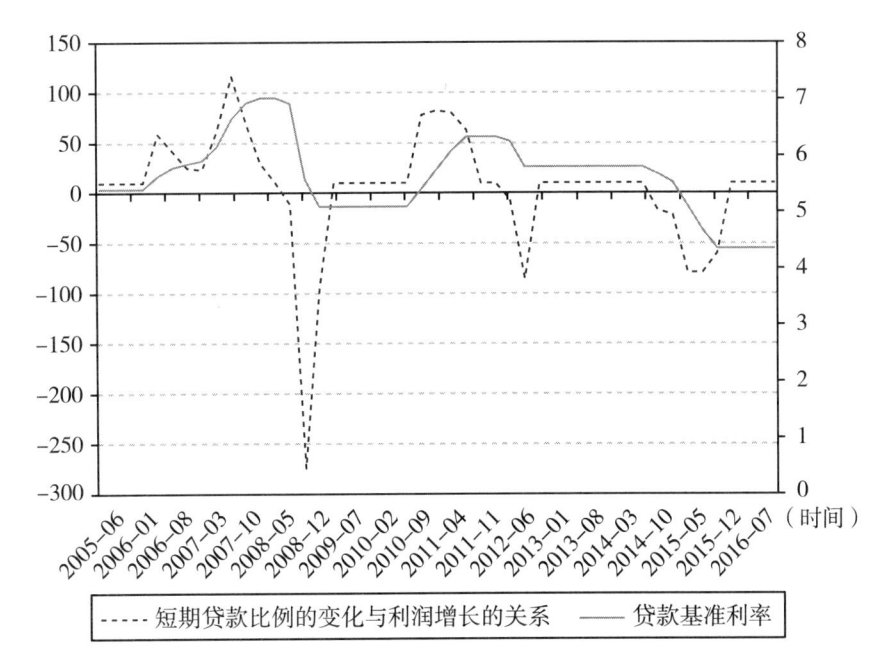

图 3-10　不同贷款基准利率政策下信贷期限结构对利润增长的影响

注：左边的纵向坐标轴数值为短期贷款比例的变化与利润增长的关系（计算后的回归估计系数），右边的纵向坐标轴数值为贷款基准利率值。2008 年四季度的系数显示特别大，主要因为四季度连续降息了 4 次。

资料来源：根据 Wind 数据库数据和回归模型系数计算整理绘制而得。

六、结论与启示

本节考虑到短期贷款和中长期贷款重定价周期的不同，从信贷利息收入变动的角度构建了一个两阶段的商业银行信贷收益模型，从理论上分析了货币政策利率工具的结构调整效应，主要是贷款基准利率对信贷期限结构的引导作用。通过 2005~2016 年的季度数据，基于 TVP-FAVAR 模型和时间序列线性回归模型对结构调整效应进行了实证检验，并且还进一步验证了盈利动机视角下传导机制存在的现实性。

（一）主要研究结论

我们的研究发现：（1）贷款基准利率具有直接影响效应。当货币政策方向进行调整时，由于短期贷款和中长期贷款的重定价周期不同，使得贷款基准利率水平与商业银行贷款中的短期贷款比例之间呈正相关关系。（2）基准期限利差水平具有调节效应。在贷款基准利率提高（降低），推动商业银行提高（降低）短期贷款比例的过程中，短期贷款与中长期贷款的基准期限利差水平会减弱这一正相关关系。当货币政策方向不调整时，基准期限利差水平和商业银行贷款中的短期贷款比例会存在负相关关系。

尽管在传导机制的理论分析上，本节的出发点与国外一些学者（Diamond & Rajan，2006，2011；Black & Rosen，2016；Den Haan et al.，2007；Tasic & Valev，2010）提出的流动性风险、信用风险等存在差异。但是如果进一步探讨，由于本节在传导机制的分析中，除了贷款基准利率本身以外，还同时包含了短期贷款与中长期贷款的基准期限利差水平，其实质上是考虑到短期贷款与中长期贷款之间存在的信用风险和流动性风险差异。在其他条件不变的情况下，当基准期限利差减小时，其实也就是对中长期贷款的风险覆盖降低，这时商业银行会倾向于减少投放中长期贷款，这与国外学者们认为的货币政策调整后中长贷款风险提高将抑制中长期贷款投放的思想是一致的。所以本节的机制分析与已有的一些研究视角并不冲突，不同之处在于，本节专门基于中国特殊的商业银行利率定价机制，充分考虑重定价对收益的影响，尝试着更综合性地去考虑贷款基准利率政策的信贷期限结构效应，可能会更符合中国的实际情况。

另外值得注意的是，商业银行在决策信贷投放期限结构时，本质是要对未来贷款基准利率是否调整进行预判，从中国货币政策操作的实践来看，贷款基准利率加（减）的过程一般具有持续性，与之对应的是货币政策从紧（放松），所以当出现第一次加（减）息以后，商业银行大致能够对未来一段时间内基准利率的调整方向进行合理预期，这为本节的理论分析奠定了合适的前提假设。同时，本节还专门检验了根据贷款基准利率进行调整后的信贷期限结构，确实能够促进商业银行的利润增长，再次说明了基于商业银行盈利动机视角的理论分析是有真实基础的。

（二）相关启示

中国的利率市场化在形式上已经基本完成，未来货币政策的价格型工具运用将越来越多，本节的研究结论或许可以带来几点启示。

1. 宏观调控要充分考虑商业银行的微观行为

中国人民银行公布的贷款基准利率长期以来作为最重要的货币政策工具之

一，对商业银行的经营管理产生了重要影响，在利率"双轨"制问题尚未解决和货币市场利率没有能够充分传导至信贷市场时，依然要高度重视贷款基准利率的引导作用，充分考虑商业银行的决策行为在其中产生的影响。随着利率市场化的深入推进，基准利率不仅包括现有的贷款基准利率，也包括近几年新推出的LPR。但是如果商业银行的定价模式继续延续前文所述的两种模式，那么在对信贷期限结构的影响效应上，LPR将会与现有中国人民银行贷款基准利率的引导机制类似，本节的研究结果可以继续提供较好的借鉴作用，不同之处在于基准利率LPR的设定本身会更加市场化。

2. 重视贷款利率收益率曲线对信贷资源配置的调控作用

本节的研究表明，贷款利率收益率曲线（基准期限利差）变化能够引导商业银行调节贷款期限，改变信贷配置。而目前学者们在研究收益率曲线时，大多数围绕着国债收益率曲线展开，就中国的实际情况而言，在信贷市场与金融市场的利率依然存在割裂的情况下，对于贷款利率收益率曲线的构建同样应该得到关注，白云霞等（2016）从上市公司层面出发，指出中国需要使长期利率更能反映出期限溢价和风险溢价。中国人民银行在公布贷款基准利率时，按照期限进行了划分，但是其定价本身缺乏市场化的基础，而对于新推出的LPR，目前仅公布一年期的利率，商业银行依然缺乏有效的长期贷款利率作为定价基准，未来只有建立起更合理的收益率曲线才能更有助于引导商业银行调整信贷资源。

3. 充分运用市场化利率价格信号的预期管理

贷款基准利率通过本节提出的盈利动机传导机制发挥其调节作用时，最重要的基础之一就是贷款基准利率处于持续调整的通道，从而使商业银行可以对货币政策的利率方向形成较为明确的预期。如果基准利率一直处于平稳状态，从提高贷款收益的角度，商业银行将没有进行信贷期限结构调整的动机。当然，这并不意味着贷款基准利率需要一直处于持续变化中，只要能让商业银行对未来的利率走势产生方向性预期，即使贷款基准利率不调整，也同样可以通过盈利动机视角的传导机制发挥作用。国内外不少学者都提出过货币政策操作的预期管理，本节在研究中发现，公开市场操作的利率变化已经对信贷结构起到了不小的引导作用，随着LPR报价的不断优化，市场利率和信贷市场的管制利率可能将逐步并轨，央行可以进一步通过对市场化利率价格信号的预期管理，包括利率走势和收益率曲线变化，引导商业银行调整信贷期限结构，使之配合经济增长目标，减少直接的行政性干预。

4. 综合使用利率工具和结构性货币政策工具

中国自 2013 年开始陆续推出常备借贷便利、中期借贷便利、抵押补充贷款和定向降准等结构性货币政策工具，新的结构性货币政策工具大多具备利率引导功能，并且非常重视其对商业银行信贷结构的调节作用（彭俞超和方意，2016；卢岚和邓雄，2015），已有的研究也表明，信贷行业结构等是重要的结构特征。因此，未来在利用贷款利率工具引导信贷期限结构调整时，还需要与结构性货币政策结合起来，从而实现对一些行业的定向调控。需要指出的是，在经典的货币政策理论框架中，一般认为货币政策属于常规的总量调控工具，对于经济结构、产业结构等的调整，主要还是依靠财政政策、产业政策等发挥作用，货币政策可以发挥一定的结构调节功能，但是也不宜作为主要手段。

当然，本节的研究还存在一些局限之处。在样本数据的使用方面，由于各家商业银行对每季度的短期贷款和中长期贷款的公告极少，本节主要采用的是宏观金融数据，可能会缺少对微观银行主体等其他因素的一些考虑。

第二节　货币政策、金融杠杆与银行中长期信贷

一、引言

2017 年以来，中国银行业监督管理委员会密集出台了多部监管文件，例如"三三四"系列专项治理行动、深化整治银行业市场乱象等[①]，重点之一就是要整顿金融杠杆，进一步疏通货币政策传导机制，更好地支持实体经济。

---

① 中国银监会办公厅 2017 年发布《关于开展商业银行"两会一层"风控责任落实情况专项检查的通知》《关于开展银行业"违法、违规、违章"行为专项治理工作的通知》《关于开展银行业"监管套利、空转套利、关联套利"专项治理的通知》《关于开展银行业"不当创新、不当交易、不当激励、不当收费"专项》，同年发布《关于提升银行业服务实体经济质效的指导意见》《关于集中开展银行业市场乱象整治工作的通知》《关于银行业风险防控工作的指导意见》《关于切实弥补监管短板 提升监管效能的通知》，针对"三违反""三套利""四不当"和部分领域的金融乱象、风险防控等内容开展专项行动；于 2018 年发布了《关于进一步深化整治银行业市场乱象的通知》，提出进一步深化整治银行业市场乱象。2018 年，中国银行业监督管理委员会与中国保险监督管理委员会合并成立中国银行保险监督管理委员会。

2018 年，国务院金融稳定发展委员会会议、中央经济工作会议均继续强调，要改善货币政策传导机制，提高金融体系服务实体经济能力。

在疏通货币政策传导机制的过程中，商业银行信贷资源①配置行为的变化具有重要意义，而中长期信贷资源配置是银行信贷资源配置的主要表现之一（刘莉亚等，2017）。货币政策能够影响商业银行中长期信贷资源配置（Den Haan et al., 2007；Diamond & Rajan, 2011；盛天翔等，2017），进而对实体经济产生重要作用（范从来等，2012；钟凯等，2016；Black & Rosen, 2016）。

既然诸多监管政策的出台是基于金融杠杆会影响货币政策传导有效性，那么，金融杠杆在货币政策调节银行中长期信贷资源配置的过程中，会产生什么样的作用？金融杠杆的变动与货币政策立场变化是否存在关联？如果能够从商业银行经营行为的角度，明确上述问题，将有助于深入理解金融杠杆在货币政策传导中的作用机制，从而为完善货币政策和宏观审慎政策双支柱调控框架提供理论参考。

与已有文献相比，本节可能的创新之处：第一，以往研究在关注金融杠杆的宏观效应时，主要是从信贷资金需求端视角（实体经济部门）展开（马勇和陈雨露，2017；纪敏等，2017；潘敏和袁歌骋，2018），而我们结合实际监管政策的出发点，从信贷资金供给端视角（商业银行）展开，补充提出更符合当前监管实践的衡量指标，为全面分析金融杠杆变动产生的经济后果提供了基础。第二，以往研究考察货币政策影响中长期信贷资源配置机制时，侧重于直接效应，鲜有涉及金融杠杆这一因素。我们提出货币政策作用于金融杠杆，进而影响中长期信贷资源配置的间接效应，并探讨了由此引致的货币政策非对称性，拓宽了学术界对金融杠杆与货币政策传导机制之间的认识。

二、金融杠杆的界定与衡量

目前，学术领域对于金融杠杆的界定，其实并没有形成统一的权威定义。从已有研究来看，基本可以划分为两类：一类是从信贷资金需求端视角

---

① 截至 2017 年 12 月，商业银行提供的资金（包括本外币贷款、委托贷款、信托贷款和未贴现银行承兑汇票）在存量社会融资规模中的占比达到 85%。数据来源：Wind 数据库。

（实体经济部门）展开，考虑微观企业或者宏观经济整体的负债比率问题，具体的衡量指标包括企业资产负债率、总债务/GDP 和私人部门信贷/GDP 等（马勇和陈雨露，2017；纪敏等，2017）。另一类是从信贷资金供给端视角（金融部门）展开，界定方式比第一类更加多样化。基于对金融机构运营情况的深度调研，结合国内外相关研究，我们认为，金融部门领域内的杠杆主要围绕着金融产品和金融机构两个层面。金融产品层面的杠杆实质是少量资金撬动大量资金，包括债券质押回购加杠杆、负债与资产期限错配加杠杆、结构化分级（优先、劣后）产品加杠杆等；金融机构层面的杠杆实质是通过主动负债、同业业务的层层嵌套、拉长业务交易链条等方式推动金融机构的资产规模扩张（娄飞鹏，2017；崔宇清等，2017；汤铎铎和张莹，2017；郭祎，2018）。

尽管两类金融杠杆的界定视角不同，但是金融部门的杠杆与实体经济部门的杠杆密切关联，金融部门的资产与实体经济的负债相对应，两者实际上是一枚硬币的两面。潘敏和袁歌骋（2018）认为，让金融回归服务实体经济，本质要求金融机构摆脱其依靠加杠杆进行资本套利的经营模式。

在金融杠杆的具体衡量指标方面，实体经济部门视角出发的金融杠杆衡量指标已经比较清晰一致，而从金融部门视角出发的金融杠杆衡量指标还不够明确。由于中国的金融体系以间接融资为主，商业银行的杠杆水平很大程度上体现了金融部门的整体情况。曾刚（2017）在讨论金融业杠杆时，将其视同于银行业杠杆。所以，本节认为，商业银行的杠杆率水平，能够较大程度上代表金融部门杠杆率。

针对商业银行，目前测度其杠杆率的指标主要有两类（陈卫东和熊启跃，2017）。一类是基于财务角度，考虑资产负债表内的资产、负债和所有者权益，如资产负债率（Beccalli et al., 2015；项后军等，2015），另一类是基于监管角度，考察监管资本对风险资产的覆盖率，如资本充足率（Dell'Ariccia et al., 2017）、杠杆率[①]（靳玉英和贾松波，2016）。

从上述杠杆率指标值来看，2005～2017 年，各类型商业银行的资产负债率大约从96%下降至93%，即财务角度的银行杠杆率是降低的；而对于近年

---

① 2008 年金融危机以后出台的《巴塞尔协议Ⅲ》，专门增加了杠杆率指标，作为对资本充足率的补充，计算方法为商业银行一级资本与调整后的表内外资产余额的比率，中国的《商业银行杠杆率管理办法（修订）》要求杠杆率不低于4%。

来监管机构新设立的杠杆率指标，2016年和2017年，中国的商业银行杠杆率平均为6.25%和6.48%[①]，远高于4%的监管要求。结合2017年以来监管政策出台的背景，降低商业银行的高杠杆是其重要原因，而上述两个指标无法体现出监管部门关注的高杠杆问题。从资本充足率情况来看，2016年商业银行资本充足率较2015年下降0.17个百分点，并且各家商业银行之间存在着较大差异，部分银行的资本充足率下降更明显，面临的资本监管压力进一步增大，因此该指标能够从一定程度反映商业银行在资本上的加杠杆情况。

但是，资本充足率指标仍不足以充分反映监管政策所针对的商业银行高杠杆问题。正如前文所述，近年来中国银行业的杠杆率上升，很大程度上是由于同业业务[②]的快速发展导致，改变了传统的吸收一般性存款，发放贷款的扩张模式。并且由于监管政策的滞后，这些同业业务并不能充分体现在资本杠杆（资本充足率）指标中。因此，从商业银行视角讨论金融杠杆时，还需要设立新的衡量指标。

综合前述金融部门视角的金融杠杆界定内容，金融产品的杠杆其实与金融机构层面的杠杆保持着同步性，金融机构层面的杠杆在很大程度上是由于金融产品层面的杠杆导致。例如，债券质押回购、买入返售、同业理财等产品往往属于同业业务，纳入银行资产负债表，同业业务的快速发展，带动了金融机构资产规模的迅速提高。因此，针对同业业务带来的高杠杆问题，在衡量时可以从金融机构层面进行统筹考虑。基于银行业加杠杆的实际业务情况，结合数据可得性，并借鉴部分学者（周再清等，2017；郭晔等，2018；潘彬等，2018）对同业业务的衡量方式，我们新设立了杠杆率指标，将其定义为"同业杠杆 =（总资产－所有者权益－一般性存款）/总资产"。该指标越高，意味着商业银行更多依赖同业业务进行资产扩张，导致银行的杠杆率提升，2010年以来，该指标值从18.01%上升到31.27%[③]。

基于上述内容，本节将两类不同视角金融杠杆的界定及衡量方式总结如表3-5所示。由于资产负债率和杠杆率并不能反映近几年商业银行杠杆提升的现象，后续研究中采用的金融杠杆指标主要包括资本杠杆和同业杠杆。

---

① 相关数据来源于Wind数据库和原银监会网站。
② 根据2014年《关于规范金融机构同业业务的通知》，同业业务主要业务类型包括：同业拆借、同业存款、同业借款、同业代付、买入返售（卖出回购）等同业融资业务和同业投资业务。
③ 根据指标设定公式，以本节后续研究中采用的25家样本银行的指标值进行简单平均。

表 3-5　　　　　　　　金融杠杆的界定与衡量

视角	界定范围	衡量指标
信贷资金需求端（实体经济部门）	微观企业或者宏观经济整体的负债比率问题	企业资产负债率、总债务/GDP、私人部门信贷/GDP 等
信贷资金供给端（金融部门）	包括金融产品和金融机构两个层面。产品层面杠杆推动金融机构层面杠杆，进而可以从金融机构层面进行统一衡量。银行是金融部门的主体	财务角度：资产负债率。监管角度：资本充足率、杠杆率。本节定义：同业杠杆

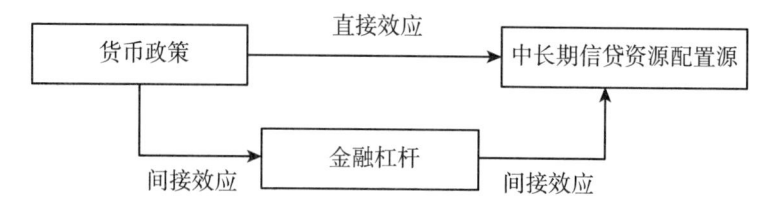

三、货币政策影响中长期信贷资源配置的理论机制探讨

正如本节引言部分提及，不少学者已经指出货币政策能够影响银行中长期信贷资源配置，而诸多监管政策的出台很大程度是因为金融杠杆影响了货币政策传导，那么金融杠杆在货币政策的传导过程中，究竟会产生什么样的作用呢？汪莉（2017）在研究货币政策环境作用于银行风险承担的传导机制时，认为必须考虑银行杠杆的"顺周期"调整特性。这为我们提供了一定的启发，说明货币政策也应该考虑金融杠杆变化对其造成的影响。

以往研究主要关注了货币政策影响中长期信贷资源配置的直接效应，即货币政策通过影响商业银行的风险与收益承担，使其中长期信贷资源配置发生变化。而与此同时，金融杠杆属于商业银行经营行为的重要中间过程，很可能也会受到货币政策立场变化的影响；并且从银行的经营业务发展来看，金融杠杆变化会进一步对信贷资源配置产生影响，也就是说，在货币政策影响中长期信贷资源配置的机制中，很可能还存在通过作用于金融杠杆而产生的间接效应。由此，我们提出货币政策影响中长期信贷资源配置机制会存在直接和间接两种效应，其逻辑框架可以归纳如图 3-11 所示。

图 3-11　货币政策影响中长期信贷资源配置的理论机制

四、直接效应和间接效应的理论分析和研究假说

在上述逻辑框架的基础上,我们进一步深入分析直接和间接效应下的影响机制,并提出相关的研究假说。

(一)货币政策影响中长期信贷资源配置的直接效应

总的来说,关于货币政策影响商业银行中长期信贷资源配置的研究结论较为一致。结果显示,当货币政策紧缩时,商业银行将减少对中长期信贷资源的投放。国外学者们在传导机制的解释上,主要分为流动性风险传导和信用风险传导。流动性风险传导机制认为,货币政策收紧时,商业银行为保持存款稳定性,需要付出更高成本(利率提高),因此会增加流动性需求,从而减少对中长期项目的贷款支持(Diamond & Rajan,2011;Black & Rosen,2016)。信用风险传导机制认为,在货币政策紧缩期,从信用风险的角度,借款人的风险将提高,商业银行更加倾向于投放短期贷款(Den Haan et al.,2007;Black & Rosen,2016)。另外,奥尔蒂斯莫利纳和佩纳斯(2008)、塔西克和瓦莱夫(2010)的直接实证结果也表明当货币政策紧缩时,中长期贷款的比例将出现下降。国内学者对货币政策与信贷期限关系的研究相对较少。与国外学者提出的传导机制不同,盛天翔等(2017)基于中国商业银行特殊的利率定价机制,认为除了上述两类传导机制外,对于国内银行而言,还有盈利动机视角的传导机制。在研究结论上,同样也认为当贷款基准利率提高时,中长期贷款的占比将会降低。国外学者的实证研究既有基于宏观数据,也有基于银行微观数据的,而国内学者则主要采用宏观数据。

综合已有的研究成果,我们认为基于国内银行微观数据的分析很可能也具有相似结论,因此提出假说3.4。

假说3.4:货币政策紧缩(宽松)时,商业银行将减少(增加)中长期信贷资源配置。

(二)货币政策作用于金融杠杆影响中长期信贷资源配置的间接效应

1. 货币政策与金融杠杆

关于货币政策对银行资本杠杆的影响,学者们的结论不尽相同。部分观点

认为紧缩的货币政策会降低银行存贷款利差，降低贷款盈利能力，导致银行资本约束程度提高（Bolton & Freixas，2000；Chami & Cosimano，2010）；部分观点认为宽松的货币政策会促进贷款的投放，从而提高银行资本约束程度（Dell'Ariccia et al.，2010；党宇峰等，2012）。在研究中国商业银行资本缓冲周期性问题时，项后军等（2015）认为中国的银行杠杆存在顺周期性，而黄宪和熊启跃（2013）则认为国内银行的情况与国外银行相反，在国家政策的压力下会主动进行逆周期调节，从而使得银行资本缓冲呈现逆周期性。我们认为，针对中国的情况而言，两类观点很可能是同时存在的①。一般而言，经济衰退期，货币政策容易宽松，经济上行期，货币政策容易收紧。在货币政策极度宽松时，虽然经济偏冷，但是受信贷政策引导，商业银行依然会加快贷款投放，从而使银行资本约束程度提高；而在货币政策极度紧缩时，商业银行获利能力下降，补充资本的能力下降，从而使银行资本约束程度提高。因此，货币政策松紧度对银行资本约束程度的关系，可能呈现"U"型关系。

关于货币政策如何影响银行同业杠杆的研究并不多，往往与影子银行相结合，但是研究结论上也存在一定的差异。同业业务是我国影子银行业务最重要的形式之一（孙国峰和贾君怡，2015；王喆等，2017）。部分研究认为紧缩性的货币政策引起了影子银行业务的发展（裘翔和周强龙，2014；Nelson et al.，2018），郭晔等（2018）认为宽松的货币政策降低了银行参与同业业务的程度；而部分研究则认为扩张性的低利率政策会刺激影子银行的扩张（胡利琴等，2016）。从中国银行业的发展看，明明和王诗雨（2017）指出，在货币政策周期的最紧点与最松点，更容易出现不当套利的金融创新，而这些创新往往与影子银行密切相关，也意味着同业杠杆较高。究其原因，货币紧缩阶段，尚未完工的在建项目较多，资金需求依旧较大，会出现各种借道的融资产品，其中同业产品占据重要地位；货币政策宽松阶段，资金利率较低，低成本的负债容易导致金融杠杆的过度扩张。另外，结合中国的实际监管情况，当银行同业业务相关的产品量急剧增多时，与之相伴的金融监管政策将增多，也就是说监管政策出台的时间段基本反映了银行同业杠杆较高的时间段。通过对2005~2017年监管政策的整理，我们发现中国的货币政策在最宽松和最紧缩的时候

---

① 上述针对中国的研究，数据周期基本为2013年之前，而2014年以后，从基准利率来看，中国的货币政策处于非常宽松的情况，已有研究很可能尚未观察到全部情况。

往往伴随着监管政策的密切出台①，这再次说明货币政策最宽松和最紧缩的时期，同业杠杆基本处于高位。因此，结合上述分析，我们认为货币政策松紧度与银行同业杠杆的关系可能是"U"型关系。

综合以上分析，我们提出假说3.5。

假说3.5：货币政策松紧度与金融杠杆之间呈现"U"型关系，即货币政策立场过松和过紧时，金融杠杆都将较高。

2. 金融杠杆与中长期信贷资源配置

根据上述对金融杠杆的界定，本节讨论的金融杠杆主要涉及商业银行资本杠杆和同业杠杆，而目前围绕着金融杠杆与银行信贷资源期限结构配置的研究成果相对较少。

从资本杠杆的角度，一些研究显示银行资本约束程度②将对商业银行的信贷资产配置行为产生影响。银行的资本约束越高（即金融杠杆越高）时，银行越倾向于投放风险权重较低的贷款（Francis & Osborne，2012；许坤和苏扬，2016）。根据2012年发布的《商业银行资本管理办法（试行）》，中国的商业银行采用权重法或内部评级法计量信用风险加权资产。按照权重法，虽然没有规定不同期限贷款的风险权重差异，但是要求微型和小型企业债权的风险权重为75%，而该类企业贷款的期限基本为一年期以内的短期贷款，所以整体而言，中长期贷款的风险权重会高于短期贷款；按照内部评级法，在高级内部评级法中明确要求，应将期限视为独立的风险因素，在其他条件相同的情况下，债项的期限越短，信用风险就越小。因此，综合权重法和内部评级法，中长期贷款的风险权重高于短期贷款。结合已有研究结论，可以认为，当资本约束越高（金融杠杆越高）时，商业银行将会减少中长期贷款的投放。

从同业业务的角度，目前鲜有直接研究同业杠杆与商业银行信贷资源配置的文献，不过一些间接性研究成果可以为本节的研究提供基础。部分学者指出，同业业务的发展影响了商业银行的流动性管理。肖崎和阮健浓（2014）、周再清等（2017）认为同业业务的严重期限错配，很容易引发流动性风险；

---

① 例如，2006年出台《商业银行金融创新指引》，货币政策基本接近最紧阶段；从2008年至2011年，密集出台了7份针对银信合作的监管文件，货币政策基本处于最宽松阶段；2013年出台《关于规范商业银行理财业务投资运作有关问题的通知》，货币政策基本处于较紧缩阶段；2017年以来出台了诸多监管政策，货币政策基本处于非常宽松的阶段。

② 通常以资本充足率衡量，资本充足率越低（即杠杆越高），资本约束程度越高。

潘彬等（2018）提出，随着银行同业业务比重的提高，流动性风险会随之提高，并且银行同业行为导致资产与负债之间期限错配扩大。那么，从平衡商业银行资产负债流动性风险的角度，同业业务快速发展的同时，为了能够在一定程度上缓解资产负债期限错配的问题，银行很可能会相对减少中长期贷款的发放。也就是说，随着同业杠杆的提高，商业银行将减少中长期贷款的配置。

综合上述分析，我们提出假说3.6。

假说3.6：金融杠杆提高时，商业银行将减少中长期信贷资源配置。

五、模型设定与变量选取

基于上部分提出的货币政策影响中长期信贷资源配置的理论机制，需要验证假说3.4～假说3.6，从而检验直接效应和间接效应。我们将通过以下步骤进行实证分析：第一，检验货币政策对商业银行中长期信贷资源配置的总影响；第二，检验货币政策对金融杠杆的影响；第三，检验货币政策和金融杠杆共同对商业银行中长期信贷资源配置的影响。

（一）模型设定与变量定义

针对上述步骤，构建相应的面板数据模型（3.11）～模型（3.13）进行检验。

$$LS_{it} = \beta_0 + \beta_1 RATE_t + \beta_C CON1 + \varepsilon_{it} \tag{3.11}$$

$$LEVEL_{it} = \beta_0 + \beta_1 RATE_t + \beta_2 RATE_t^2 + \beta_C CON2 + \varepsilon_{it} \tag{3.12}$$

$$LS_{it} = \beta_0 + \beta_1 RATE_t + \beta_2 LEVEL_{it} + \beta_C CON1 + \varepsilon_{it} \tag{3.13}$$

其中，i代表商业银行个体，t代表年份，β为模型待估计参数，ε_{it}为随机误差项。

核心变量：LS代表银行中长期信贷资源配置，以中长期贷款在总贷款中的余额占比衡量。$RATE$代表货币政策，以1年期以内贷款基准利率作为代理变量。$LEVEL$代表金融杠杆。根据上述对金融杠杆的界定，本节的金融杠杆包括了资本杠杆（$LEVEL1$）和同业杠杆（$LEVEL2$）（见表3-6）。针对资本杠杆，结合已有的文献基础，利用资本充足率与监管要求之间的差距进行衡量，为了使数值越高时，代表的杠杆率水平越高，设定$LEVEL1$ = 监管要求 - 实际资本充足率；针对同业杠杆，前文已经进行过详细的逻辑阐述和具体定义，即

$LEVEL2 =$（总资产 − 所有者权益 − 一般性存款）/总资产。

表 3 − 6　　　　　　　　　　　　变量说明

变量符号	变量名称	变量说明
LS	中长期信贷资源配置	中长期贷款余额/（短期贷款 + 中长期贷款）
RATE	1 年期以内贷款基准利率	作为货币政策的代理变量，以 6 个月和 1 年期贷款基准利率的平均值衡量
LEVEL1	资本杠杆	监管要求 − 实际资本充足率
LEVEL2	同业杠杆	（总资产 − 所有者权益 − 一般性存款）/总资产
ASSET	银行规模	银行总资产的对数
NI	银行收入结构	非利息收入/总收入
ROA	银行盈利能力	总资产收益率
LD	银行贷存比	贷款/存款（具体存贷款口径参照监管部门要求）
GDP	宏观经济增长	GDP 增长率
CPI	宏观价格水平	CPI 指数
HHI	银行业竞争结构	赫芬达尔 − 赫希曼指数，采用五家大型国有商业银行资产占商业银行总资产百分比的平方和表示

注：根据 2012 年发布的《商业银行资本管理办法（试行）》，从 2013 年开始，国内商业银行资本充足率的最低监管要求由原来的 8% 提升至 10.5%（增加了 2.5% 的储备资本要求），系统重要性银行在此基础上，额外增加 1% 的附加资本要求。因此，对于监管要求的资本充足率，2013 年之前统一设定为 8%，2013 年以后，系统性重要银行（工行、建行、中行、农行）设为 11.5%，其他银行设为 10.5%。

其他控制变量 $CON1$：借鉴塔西克和瓦莱夫（2010）、布莱克和罗森（Black & Rosen, 2016）、许坤和苏扬（2016）等的研究设计，选择相应的控制变量。$ASSET$ 代表银行总资产，并取对数处理，主要控制银行规模对信贷资源配置的影响；NI 代表非利息收入在总收入中的占比，主要控制银行收入结构对信贷资源配置的影响；ROA 代表总资产收益率，主要控制盈利能力对信贷资源配置的影响；GDP 代表经济增长率，CPI 代表价格水平，两者主要控制宏观经济情况对信贷资源配置的影响；HHI 代表赫芬达尔·赫希曼指数，主要控制银行业竞争结构变化带来的影响，指数越高则市场集中度越高，竞争程度越低。

其他控制变量 $CON2$：借鉴一些学者（Dell'Ariccia et al., 2010；杨俊等，2015；郭晔等，2018；潘彬等，2018）的研究设计，选择相应的控制变量。

ASSET、NI、ROA、HHI 与上述内涵一致。LD 代表银行贷存比,通过对商业银行实际业务的深入调研,结合祝继高等(2016)、潘彬等(2018)的研究成果,贷存比约束①很可能对商业银行杠杆产生影响。

(二)样本选取与数据来源

本节的样本为 2005~2017 年 25 家中国商业银行年度非平衡面板数据,包括 5 家大型国有商业银行、9 家全国性股份制商业银行、7 家城市商业银行和 4 家农村商业银行。数据来源于 Wind 数据库以及各商业银行年报②。

六、实证结果与分析

结合不同的金融杠杆指标,我们对模型(3.11)至模型(3.13)进行检验。经过 Hausman 检验,均采用固定效应模型进行影响估计,各模型的各解释变量的方差膨胀因子(VIF)最大值均不超过 10,不存在多重共线性问题。具体回归结果如表 3-7 所示。

表 3-7　　　　　　　　固定效应面板回归的结果

变量	模型(1)	模型(2)		模型(3)	
	LS	LEVEL1	LEVEL2	LS	LS
RATE	-0.0501*** (0.0116)	-13.6041*** (2.5989)	-0.2082*** (0.0537)	-0.0489*** (0.0119)	-0.0475*** (0.0116)
RATE^2		1.2554*** (0.2339)	0.0205*** (0.0048)		
LEVEL1				-0.0053** (0.0026)	

---

① 虽然监管机构 2015 年 10 月以后取消了对贷存比的强制要求,但是该指标的指导性效用依然存在。

② 与全国的商业银行总数相比,样本银行数量不算特别丰富,主要是受限于很多商业银行的年报并不直接披露短期贷款和中长期贷款投放情况,而样本银行的相关信息披露基本较为完整。但是根据样本期数据,样本银行每年的总资产占比超过了所有商业银行总资产的 70% 以上。因此,可以认为根据样本银行的数据进行研究,能够具备较好的代表性,从而使得研究结论和政策建议具备良好的有效性。

续表

变量	模型（1）	模型（2）		模型（3）	
	LS	LEVEL1	LEVEL2	LS	LS
LEVEL2					-0.2239* (0.1165)
ASSET	0.0108 (0.0233)	1.3829** (0.5966)	0.1552*** (0.0120)	0.0071 (0.0238)	0.0347 (0.0263)
NI	-0.1521* (0.0782)	3.4639 (2.2998)	0.0660* (0.0385)	-0.1762** (0.0867)	-0.1300* (0.0772)
ROA	0.0269 (0.0211)	-2.9557*** (0.4658)	-0.0387*** (0.0092)	0.0209 (0.0233)	0.0160 (0.0217)
GDP	0.0077* (0.0043)			0.0077* (0.0044)	0.0097** (0.0044)
CPI	0.0055 (0.0038)			0.0041 (0.0040)	0.0059 (0.0038)
HHI	-2.3047* (1.3018)	-94.7180*** (31.97195)	-3.3430*** (0.6326)	-2.7867** (1.3566)	-2.4791* (1.2983)
LD		-1.5887 (2.1341)	0.3163*** (0.0426)		
C	0.6425** (0.2818)	-17.9477* (9.6053)	-1.0667*** (0.1908)	0.6977** (0.2902)	0.4497 (0.2978)
样本数	292	306	315	285	292

注：括号中标注的为标准差，***、**、*分别表示在1%、5%、10%的水平上显著。

资料来源：利用Stata软件计算整理。

模型（1）和模型（3）均显示，货币政策松紧度（RATE）与商业银行中长期信贷资源配置（LS）之间呈现显著的负相关关系，即货币政策紧缩（宽松）时，商业银行将减少（增加）中长期信贷资源配置，假说3.4得到了较好的支持。模型（2）显示，货币政策松紧度（RATE）与资本杠杆（LEVEL1）、同业杠杆（LEVEL2）之间均呈现"U"型关系，即货币政策松紧度与金融杠杆之间呈现"U"型关系，货币政策过松和过紧时，金融杠杆都将较高，假说3.5得到了较好的支持。模型（3）显示，资本杠杆（LEVEL1）、同业杠杆

（LEVEL2）都与银行中长期信贷资源配置之间呈现显著的负相关关系，即金融杠杆提高时，商业银行将减少中长期信贷资源配置，假说 3.6 得到了较好的支持。模型（1）、模型（2）和模型（3）中核心解释变量的显著性，联合验证了货币政策影响中长期信贷资源配置的直接效应，以及其通过金融杠杆这一中介变量进而影响中长期信贷资源配置的间接效应。

进一步，如果将模型（2）的结果代入模型（3），从而对模型（2）和（3）进行归纳，可以发现，由于金融杠杆的存在，货币政策松紧度（RATE）对商业银行中长期信贷资源配置（LS）的负向影响效果，将会随着货币政策松紧度的变化而发生改变。通过资本杠杆，整体影响效果为 $0.0232 - 0.0066 \times RATE$；通过同业杠杆，整体影响效果为 $-0.0009 - 0.0046 \times RATE$。因此，金融杠杆的间接效应导致了货币政策的非对称性，即货币政策趋向收紧阶段时，货币政策对中长期信贷资源配置的影响作用，要强于货币政策趋向放宽阶段。

表 3-7 中，模型（1）和模型（3）也显示了其他控制变量对银行中长期信贷资源配置的影响情况。银行规模（ASSET）没有显著影响，说明大型银行和中小型银行在对中长期项目的支持上可能没有明显差异。银行收入结构（NI）中的非利息收入占比会产生负向影响，可能由于当银行收入结构调整时，其对信贷业务的依存度下降，而中长期贷款风险较短期贷款的风险更大一些，因此受到的影响更大。银行的盈利能力（ROA）没有明显影响，说明对更高利息收入的追求不一定会推动中长期信贷资源的投放。经济增长（GDP）会产生正向影响，或许说明当经济增长较快时，往往新增较多中长期项目，能够带动银行的中长期贷款投放。盛天翔等（2017）认为两者没有显著关系，可能由于当时的数据为宏观数据，对商业银行的个体特征变量无法控制。价格水平（CPI）没有显著影响，说明实体经济中的物价水平高低或许并不影响银行的信贷期限结构。银行业竞争程度（HHI）越高，中长期信贷资源的投放越高，可能是随着银行业的不断发展，竞争加剧将导致各银行之间加强客户争夺，从而使得银行更倾向于发放中长期贷款来锁定客户。

模型（2）还显示了针对资本杠杆和同业杠杆的其他控制变量的影响情况。在资本杠杆方面：银行规模（ASSET）与资本杠杆之间呈现正向关系，熊启跃和杨昊龙（2015）总结已有研究成果时指出，资产规模较大的银行具有

"大而不能倒"的心理,在资本市场融资也相对容易,所以资本缓冲行为的前瞻性不如小银行。银行盈利能力(ROA)与银行资本杠杆之间呈现负向关系,很可能由于盈利能力较强的银行留存利润的能力较强,经营行为也更加稳健,因此会降低资本杠杆。银行业竞争程度(HHI)越高,资本杠杆越高,当银行竞争程度加剧时,银行的风险偏好可能会进一步提高,从而加快风险资产的扩张行为。银行收入结构(NI)和银行贷存比(LD)对资本杠杆没有显著影响,主要是从银行经营过程看,两者与资本杠杆之间没有明显的关联度,并且从已有研究成果来看,也鲜有相关的结论。

在同业杠杆方面:银行规模(ASSET)与同业杠杆之间能够呈现正向关系,该结论与郭晔(2018)、潘彬等(2018)的研究结论具有类似性。银行收入结构(NI)中的非利息收入占比对同业杠杆的影响为正向关系,主要由于非利息收入较高的银行往往会加快同业业务发展。银行盈利能力(ROA)与同业杠杆之间显著负相关,银行贷存比(LD)与同业杠杆之间显著正相关,主要是盈利能力弱的银行更有动力发展同业业务,受贷存比高企影响的银行更想通过同业业务绕开监管带来的约束。银行业竞争程度(HHI)越高,同业杠杆越高,可能主要是当银行之间的传统业务竞争加剧时,会通过同业业务来拓宽收入来源,缓解竞争压力。

七、稳健性检验

(一)采用动态面板模型

在前期的回归分析中,本节采用静态面板模型进行检验。考虑商业银行信贷资源配置的结构调整、银行杠杆的调整都可能具有动态效应,即前一期信贷结构情况、杠杆情况对下一期产生影响,同时考虑解决双向因果关系引起的内生性问题,本节还采用以下动态面板模型,并使用系统广义矩(System GMM)估计方法进行检验,从而提高结论的可靠性。

$$LS_{it} = \beta_0 + \beta_1 LS_{i,t-1} + \beta_2 RATE_t + \beta_C CON1 + \varepsilon_{it} \quad (3.14)$$

$$LEVEL_{it} = \beta_0 + \beta_1 LEVEL_{i,t-1} + \beta_2 RATE_t + \beta_3 RATE_t^2 + \beta_C CON2 + \varepsilon_{it} \quad (3.15)$$

$$LS_{it} = \beta_0 + \beta_1 LS_{i,t-1} + \beta_2 RATE_t + \beta_3 LEVEL_{it} + \beta_C CON1 + \varepsilon_{it} \quad (3.16)$$

经过 Sargan 检验,模型(4)、模型(5)和模型(6)均不存在显著的工具变量过度识别问题,Arelleno – Bond 序列相关检验显示,残差项差分不存在显著的二阶自相关,上述检验说明模型 GMM 估计方法的有效性,结果如表 3 – 8 所示。由于篇幅所限,仅列出核心解释变量的检验结果,其他控制变量的详细结果不再列示。

表 3 – 8　　　　　　　　　稳健性检验(动态面板模型)

变量	模型(4)	模型(5)		模型(6)	
	LS	LEVEL1	LEVEL2	LS	LS
$RATE$	-0.0426*** (0.0041)	-7.0762*** (2.2063)	-0.1034** (0.0432)	-0.0395*** (0.0063)	-0.0379*** (0.0079)
$RATE^{-2}$		0.6292*** (0.2042)	0.0099** (0.0039)		
$LEVEL1$				-0.0035* (0.0021)	
$LEVEL2$					-0.1055* (0.0609)
样本数	265	280	290	261	265
Sargan 检验的 P 值	0.9282	0.8057	0.8818	0.9059	0.9584
AR(1)	0.0113	0.0001	0.0011	0.0204	0.0062
AR(2)	0.5822	0.2158	0.3201	0.6253	0.6026

注:括号中标注的为标准差,***、**、* 分别表示在 1%、5%、10% 的水平上显著。

资料来源:利用 Stata 软件计算整理。

(二)对核心变量采用不同指标

在静态面板模型的基础上,我们对核心解释变量采用了其他指标替代。

第一,在货币政策变量方面,随着利率市场化的推进,贷款基准利率变动的敏感性要弱于市场利率,为了更加细致地刻画货币政策的可能变化,本节同时采用货币市场利率($MRATE$)作为货币政策的代理。在具体指标上,使用银行间同业拆借利率(7 天)的平均值作为代理变量。相关回归均通过相应的检验，结果如表 3-9 所示。

表 3-9　　　　稳健性检验（以货币市场利率为货币政策变量）

变量	模型（1）	模型（2）		模型（3）	
	LS	LEVEL1	LEVEL2	LS (LEVEL1)	LS (LEVEL2)
MRATE	-0.0370*** (0.0085)	-3.9421*** (0.8531)	-0.1036*** (0.0173)	-0.0341*** (0.0089)	-0.0359*** (0.0084)
$MRATE^2$		0.7219*** (0.1491)	0.0167*** (0.0031)		

注：括号中标注的为标准差，*** 表示在 1% 的水平上显著。
资料来源：利用 Stata 软件计算整理。

第二，在同业杠杆方面，前述的同业杠杆衡量指标，主要是借助主动型负债（总资产—所有者权益——一般性存款）对总资产的撬动来衡量。而同业业务的快速发展，也意味着贷款在银行总资产中的占比大幅下降，因此参考郭晔（2018）、潘彬等（2018）的做法，并进行修改后，以"LEVEL3 = 总资产/贷款"来衡量同业杠杆。相关回归均通过了相应的检验，结果如表 3-10 所示。

表 3-10　　　　稳健性检验（以贷款占比为同业杠杆指标）

指标	模型（2）	模型（3）
	LEVEL3	LS
RATE	-1.0503*** (0.1699)	-0.04635*** (0.0114)
$RATE^2$	0.0977*** (0.0153)	
LEVEL3		-0.1080*** (0.0292)

注：括号中标注的为标准差，*** 表示在 1% 的水平上显著。
资料来源：利用 Stata 软件计算整理。

上述稳健性检验的结果表明，核心变量的影响方向及显著性符合预期，相关研究假说再次得到验证。

八、结论与启示

本节以商业银行视角的金融杠杆（资本杠杆和同业杠杆）作为主要研究对象，提出货币政策对中长期信贷资源配置产生直接和间接效应的理论机制，重点分析了金融杠杆在间接效应中的作用机理，并以 25 家商业银行 2005～2017 年的非平衡面板数据展开实证检验。

（一）主要结论

本节的研究发现：第一，货币政策影响商业银行中长期信贷资源配置的直接效应。当货币政策紧缩（宽松）时，银行将减少（增加）中长期信贷资源投放。第二，货币政策作用于金融杠杆进而影响商业银行中长期信贷资源配置的间接效应。货币政策立场的松紧度与金融杠杆之间呈现"U"型的非线性关系，即货币政策过松和过紧时，金融杠杆都将较高；而当金融杠杆提高时，银行将减少中长期信贷资源投放。

如果对上述结论进一步总结，可以发现，由于金融杠杆的存在，在不同的货币政策立场下，货币政策对商业银行中长期信贷资源配置的影响会产生非对称性。具体而言，在货币政策紧缩期，金融杠杆水平较高，两者同时抑制了银行中长期信贷资源的投放，强化了调控效果；在货币政策稳健中性期，金融杠杆水平较低，银行中长期信贷资源的投放能够处于正常水平，与调控目标保持一致；在货币政策宽松期，货币政策促进银行中长期信贷资源，但由于金融杠杆水平较高，会削弱货币政策的调控效果。这也就意味着，不同货币政策立场下金融杠杆的变化，影响到货币政策传导的有效性。

（二）相关启示

综合货币政策和金融杠杆的影响过程和结果，本节的研究对于健全货币政策与宏观审慎管理相补充强化的金融调控框架，进而疏通货币政策传导机制，具有重要的启示价值。

第一，保持货币政策立场的稳健中性。当货币政策过松和过紧时，都将推高金融杠杆，因此在金融去杠杆的过程中，需要保持稳健中性的货币政策立场。2017 年初开始，中国人民银行持续提高 MLF、SLF 和公开市场操作利率，改变原先过低的银行资金成本，挤压了套利空间，有助于温和有序地降低金融杠杆。未来，要继续保持货币政策的稳健中性，这将有利于控制金融杠杆，引导中长期信贷资源配置。

第二，健全宏观审慎评估体系，强化金融杠杆监控。货币政策和宏观审慎政策双支柱调控的目标之一是提高货币政策传导的效果，而金融杠杆的变化会影响传导有效性。通过对金融杠杆的梳理，我们发现同业杠杆涉及的产品以及相应银行行为，往往并不直接体现在已有的宏观审慎评估体系中。虽然宏观审慎政策也在不断改进。例如，2018年起将同业存单纳入宏观审慎评估体系同业负债占比指标进行考核，但是指标的修改往往有一定的滞后期，并且在金融创新过程中，容易产生新的产品来规避指标类监管。所以，未来要继续加强对金融机构杠杆的行为监管和功能监管，不断补充和完善双支柱调控框架，提高货币政策有效性。

当然，本节的研究还存在一定的不足。虽然同业业务是金融杠杆问题的主要组成部分，但是从金融监管关注的领域来看，银行表外资产业务也是金融杠杆的重要内容。由于商业银行的相关数据暂时难以全面获得，本节没有对相关内容进行讨论，未来如果能够获取相应数据，将有助于进一步完善本节的研究。

第四章

货币政策、金融科技与银行信贷的流动性创造

商业银行的流动性创造体现银行对实体经济的支持力度，能够对宏观经济产生巨大作用，是货币政策信用传导机制的重要中枢环节。因此，货币政策如何影响商业银行流动性创造受到较多关注，而金融科技的发展可能会带来新的影响。本章基于 2011~2018 年的 165 家商业银行数据，研究货币政策影响商业银行流动性创造的效果，着重分析金融科技可能发挥的调节作用，以及不同类型银行的异质性问题。货币政策调控银行流动性创造时，要充分关注金融科技的影响，并且要考虑将金融科技纳入宏观审慎监管，进一步健全双支柱体系。

第一节 银行流动性创造的影响因素

一、银行流动性创造的作用

根据现代金融中介理论，流动性创造是商业银行在宏观经济中的重要功能之一。流动性创造主要指商业银行将流动负债转换为非流动资产，从而为市场提供流动性（Diamond & Dybvig，1983）。

在此概念的基础上，不少研究成果表明，银行流动性创造能力对于宏观经济发展具有重要作用。菲德姆等（Fidrmu et al.，2015）以俄罗斯为样本，研究发现银行的流动性创造有助于促进经济增长。伯杰和塞杜诺夫（Berger &

Sedunov，2017）认为，银行促进实体经济增长，主要是通过小型银行的表内流动性创造以及大型银行的表外流动性创造实现。国内一些学者也提出银行流动性创造的重要性，同时还讨论了一些可能的异质性影响。宋琴等（2019）实证检验了银行流动性创造对实体经济产出的影响，结果表明，商业银行总体流动性创造以及表内流动性创造对实体经济产出有显著的正向作用，而表外流动性创造的促进作用不明显。在不同产业方面，韩扬和何建敏（2018）分析了中国商业银行流动性创造与产业总体以及各层次产业之间的关系，研究发现，商业银行表内流动性创造对产业总体、各层次产业增长均有显著正向影响，并且对第一、第三、第二产业的贡献依次上升，而表外流动性创造只对第二、第三产业有显著正向作用，影响程度低于表内流动性创造。

因此可以认为，商业银行的流动性创造能力是银行资源配置的一种体现，会对货币政策的信用传导机制产生重要影响。那么，到底哪些因素会影响银行流动性创造能力呢？国内外不少学者展开过相关研究。

二、银行流动性创造的影响因素

（一）货币政策与流动性创造

货币政策是调控宏观经济运行的重要手段，而商业银行流动性创造是货币政策调控的重要中介对象。乌贾尔和查特吉（Ujjal & Chatterjee，2015）认为货币政策工具改变了借贷成本，通过影响存贷利差进而影响银行流动性创造。巴曙松等（2016）发现不同货币政策工具对流动性创造的影响存在差异，贷款基准利率、存款准备金货币政策工具对流动性创造呈反向作用，而 M2 增长率与存款基准利率则是正向作用。在作用机制方面，一些学者考虑了货币政策的风险承担渠道。邓向荣和张嘉明（2018）通过 DLM 模型发现，货币政策是以银行风险承担为作用渠道影响银行流动性创造的，并且提出货币政策对表内和表外流动性创造的影响具有显著差异。伯杰等（2016）发现，政府监管干预虽然可以使得银行降低风险，但是也会减少银行的流动性创造。

部分研究显示，受宏观政策环境、银行特征和流动性创造类型等因素影响，货币政策对流动性创造的影响效果存在一定的异质性。李明辉等（2014）发现紧缩的货币政策降低了商业银行总体和表内流动性创造，却提升了表外流动性创造，并且由于银行微观特征不同，货币政策对流动性创造的影响存在差异。吕思聪（2018）研究发现，宽松的货币政策有利于商业银行的流动性创造，但是严格的外部监管使得银行难以增加信贷的投放，导致货币政策效果弱化。王周伟和王衡（2016）认为，货币政策工具与调控偏向性不仅可以直接影响银行整体流动性，还会因银行异质性有所不同，地方性商业银行总体流动性创造受货币政策影响更显著。

（二）资本监管与流动性创造

《巴塞尔协议Ⅲ》提高了对商业银行资本充足率的要求，并将流动性纳入监管重点，因此众多学者开始研究资本监管和银行流动性创造之间的关系。关于资本约束和流动性创造之间的关系，目前有两种截然相反的理论解释。第一类"金融脆弱—挤压假说"，其中脆弱假说认为银行资本越少，资本结构越脆弱，就会越努力拓展贷款业务，于是创造更多的流动性；挤压假说认为银行资本越多越会挤压存款规模，从而减少流动性创造。卡苏等（Casu et al., 2019）研究了欧元区银行资本与流动性创造之间的关系，研究结果符合"金融脆弱—挤出假说"，即银行在增加资本时会减少流动性创造。此外，他们的结果也支持"流动性替代假说"，即随着流动性创造的增加，银行会将某些流动性负债视为稳定的资金来源，从而减少了银行的资本持有。第二类是"风险吸收假说"，高资本水平可以增强银行抵抗风险的能力从而提高流动性创造能力。巴拉德瓦伊和邵（Baradwaj & Shao, 2016）认为，放宽资本管制可以增强银行流动性创造。特兰夫等（TranV et al., 2016）研究了美国银行业的流动性创造，研究结果支持风险吸收假说，但是其创造更多流动性的银行盈利能力较低。

针对中国银行业，国内学者们也开展了不少相关研究。吕思聪（2018）在银行利润函数中加入资本监管约束和流动性监管约束，发现资本监管压力和存贷比监管压力大的银行，其流动性创造能力下降。周凡等（2017）得出类似结论，认为资本充足率越高，流动性创造越低，并且认为应降低高于《巴塞尔协议Ⅲ》的资本充足率要求，以减弱对流动性创造的负向影响。进一步研究表明，资本约束对流动性创造的影响，对于不同类型银行也会存在异质性。孙莎等（2014）认为，中小商业银行提高资本充足率会降低流动性创造，验证了"金融脆弱—挤压假说"，而对于大型国有银行则不显著。周爱民和陈远（2013）认为国有银行和股份制银行的"风险吸收效应"更显著，而区域性银行和外资银行的"金融脆弱挤压效应"更明显。

还有一些学者将银行流动性创造区分为表内与表外流动性创造进行研究。孙海波和刘忠璐（2019）研究发现，高质量资本能够促进后危机时代银行表内流动性创造的增加，而表外流动性创造却显著减少。

（三）银行业发展与流动性创造

1. 银行业务结构与流动性创造

随着金融创新和互联网金融的快速发展，商业银行为增加利润来源，逐步将同业业务发展成为影子银行的一种形式，但是同业业务发展也带来了系列问题。一些学者针对同业业务与银行流动性创造进行研究，从总量研究进一步扩展到结构研究。郭晔等（2018）提出，当商业银行参与同业业务较深时，宽松的货币政策会提高非同业流动性创造增速，降低同业流动性创造增速。项后军和曾琪（2019）发现银行主要通过"同业—通道—非标资产"和"同业—委外—标准化资产"两种典型模式参与同业业务，同业业务的期限错配促进了同业流动性创造的迅速膨胀，却使得银行总体流动性创造功能下降，加重了资金的脱实向虚。在银行特征差异方面，侯晓辉等（2019）发现，商业银行同业业务参与程度和流动性创造之间存在显著的负向关系，但这负向关系只对城市商业银行和农村商业银行显著。还有部分学者考虑到金融市场业务可能造成的影响。帕克等（Park et al.，2014）研究了银行间市场中断对银行流动性创造和融资能力的影响，发现流动性差的银行会通过提高利率来吸引外部资金，但如果银行间市场完全可以作为有效分配资金的渠道，那么需要流动性的银行就不必在银行间市场之外的渠道寻求高成本资金，而当银行同业拆借渠道中断时，需要流动性的银行会因此抑制贷款投放。

2. 银行业竞争程度与流动性创造

部分研究从银行行业层面展开，即讨论银行业竞争度与市场势力对商业银行流动性创造可能带来的影响。许桂华和谭春枝（2016）发现，银行业竞争度提高会减少银行总体和表内流动性创造，却增加了表外流动性创造，并且对不同类型银行的影响具有异质性。周凡和齐天翔（2017）发现市场集中度越高的银行市场，流动性创造越高，也就是市场竞争对银行流动性创造有显著的负向影响。也有其他学者提出不同观点，李明辉等（2018）认为，市场竞争与流动性创造效率之间存在倒"U"型关系，中国银行业存在最优的市场结构，此外，银行市场势力越强，流动性创造效率越低。因此，希望通过增强银行业竞争来改善由于银行市场势力过强导致的流动性创造低效，其作用效果可能很有限。

3. 银行业过度贷款与流动性创造

关于银行过度贷款和流动性创造的关系主要有流动性螺旋假说和流动性权衡假说。流动性螺旋假说认为，过度贷款会加重期限错配，增加商业银行流动性创造。而流动性权衡假说则认为，信贷风险与流动性风险存在着一种权衡关系，如果银行的过度贷款较高，将会降低自身流动性风险的承受能力，导致流动性创造降低。邓超等（2015）认为，对中国银行业整体而言，偏向于流动性螺旋假说。钱崇秀等（2018）也认为，在我国商业银行流动性管理中，存在当期及跨期流动性权衡的策略，商业银行可能会因为前期超额贷款增加而提升本期流动性。

第二节　货币政策与银行流动性创造
——基于金融科技调节效应

一、引入金融科技的重要性和创新性

2007~2009年全球金融危机期间，诸多商业银行的流动性创造能力大幅下降甚至丧失，流动性创造的影响因素再次引发学者们的广泛讨论。货币政策作为政府部门重要的调控手段，也成为其中的核心研究内容。从已有文献情况看，货币政策改变商业银行流动性创造能力时，会受到其他因素影响，例如银行资本水平、银行规模、银行竞争以及银行业务结构等。不少学者基于中国的银行业情境，也逐渐开展针对性研究。值得注意的是，近年来，中国在金融科技领域迅速崛起，2018年的整体发展水平约为2011年的8.9倍[①]。金融科技的发展很可能对中国银行业造成较大冲击，并且导致商业银行的资产负债结构

---

① 该数据基于郭峰等（2019）编制的北京大学数字普惠金融指数，采用省级数字普惠金融指数的中位值进行比较。

产生相应变化（邱晗等，2018；战明华等，2018）。那么，货币政策调节商业银行流动性创造的过程中，金融科技的影响是否会带来新的作用机制呢？金融科技发展程度和商业银行类型等因素是否会导致差异化结果呢？

基于上述考虑，本节将金融科技的发展融入货币政策与银行流动性创造的关系研究中，借助 2011~2018 年 165 家商业银行的非平衡面板数据进行相应研究。重点检验货币政策影响银行流动性创造的效果、金融科技是否会产生调节作用以及相应的异质性情况。本节可能的贡献和创新主要包括：第一，现有文献鲜有分析金融科技在银行流动性创造过程中的影响，本节的研究能够丰富银行流动性创造方面的相关成果，为货币政策影响银行流动性创造的效果补充新证据。第二，各地区银行面临的金融科技发展程度不尽相同，本节借助城市层面的金融科技发展水平指数，可以较好地体现金融科技在时间和空间上的分布差异，从而提高结论的有效性。

二、理论分析与研究假设

国内外学者针对货币政策与银行流动创造的关系进行过较为丰富的研究，其中的理论机制主要包括信贷需求的改变、银行可贷资金规模的约束、银行融资成本的变化以及银行风险承担行为的调整等。一般而言，大部分研究（Rauch et al.，2009；吕思聪，2018；吕守军和徐海霞，2018）认为，货币政策紧缩（宽松）时，银行流动性创造能力将出现下降（提升）。也有一些学者提出其他观点，例如金融危机时期，宽松的货币政策可能无法提升银行流动性创造能力（Park et al.，2014）；伯杰和布曼（Berger & Bouwman，2017）进一步分析指出，正常时期货币政策对小型银行流动性创造有显著影响，但金融危机时期会减弱，而货币政策对大中型银行流动性创造的影响一直都很小。针对中国银行业，王周伟和王衡（2016）认为，货币政策对大型国有银行和全国性股份制银行流动性创造的影响不明显，地方性商业银行和外资银行则更敏感些。回顾 2011 年以来中国银行业情况，金融危机后稳健适度的货币政策，使得商业银行面临的发展环境相对稳定，虽然各类型商业银行的情况可能存在差异，但是整体而言，货币政策影响银行流动性创造的几类渠道基本正常。因此，我们提出假说 4.1。

假说 4.1：货币政策紧缩时，商业银行流动性创造能力下降。

目前很少有文献直接分析金融科技对银行流动性创造的影响，但是一些学者研究了金融科技[①]对银行经营行为和资产负债业务等方面的影响。由于银行的资产负债结构是流动性创造能力的基础，因此相关研究成果能够为本节提供支撑。总的来说，金融科技可以与传统银行对接融合，推动银行的转型发展（孙杰和贺晨，2015）；如果银行能够更好地运用金融科技手段，将有助于降低成本、节省时间和留住更多的潜在用户（Raza & Hanif，2013）。在货币政策影响银行流动性创造的理论机制中，金融科技可能会带来一些新变化。在银行可贷资金规模和银行融资成本方面，战明华等（2018）提出，金融科技的发展会改变家庭部门储蓄偏好，产生银行资产负债表的结构调整效应；降低银行非贷款资产转换为贷款资产的成本，产生资产负债表的流动性效应；迫使银行开发新的信贷技术，增加中小企业信贷供给。在风险承担行为方面，金融科技将改变货币政策对银行风险行为的影响（Qiao et al.，2018），刘忠璐（2016）认为，金融科技间接推高贷款利率，导致投资项目的逆向选择，增加银行破产风险。基于上述可能的传导过程，当货币政策收紧时，从金融科技对银行业整体影响情况来看，金融科技可能会提高银行发放贷款和吸收流动性存款的能力，从而削弱货币政策对流动性创造的紧缩能力。进一步，金融科技发展越成熟，对银行业务结构影响越深入，上述调节作用越明显。因此，我们提出假说4.2。

假说4.2：金融科技能够调节货币政策流动性创造效果，当金融科技发展达到一定程度时，货币政策影响银行流动性创造的效果将被削弱。

三、实证研究设计

（一）样本选取及数据来源

为考察货币政策、金融科技与银行流行性创造的关系，本节以2011～2018年165家商业银行的非平衡面板数据为研究样本，包括6家国有大型商业银行、11家全国性股份制商业银行、104家城市商业银行和44家农村商业银行[②]。各类相关数据主要来源于Bankscope数据库、Wind数据库和北京大学数

[①] 已有文献中还出现过"互联网金融""数字金融"等名词，盛天翔和范从来（2020）总结指出，可以用金融科技统一归纳相关研究。

[②] 详细的银行名称在此未予列示，如有需要可向作者索取。

字金融研究中心。

（二）研究模型

基于前述的文献回顾，本节认为货币政策改变银行流动性创造的过程，将同时受到金融科技的影响。因此，根据研究目的和内容，本节建立以下面板回归模型进行实证分析。

$$LCA_{it} = \alpha + \beta_1 RESERVE_{it} + \beta_2 NIM_{it} + \beta_3 ROA_{it} + \beta_4 CAR_{it} + \beta_5 ASSET_{it} + \beta_6 GDP_{it} + \varepsilon_{it} \quad (4.1)$$

$$LCA_{it} = \alpha + \beta_1 RESERVE_{it} + \beta_2 FINTECH_{it} \times RESERVE_{it} + \beta_3 FINTECH_{it} + \beta_4 NIM_{it} + \beta_5 ROA_{it} + \beta_6 CAR_{it} + \beta_7 ASSET_{it} + \beta_8 GDP_{it} + \varepsilon_{it} \quad (4.2)$$

其中，i 代表银行，t 代表年份，β 为模型待估计参数，ε_{it} 为随机误差项。被解释变量 LCA 是银行单位资产流动性创造。解释变量 $RESERVE$ 是法定存款准备金率，作为货币政策代理变量；$FINTECH$ 是金融科技发展水平。控制变量为净息差（NIM）、资产收益率（ROA）、资本充足率（CAR），银行规模（$ASSET$）和经济增长率（GDP）。

（三）研究变量的选择

1. 被解释变量

本节的被解释变量为银行流动性创造能力，采用单位资产流动性创造（LCA）进行衡量，即"银行总流动性创造/总资产"。其中，银行总流动性创造测度的具体计算可以分为两步。第一步，按照流动性水平的高低，将资产、负债和所有者权益分为流动性、半流动性和非流动性。借鉴已有文献（Berger & Bouwman，2009；李明辉等，2014；吕思聪，2018）[①]，结合数据的可得性和完整性，将测度银行流动性创造的相关科目进行分类并赋予相应权重，具体如表 4-1 所示[②]。第二步，根据科目分类和权重进行加权求和，相应计算公式为：总体流动性创造 = 0.5 ×（非流动性资产 + 流动性负债）+

[①] 伯杰和布曼（2009）首次提出详细的银行流动性创造计算公式，后续研究大多在此方法的基础上，结合实际情况进行调整。

[②] 一些研究将测度银行流动性创造的相关科目分为表内业务和表外业务，但从数据完备性来看，中国商业银行表外业务披露相对较少，容易影响测算的准确性。同时，从具体科目来看，已有表外业务的金额在流动性创造中占比相对较小，因此我们未予考虑，与郭晔等（2018）、项后军和曾琪（2019）的处理类似。

0×(半流动性资产+半流动性负债)+(-0.5)×(流动性资产+非流动性负债和所有者权益)。

表4-1　　商业银行资产负债表流动性划分及权重

流动性资产（-0.5）	半流动性资产（0）	非流动性资产（0.5）	
现金及存放中央银行款项	逆回购协议和现金抵押品	公司贷款	固定资产
衍生金融资产	对银行的贷款及放款	按揭贷款	商誉
交易和按公允价值通过损益表核算的金融资产	消费贷款	其他贷款	止赎/其他不动产
可供出售的金融资产		保险资产	投资性房地产
持有至到期的金融资产		无形资产	其他资产合计
以公允价值计量且其变动计入其他综合收益的金融资产		对关联公司的投资	
其他证券			
流动性负债（0.5）	半流动性负债（0）	非流动性负债和权益（-0.5）	
活期存款	定期存款	多于1年的长期借款和债务证券	
衍生品金融工具	客户储蓄存款	其他长期借款	
交易性负债	银行同业存款	其他负债和准备金	
	其他客户存款	次级债务	
	少于1年的短期借款和债务证券	权益总额	
	回购协议和现金抵押品		
	按公允价值核算的金融负债		

2. 解释变量

货币政策的变化，采用法定存款准备金率（$RESERVE$）进行衡量，主要因为货币政策银行信贷渠道比较强调准备金率政策工具的作用（战明华等，2018）。法定存款准备率为大型和中小型存款类金融机构的均值，并通过时间加权平均得到年度值。

金融科技发展水平，采用北京大学数字普惠金融指数（$FINTECH$）进行衡量（郭峰等，2019）。该指数运用蚂蚁金融服务集团的微观数据，能够跨省级、城市和县域。借鉴邱晗等（2018）的做法，我们将地区的数字普惠金融指数作为该银行面临的金融科技发展环境指标。对于国有银行和全国性股份制银行，以总行所在地区来衡量；对于城市商业银行和农村商业银行，以其主要业务所在地区来衡量。

3. 控制变量

参考已有研究（Berger & Bouwman，2009；李明辉等，2014；郭晔等，2018），我们选取的控制变量主要包括：净息差（NIM），用于控制银行生息资产收益水平的可能影响；资产收益率（ROA），用于控制银行资产负债业务构成以及净利润回报率的可能影响；资本充足率（CAR），用于控制银行资本水平的可能影响；银行规模（ASSET），用于控制银行总资产规模的可能影响，并且对总资产进行对数化处理；经济增长率（GDP），用于控制实体经济发展速度的可能影响。上述各变量的具体定义如表4-2所示。

表4-2　　　　　　　　　各变量定义

变量名称	变量符号	变量定义
单位资产流动性创造	LCA	总流动性创造/总资产
法定存款准备金率	RESERVE	法定存款准备金率年度均值
金融科技发展水平	FINTECH	北京大学数字普惠金融城市指数
净息差	NIM	利息净收入/生息资产平均余额
资产收益率	ROA	净利润/资产平均余额
资本充足率	CAR	银行资本/风险加权资产
银行规模	ASSET	银行总资产的对数
经济增长率	GDP	实际GDP增长率

四、实证结果分析

（一）变量描述性统计

为降低可能的异常值影响，本节对银行层面的所有变量进行1%和99%分位的缩尾处理。主要变量的描述性统计如表4-3所示。各变量基本处于合理的范围之内，并且表现出较大差异，能够为基于面板数据的回归分析提供良好样本基础。

表 4-3　　　　　　　　　　主要变量的描述性统计

变量	均值	标准差	最小值	最大值
LCA	0.0483	0.1087	-0.2378	0.3031
RESERVE	17.1724	1.6014	14.7100	19.8300
FINTECH	202.8021	49.1631	41.1900	334.0200
NIM	2.6519	0.9115	0.3600	5.7700
CAR	13.0755	1.6177	9.5600	19.5800
ASSET	10.3513	1.5004	7.2262	14.9469
ROA	0.9628	0.3247	0.0400	1.8900
GDP	7.1770	0.5541	6.7000	9.6000

资料来源：利用 Stata 软件计算整理。

（二）货币政策、金融科技对银行流动性创造的影响

基于式（4.1）和式（4.2），经过 Hausman 检验，本节采用个体年份双固定效应模型进行相应估计，回归结果如表 4-4 所示。根据列（1），法定存款准备金率（RESERVE）的影响显著为负，意味着货币政策紧缩时，银行流动性创造能力下降，该结论与现有的大部分研究结果（李明辉等，2014；郭晔等，2018）保持一致。当货币政策紧缩时，在资产端方面，实体经济信贷需求降低，银行的贷款供给能力也受限制，银行将增加流动性资产和半流动性资产配置，从而降低资产端流动性创造能力。在负债端方面，银行的活期存款更容易转化为定期存款或者理财产品，从而降低负债端流动性创造能力。因此，货币政策紧缩时，银行的整体流动性创造能力下降。

表 4-4　　　货币政策、金融科技影响银行流动性创造的模型回归结果

变量	(1)	(2)
RESERVE	-0.0293*** (0.0064)	-0.1371*** (0.0360)
FINTECH × RESERVE		0.0003*** (0.0001)
FINTECH		-0.0047*** (0.0017)

续表

变量	(1)	(2)
NIM	0.0235** (0.0097)	0.0254*** (0.0092)
CAR	0.0003 (0.0024)	0.0007 (0.0023)
$ASSET$	-0.0366* (0.0202)	-0.0489** (0.0222)
ROA	0.0079 (0.0199)	0.0206 (0.0207)
GDP	0.0645*** (0.0134)	0.2303*** (0.0612)
个体效应	控制	控制
时间效应	控制	控制
R^2	0.3117	0.3357
样本数	835	835

注：***、**、* 分别表示在1%、5%、10%的水平上显著；括号内为稳健标准误差。

资料来源：利用 Stata 软件计算整理。

根据表4-4中列（2），可以发现，$FINTECH \times RESERVE$ 的系数显著为正，即当货币政策影响银行流动性创造时，金融科技的发展会削弱货币政策的影响效果。本节对金融科技产生调节作用的可能原因进行分析。在资产端方面，金融科技的发展，改变了银行贷款投放的竞争格局，传统贷款的优势下降，银行会增加个人消费贷款、同业资产等半流动性资产和流动性资产的配置。当货币政策紧缩时，本应随之减少的非流动性资产，由于金融科技的发展，已经提前出现减少，从而导致货币政策对资产端流动性创造的调控能力下降。在负债端方面，金融科技的出现，使得客户资金流向互联网理财产品，银行活期存款占比下降。当货币政策紧缩时，本应随之减少的银行活期存款已经提前减少，从而导致货币政策对负债端流动性创造的调控能力下降。因此，综合资产端和负债端，当金融科技发展水平提高时，货币政策对银行流动性创造的影响能力下降。

表4-4中同时显示了其他控制变量对银行流动性创造的影响。净息差

（NIM）的系数显著为正，意味着生息资产收益越高，银行越有可能增加非流动性资产，提高流动性创造水平。资本充足率（CAR）的系数不显著，表示银行资本水平与流动性创造或许没有线性关系。银行资本水平对流动性创造影响的研究结论包括"风险吸收假说"和"金融脆弱假说"，前者认为较高的银行资本水平能够提高银行流动性创造能力，后者则是相反结论。本节的结果表明，这两种假说在中国银行业可能是共同产生作用，从而造成非线性关系①。银行规模（$ASSET$）的系数显著为正，资产收益率（ROA）的系数不显著，经济增长率（GDP）的系数显著为正，与部分学者（李明辉等，2014；吕思聪，2018）的研究结论基本保持一致。

五、稳健性检验

第一，采用动态面板模型进行估计。考虑到银行的流动性创造可能具有一定动态性，前一期会对后一期产生影响，同时也尽可能缓解内生性问题，参考一些学者（李明辉等，2014；郭晔等，2018）的做法，本节也采用动态面板进行估计。利用系统广义矩（System GMM）估计方法进行分析，回归模型通过了 Hansen 检验和 Arelleno – Bond 序列相关检验。回归结果如表 4 – 5 所示，货币政策的影响情况以及金融科技的调节作用再次得到验证。

表 4 – 5　　　　　货币政策、金融科技影响银行流动性
　　　　　　　　　创造影响的稳健性检验（动态面板）

变量	（1）	（2）
LCA_{t-1}	0.4196*** (0.0841)	0.4317*** (0.0805)
RESERVE	-0.0202*** (0.0046)	-0.0471*** 0.0153
FINTECH × RESERVE		0.0001** (0.00005)
FINTECH		-0.0016* (0.0009)

---

① 我们尝试过同时加入资本充足率（CAR）的二次项，结果表明一次项和二次项均显著，并且对其他变量的结果未造成明显影响。但鉴于该控制变量并非本节的核心研究问题，因此没有进行相关调整。

续表

变量	(1)	(2)
控制变量	控制	控制
AR1	0.021	0.019
AR2	0.208	0.167
Hansen	0.497	0.504
样本数	536	536

注：***、**、*分别表示在1%、5%、10%的水平上显著；括号中为稳健标准误差。

资料来源：利用 Stata 软件计算整理。

第二，对核心解释变量使用替代指标。一是对货币政策的衡量，采用银行间质押式回购7天利率（IBRATE）。随着中国利率市场化改革的不断推进，货币政策的利率传导渠道也越来越有效。考虑到存贷款基准利率自 2015 年 10 月份以后，未出现任何调整，可能无法完全体现货币政策的变化，因此采用银行间质押式回购利率进行衡量。主要结果如表 4 - 6 的列（1）和列（2）所示，相关结论再次得到验证。二是对金融科技的衡量，采用北京大学数字普惠金融指数中的覆盖广度（BFINTECH）。北京大学数字普惠金融指数包含覆盖广度、使用深度和数字化程度三个维度，邱晗等（2018）认为覆盖广度不会直接受到银行资产负债选择的影响，有助于缓解内生性问题，因此本节同时采用覆盖广度进行衡量。主要结果如表 4 - 6 的列（3）所示，相关结论再次得到验证。

表 4 - 6　　货币政策、金融科技影响银行流动性创造影响的稳健性检验（使用替代指标）

变量	(1)	(2)	(3)
IBRATE	-0.1047*** (0.0231)	-0.2845*** (0.0813)	
FINTECH × IBRATE		0.0006*** (0.0002)	
FINTECH		-0.0016 (0.0011)	
RESERVE			-0.0943*** (0.0266)

续表

变量	(1)	(2)	(3)
BFINTECH × RESERVE			0.0002*** (0.00008)
BFINTECH			-0.0033** (0.0015)
控制变量	控制	控制	控制
个体效应	控制	控制	控制
时间效应	控制	控制	控制
R^2	0.3117	0.3207	0.3318
样本数	835	835	835

注：***、** 分别表示在1%、5%的水平上显著；括号中为稳健标准误差。
资料来源：利用 Stata 软件计算整理。

第三节 金融科技影响银行流动性创造的异质性分析

一、金融科技异质性影响的理论分析与研究假设

不少研究表明，金融科技发展对商业银行的经营绩效、业务结构、风险承担、转型策略都会产生不同程度的影响，并且对不同类型银行的影响可能有显著异质性。总的来说，金融科技会改变现有的银行业务结构，银行通过运用金融科技，也能够主动调整资产负债结构（Navaretti et al., 2018）。但是，由于不同类型银行的业务结构存在较大差异，因此对不同银行而言，金融科技影响货币政策流动性创造效果的情况很可能不同。

一是金融科技影响银行负债业务。郭品和沈悦（2019）指出，在金融科技的影响下，银行成本较低的客户存款占比下降，成本较高的同业存款占比增加，金融科技导致非国有、小规模银行的客户存款流失更快。二是金融科技影响银行资产业务。金融科技会挤占商业银行资产业务，特别是中小微企业的贷款业务（郑志来，2015）。而从现有中国银行业小微企业贷款余额来看，全国

性股份制银行低于大型商业银行、城市商业银行和农村商业银行①，因此金融科技对于不同类型银行资产业务的影响或许存在差异。三是金融科技影响银行表内外业务和同业业务。金融科技的发展对商业银行同业业务等带来新变化（邱晗等，2018），全国性股份制商业银行表外业务和同业业务的占比往往要更高一些，所以受金融科技影响的程度很可能不同。邓向荣和张嘉明（2018）指出宽松的货币政策将增加银行表内流动性创造，减少表外流动性创造；郭晔等（2018）认为宽松的货币政策会降低高参与度银行的同业流动性创造增速，提高低参与度银行的同业流动性创造增速。这意味着，由于金融科技冲击表内外业务和同业业务，可能造成流动性创造的业务基础发生变化，从而改变货币政策影响流动性创造的效果。综上分析，我们提出假说4.3和假说4.4。

假说4.3：受金融科技发展程度不同的影响，金融科技发展程度越高，其在货币政策影响银行流动性创造过程中的调节作用越强。

假说4.4：货币政策影响银行流动性创造的过程中，对于不同类型商业银行，金融科技的调节作用存在异质性特征。

二、金融科技影响银行流动性创造的异质性检验

为检验金融科技对不同类型银行产生的异质性影响，我们建立以下面板回归模型进行实证分析，模型中的各变量含义与本章第二节保持一致。

$$LCA_{it} = \alpha + \beta_1 RESERVE_{it} + \beta_2 NIM_{it} + \beta_3 ROA_{it} + \beta_4 CAR_{it} + \beta_5 ASSET_{it} + \beta_6 GDP_{it} + \varepsilon_{it} \tag{4.3}$$

不同地区商业银行面临的金融科技发展环境存在较大差异，很可能对金融科技的调节作用产生影响。因此，在上述分析的基础上，我们进一步按照金融科技发展程度对样本进行分类，检验金融科技发展程度的高低是否导致异质性影响。

按照北京大学数字普惠金融指数，将高于金融科技发展水平均值的样本，作为高金融科技发展程度样本；将低于金融科技发展水平均值的样本，作为低金融科技发展程度样本。采用个体年份双固定效应模型进行相应估计，主要回

---

① 根据中国银行保险监督管理委员会公布的数据：2018年底，大型商业银行、股份制商业银行、城市商业银行和农村商业银行的小微企业贷款余额分别为7.1万亿元、4.57万亿元、6.26万亿元和6.96万亿元。

归结果如表4-7所示。根据列（1）显示，$FINTECH \times RESERVE$ 的系数不显著，意味着金融科技发展程度较低时，金融科技不会改变货币政策的影响效果。根据表4-7列（2）显示，$FINTECH \times RESERVE$ 的系数显著为正，意味着金融科技发展程度较高时，金融科技的发展将削弱货币政策影响银行流动性创造的能力。上述结果表明，金融科技发展需要达到一定程度以后，才会对商业银行的资产负债业务结构产生显著影响，进而改变其流动性创造能力，是循序渐进的过程。未来随着金融科技发展水平的不断提升，金融科技的调节效果很可能会进一步显现。

表4-7　　　　　金融科技发展程度的异质性影响分析

变量	（1）低金融科技发展程度	（2）高金融科技发展程度
$RESERVE$	-0.5641*** (0.0986)	-0.5612** (0.2897)
$FINTECH \times RESERVE$	-0.0001 (0.0003)	0.0003** (0.00013)
$FINTECH$	0.0027 (0.0061)	-0.0046** (0.0019)
个体效应	控制	控制
时间效应	控制	控制
R^2	0.3082	0.2406
样本数	393	442

注：***、**分别表示在1%、5%的水平上显著；括号中为稳健标准误差。

考虑到不同类型银行的资产负债业务结构存在较大差异，我们继续分析金融科技调节货币政策效果时的银行异质性情况，相关结果如表4-8所示。列（1）和列（3）显示，$FINTECH \times RESERVE$ 的系数显著为正，意味着对于国有大型商业银行、城市商业银行和农村商业银行，金融科技的调节作用与总样本情况保持一致，即金融科技发展水平提高时，货币政策对银行流动性创造的影响能力出现下降。表4-8列（2）显示，$FINTECH \times RESERVE$ 的系数不显著，意味着对于全国性股份制商业银行，当货币政策影响其流动性创造时，金融科技未产生明显的调节作用。

表 4-8　　　　　　　　银行类型的异质性影响分析

变量	（1） 国有大型银行	（2） 全国性股份制银行	（3） 城商行和农商行
RESERVE	-0.9279* (0.4298)	-0.2898 (0.1847)	-0.1508*** (0.0382)
FINTECH×RESERVE	0.0028* (0.0012)	0.0009 (0.0006)	0.0004*** (0.0001)
FINTECH	-0.0423* (0.0213)	-0.0141 (0.0105)	-0.0052*** (0.0018)
控制变量	控制	控制	控制
个体效应	控制	控制	控制
时间效应	控制	控制	控制
R^2	0.8195	0.6966	0.3286
样本数	35	65	735

注：***、*分别表示在1%、10%的水平上显著；括号中为稳健标准误差。
资料来源：利用 Stata 软件计算整理。

金融科技对不同类型银行造成异质性效果，我们认为可能的原因包括两方面：一是从资产端看，全国性股份制商业银行的"半流动性资产/非流动性资产"的平均值为0.52①，而国有大型商业银行平均值为0.3，城市商业银行和农村商业银行平均值为0.44。也就是说，全国性股份制商业银行的半流动性资产占比相对较高，业务结构调整的空间缩小，因此金融科技对其影响效果有限，从而金融科技的调节作用不明显。二是从负债端看，全国性股份制商业银行的"活期存款/半流动负债"的平均值为0.26，而国有大型商业银行平均值为0.38，城市商业银行和农村商业银行平均值为0.3。也就是说，全国性股份制商业银行的活期存款占比相对较低，因此金融科技带来的活期存款转移效应减弱，从而使金融科技的调节作用不明显。综合资产端和负债端的影响，由于全国性股份制商业银行的资产负债业务结构差异，造成金融科技调节货币政策影响效果的作用不显著。

---

① 相关数据来源于本节的样本统计。

三、结论与政策建议

本章以 165 家商业银行为样本，研究了 2011～2018 年货币政策影响商业银行流动性创造的效果，并且着重分析金融科技可能发挥的调节作用，以及不同类型银行的异质性问题。主要结论如下：（1）货币政策紧缩时，商业银行流动性创造能力下降；（2）金融科技发展水平提高时，货币政策影响银行流动性创造的效果将被削弱，但是该调节作用需要金融科技发展达到一定程度后才能显现；（3）由于各类银行自身资产负债结构的差异，金融科技对不同类型银行的调节效应不同。对于全国性股份制商业银行，金融科技的发展没有显著改变货币政策的影响效果；对于国有大型银行、城市商业银行和农村商业银行，金融科技的发展将削弱货币政策的影响效果。基于上述结论，本章提出以下建议。

第一，随着金融科技的不断发展，中央银行通过货币政策调控商业银行流动性创造时，要充分考虑金融科技可能产生的影响。监管部门要持续关注金融科技对银行资产负债业务带来的结构调整效应，将其与其他银行微观特征相结合，更加准确判断货币政策的实际调控效果，从而提高货币政策执行的精准度。

第二，深入把握金融科技的差异化调节作用，并考虑在宏观审慎政策中予以体现。中国的货币政策和宏观审慎政策"双支柱"调控框架正在逐步完善，金融科技的作用可能较为深远，从风险管理的角度，应该纳入审慎监管体系。各类型银行面临的金融科技环境存在一定差异，同时又受到自身业务特征的显著影响，因此在监管方面可以进行分类处理，既保证对金融科技发展的整体性监管，也保证对不同类型银行的针对性要求。

第三，注意商业银行深度运用金融科技以后，可能导致的新局面。随着金融科技的不断发展，商业银行也加快融入金融科技领域，其金融科技的应用水平将逐步提高，未来的影响机制或许发生改变，需要结合银行的业务发展情况进行动态监控。

第五章

金融科技与银行小微企业信贷配置*

小微企业在中国经济发展中发挥着重要作用,是保持国民经济平稳较快发展的重要基础,小微企业融资问题一直是党中央和国务院高度关心的问题。从国内外的实践情况来看,商业银行信贷供给依然是小微企业最主要的外部融资渠道(Berger et al., 2014;李华民和吴非,2017)。因此,在货币政策信用传导机制中,商业银行对小微企业的信贷资源配置成为其中的重要研究话题,影响着货币政策执行效果。

由于信息透明度较差、财务管理不够规范以及缺乏抵押品等原因,小微企业发展往往面临融资约束。围绕着如何提高对小微企业的信贷支持,各界都展开过大量研究,但小微企业信贷供给依然存在诸多问题。近几年,金融科技的快速发展获得广泛关注,被认为是提高小微企业信贷供给的重要驱动力。值得注意的是,金融科技对小微企业信贷供给的作用是否会被夸大,是长期动力还是短期热炒?深刻理解金融科技在小微企业信贷领域的影响效果以及背后的作用机制,是保障金融科技服务小微企业信贷的基础。

第一节 金融科技影响小微企业信贷的机制与模式

正如本书第一章所述,金融科技的内涵,主要包括三个方面:一是新的科

---

* 本章核心内容来自盛天翔、范从来:《金融科技与小微企业信贷供给述评:机制、实践与问题》,载《现代经济探讨》2020 年第 6 期;盛天翔、范从来:《金融科技、最优银行业市场结构与小微企业信贷供给》,载《金融研究》2020 第 6 期;Sheng T., The effect of fintech on banks' credit provision to SMEs: Evidence from China, *Finance Research Letters*, 2020, https://doi.org/10.1016/j.frl.2020.101558。

技手段，二是新的业务模式，三是新的金融中介服务机构。本节将基于上述内涵，以金融科技统一归纳已有的研究观点①，从以下两个方面梳理相关的重要文献：金融科技影响小微企业信贷供给的理论机制；金融科技的中介服务模式实践与小微企业信贷供给。希望能够把握金融科技与小微企业信贷供给之间的关系，为后续研究奠定基础。

一、金融科技影响小微企业信贷供给的理论机制

（一）基于效率提升的金融资源配置机制

金融资源配置属于金融体系的核心功能之一，但是为小微企业提供信贷资源时的效率问题，一直困扰着传统金融机构。不少研究表明，金融科技在促进信贷资源配置效率时，能够发挥重要作用，从产生影响的理论机制来看，可以概括为两个方面。

第一，更有效地识别和满足小微企业信贷配置需求。王馨（2015）提出，小微企业是资金需求的长尾群体，数量庞大且资信程度参差不齐，需求的动态质量范围较广，而金融科技的过滤能力将有助于甄别长尾市场需求信息。王达（2018）认为，在技术进步的背景下，金融科技公司和针对长尾客户的新兴金融业态，更容易向长尾市场客户提供完善的金融服务。金融科技通过对信息流的整合，对云数据的处理，帮助人们更清晰地看到抽样所无法描述的细节信息，可以进一步优化金融资源配置的功能（吴晓求，2014）。

第二，更有效地控制小微企业信贷配置过程中的成本。贡贝尔等（Gomber et al.，2018）强调，金融科技的主要贡献之一就是通过大数据创造新产品和服务，提高与客户的关联度，降低获取客户的成本。金融科技主要通过外部经济、规模经济和范围经济作用于需求市场，提升客户效用，并且降低平均成本，在一定程度上改变了信贷供求曲线的位置，最终促进金融资源的合理配置（王馨，2015）。

综合而言，金融科技带动的资源配置效率是其存在的基础，使得供需双方

---

① 已有文献中还有"互联网金融""数字金融"等名词，李文红和蒋则沈（2017）、李扬等（2017）认为互联网金融的概念可能会逐步融入金融科技的概念体系；黄益平和黄卓（2018）则认为，数字金融、互联网金融和金融科技基本相似。

均有透明、公平的机会，推动社会福利最大化，更容易解决小微企业融资问题（谢平和邹传伟，2012）。

（二）基于缓解信息不对称的风险管理机制

信息不对称带来的风险管理问题，是小微企业信贷供给过程中的另一核心问题。各种金融科技的创新，实质就是探索运用技术手段缓解信息不对称（李继尊，2015）。基于缓解信息不对称的理论基础，金融科技对小微企业信贷风险管理的影响机制可以分为三个方面。

第一，从信息获取角度。金融科技能够帮助贷款机构提高信息的可获得性和准确性，增加更多的信息渠道来源，减轻贷款机构和小微企业借贷中的信息摩擦（赵岳和谭之博，2012；Sanchez，2012；Athreya et al.，2012；Sedunov，2017）。谢平和邹传伟（2012）认为，通过社交网络生成和传播信息、借助搜索引擎对信息的查找、采用云计算保障存储和计算能力，金融科技能够获取传统方式无法取得的客户信息。

第二，从信息共享角度。当贷款机构仅凭借款人的第一手资料无法有效地筛选和监测时，就会出现信息共享（Pagano & Jappelli，1993）。萨瑟尔等（Sutherl et al.，2018）指出，金融科技的进步导致信贷市场信息共享范围扩大，从其他贷款机构那里获得丰富的信息集可以降低筛选和监控成本，信息共享还可以约束借款人的行为，降低贷款风险。征信体系是信息共享的一种重要方式。杨东（2015）认为大数据和征信体系是金融科技应用的基础和优势，应当把线上和线下数据、数据挖掘技术可分析的信息以及客户信用评估等信息，都一并纳入征信体系内。区块链的运用能够帮助实现组织数据共享，保证征信的可信度和系统安全性，并降低取信成本（范忠宝等，2018）。

第三，从信息处理角度。金融科技能够帮助贷款机构提高处理风险信息的能力，降低处理成本（DeYoung et al.，2011；Livshits et al.，2016）。谢绚丽等（2018）针对已有文献，概括性指出，基于大数据分析，构建小微企业信用评估模型，有助于降低风险评估成本。张荣刚和徐京平（2018）指出，众筹主要通过规模、结构和技术三个维度的反锁定，促进小微企业融资，并且进一步提出，通过增大企业违约成本、降低信息成本等方式来强化反锁定效应。另外，大量研究侧重于分析金融科技在贷款发放前期阶段的作用，而德罗兹德和塞拉诺帕迪亚（Drozd & Serrano–Padial，2017）第一次关注了金融科技在不良贷款催收阶段的重要作用，认为能够进一步促进贷款的前期发放。尽管他们的分析以信用卡为例，但是其研究结论对于金融科技在小微企业贷款的运用具有较好的借鉴意义。

总的来说，围绕着小微企业相关信息的收集和处理，金融科技在风险管理领域的功能和作用越来越强大。吴晓求（2015）将基于云数据大计算，侧重于交易行为轨迹分析的信用理论称为新信用理论，认为其是金融科技发展的重要理论基石。

（三）基于软硬信息融合应用的贷款技术改进机制

从传导机制看，金融科技在提升小微企业信贷资源配置效率、增强风险管理能力的时候，往往是以贷款技术作为推动载体，因此金融科技如何影响贷款技术，也得到学者们的广泛关注。一般而言，小微企业贷款技术主要分为交易型贷款和关系型贷款（Berger & Udell，2006）。交易型贷款主要基于企业可定量测量的"硬"信息，关系型贷款主要基于企业不可定量测量的"软"信息。金融科技对小微企业贷款技术的影响机制主要分为三个方面。

第一，促进软硬信息转化，推动交易型贷款。金融科技能够使得软信息转化为硬信息，取消了人工的数据收集或实时决策过程，更易于传递信息，提高处理速度，降低成本，增强交易型贷款的扩散和持续改进（Cenni et al.，2015；Liberti & Petersen，2018）。赵岳和谭之博（2012）、吴俊英（2014）以阿里小贷公司为例，指出电子商务的交易数据、网络云计算和信贷模型的使用，可以帮助解决小微企业信贷中的存在问题。

第二，促进软信息的获取，更好地发挥关系型贷款作用。曹廷贵等（2015）指出，商业银行应采用金融科技充分发掘软信息，降低软信息成本，拓展传统的信用评估模型。莫切蒂等（Mocetti et al.，2017）以意大利的300家银行为研究对象，指出金融科技能够帮助银行在小微企业贷款中更好地获取软信息，如果一家银行在金融科技方面进行大量投资，它会将更多权力委托给当地分行经理。在获得额外的权力后，当地分行经理会增加在获取软信息方面的投入（Liberti，2018）。雅克西和马林克（Jaksic & Marinc，2015）认为，尽管金融科技驱动了成本节约，但是不会削弱关系型贷款的作用，反而会增加对软信息的获取，建立在与客户长期和信息化密切合作基础上的关系型贷款依然很重要。金融科技公司的软信息运用则更加多样化。例如，关于产品需求的信息是判断小微企业未来能否成功的重要价值信号，互联网众筹可以利用群体的智慧来筹集资金，从而有效地将企业融资与难以交易的产品销售捆绑在一起（Agrawal et al.，2014；Jaksic，2017）。

第三，促进贷款技术融合，缓解激励约束问题。金融科技的发展，使得交易型贷款和关系型贷款很难进行简单划分，交易型贷款要考虑到软信息，关系型贷款也要借助技术手段使用可量化的信息（Jaksic & Marinc，2019）。金融科技能够降低信贷员与银行分行行长之间的沟通成本，有助于改善信贷质量评估（Qian et al.，2015）。值得注意的是，在信贷审批中，信贷人员可能会操纵软信息和覆盖硬信息来达到他们自己的目标（Agarwal & Ben-David，2018），对贷款获批的薪酬激励会使得信贷员扭曲和夸大信用评级评估（Cole et al.，2015），而金融科技的发展可以将信贷委员会的激励与银行目标更好地结合起来，解决上述问题（Paravisini & Schoar，2015）。

综上所述，硬信息和软信息是互补的，都能反映小微企业的风险状况，关系型贷款和交易型贷款可以相辅相成（Bartoli et al.，2013）。金融科技的发展进一步促进了两类贷款技术的融合应用，并且有助于解决贷款评估过程中的激励约束问题，推动贷款机构的小微企业贷款技术改进。

二、金融科技的中介服务模式实践与小微企业信贷供给

在讨论金融科技影响小微企业信贷供给的理论基础时，主要是基于金融科技带来的新技术手段，根据金融科技的内涵，金融科技还包括新业务模式以及新金融服务提供机构。因此，本节将进一步总结金融科技中不同中介服务模式对小微企业信贷供给的影响。从业务实践来看，金融科技的中介服务模式，可以分为三类：第一类是金融科技公司，主要包括 P2P（Peer to Peer）网贷机构、互联网众筹和网络小额贷款机构；第二类是运用金融科技手段的银行业金融机构，主要包括传统银行和互联网银行；第三类是不同机构联合模式，即银行业金融机构与金融科技公司联合。

（一）金融科技公司与小微企业信贷供给

2008 年以后，发达国家和发展中国家都进入了金融科技的新时代。受金融危机影响，传统金融机构的监管环境变得更加严格，信贷投放变得更加谨

慎，小微企业的信贷需求更加难以得到有效满足，金融科技公司的迅速发展很大程度上是对这种环境的反应。迪洛伦佐（Di Lorenzo, 2018）指出，金融科技公司的贷款，有时被称为在线市场贷款，是指通过数字平台进行的贷款，这些平台通常收集非传统数据源，并将其作为贷款决策基础，有助于扩大对小微企业的信贷供给范围，提高贷款便利性和贷款审批速度。不少学者（谢平和邹传伟，2012；徐细雄和林丁健，2014；Chen et al., 2017; Fuster et al., 2018; Lu, 2018）的研究结论与上述结果基本相似，认为金融科技公司的贷款一定程度上填补了小微企业融资缺口。

受数据可得性、实践发展情况等因素影响，围绕着P2P网贷的相关成果最为丰富。一些学者（Morse, 2015；廖理和张伟强，2017；黄益平和黄卓，2018）对这方面的重要文献进行过较为详细的综述，本节不再进行详细回顾。需要注意的是，P2P网贷的设计初衷是让借款人和出借人在没有银行作为中间人的情况下进行交易，是一种去中介化的过程，但是随着时间的推移，很多P2P贷款机构已经从交易场所演变为新的信贷中介机构，从而形成了再中介（Morse, 2015; Balyuk & Davydenko, 2018）。从中国市场来看，很多P2P网贷机构实质上承担着类似于银行的中介职能，直接对出借人的资金进行归集和管理。随着《网络借贷信息中介机构业务活动管理暂行办法》出台，2017年以来，一些P2P贷款已经转变为小额的现金贷。

在互联网众筹方面，大多数关于债权型众筹的研究，聚焦于是否成功获得贷款以及贷款利率定价（Kavuri & Milne, 2018）。莫利克（Mollick, 2014）认为，众筹可以帮助创业企业提高信贷可得性，降低融资成本。网络小额贷款方面的研究成果相对较少，博林杰和姚（Bollinger & Yao, 2018）在研究网络小额贷款平台的运营模式时，提出一种完全减轻利率风险转移的替代回报机制，消除了贷款人由于风险转移问题而提高利率的动机。

（二）银行业金融机构与小微企业信贷供给

从国内外的实践情况来看，银行业金融机构的信贷供给依然是小微企业最主要的外部融资渠道。金融科技的出现为商业银行提供了新的技术手段，催生新的业务模式，也给银行小微企业信贷供给的理论研究带来新启示。

一是金融科技对"银行贷款技术优势之争"的回应。银行业金融机构的小微企业贷款技术主要分为交易型贷款和关系型贷款，而随着实践的发展，对于何种贷款技术更有效,产生了不小的分歧,即"贷款技术优势之争"。这其中很重要的原因,很可能是贷款技术的内容发生了变化(Berger et al.,2014)。正如前文所述,金融科技的进步是贷款技术升级的主要因素,对硬信息与软信息划分的相对性和转换可能性有了突破(黄宪和曾冉,2013),推动交易型贷款和关系型贷款技术的发展与融合,回答了上述争论。银行业金融机构将会更加综合运用两类贷款技术,支持小微企业融资需求。

二是金融科技对"银行规模优势之争"的回应。在贷款技术的基础上,银行小微企业信贷供给常常表现为银行业市场结构造成的影响,大部分学者认为中小型银行在提供小微企业信贷方面存在优势,少部分学者认为大型银行存在优势,即"银行规模优势之争"。金融科技推动软硬信息融合应用的贷款技术时,也为该争论提供了一些新的观点和证据。一些学者认为,对大型银行的小微企业信贷而言,金融科技带来的机遇更大。从银行业实践情况看,大型银行有时接受创新更快(Berger,2003),金融科技的发展将提高大型银行的品牌优势(Wright,2002)。菲利普等(Filip et al.,2017)认为,小的地区银行接受和运用金融科技比大型银行更慢,同时进一步指出,随着银行技术的更新和资源掌握的改变,在传统的小微企业贷款领域中,小型银行很可能会被大型银行超越。金融科技降低了远距离获取信息的成本,大型银行可以将贷款决策权下放,从而模仿小型银行的组织结构,以便更有效地收集软信息(Liberti,2018)。

(三) 不同机构联合模式与小微企业信贷供给

银行业金融机构与金融科技公司之间除了竞争关系外,正逐步出现更多的联合模式。例如,2017年"工农中建"四大国有银行纷纷与百度、阿里、腾讯、京东等科技巨头开展合作。一些学者注意到银行与金融科技公司之间的合作,在具体模式上大致可以分为两种。

一种是银行业金融机构借助金融科技公司的技术,为小微企业提供贷款。纳瓦雷蒂等(Navaretti et al.,2018)认为,传统银行可以收购初创的金融科技公司,从而获取和学习新技术,扩大向客户提供的服务,并限制他们的竞争压力。范洛(Van Loo,2018)也指出,各大银行都在收购金融科技初创企业,建立战略合作伙伴关系。2018年南京银行与金融科技公司乐信签署战略合作,主要就是借助乐信的智慧金融技术平台获得合适的小微企业客户群。

另一种是银行业金融机构为金融科技公司提供信贷资金，再由金融科技公司为小微企业提供贷款。巴赛尔银行监管委员会（BCBS，2017）指出，很多P2P网贷平台已经更多地依赖机构投资者（包括银行）提供的资金。贾蒂亚尼和勒米厄（Jagtiani & Lemieux，2016）发现，金融科技公司经常与银行合作，从而为通过在线平台发放的贷款提供资金；当银行没有合适的信贷产品时，也可以将客户推荐给金融科技公司。帕帕尼古拉乌（Papanikolaou，2018）认为，传统银行现在经常为金融科技公司的平台发放贷款，成为这些公司最亲密的盟友之一，并对两者之间的协同效应和对抗问题进行了详细分析。

三、评述与展望

综合国内外已有文献，围绕金融科技与小微企业信贷供给，学者们已经开展不少相关研究。从提升金融资源配置效率、增强风险管理能力和改进贷款技术等角度，金融科技推动小微企业信贷供给是具备理论基础的。在金融科技的中介服务模式方面，金融科技公司模式、银行业金融机构模式以及不同机构联合模式，都已经进行大量的实践应用，并且均占据相应的市场地位，各自的运营模式、影响因素以及作用机制等问题得到学者们的关注。整体而言，现有文献已经取得不少成果，但是依然还存在很多问题值得进一步探讨。

一是在基础理论机制方面，争议性问题需要进一步验证。金融科技运用的时间相对较短，经历的经济周期也尚不完整，目前的研究成果中，主要以规范性分析和理论性分析为主，实证性分析相对偏少，特别是对小微企业信贷供给影响的长期效果缺乏足够检验。金融科技在缓解信息不对称过程中的诸多细节问题，将直接影响其在风险管理方面的能力，并且在面临经济衰退时，是否可以发挥原有的作用，证据也尚不充分。在此基础上，金融科技是否会带来新一轮歧视性问题，是否会有偏差地剔除客户，以及凭借不透明的数据和统计模型，侵犯小微企业的利益，提高其融资成本等，也都需要进行深度研究。

二是在金融科技中介服务模式方面，需要加强系统性研究。目前关于不同金融科技中介服务模式的影响，主要散落在各类模式研究中，缺乏一个整体性的研究范式，从而分析各个模式之间的协同发展问题。另外，各类模式之间充分竞争以后，是否会出现某一主导性模式，抑或各类模式均能保持增长，需要进一步讨论。受数据可得性和计量方式等的约束，针对金融科技公司的已有研究相对较多，而针对其他两类服务模式的研究相对较少。除了构建包含金融科技的理论模型以外，如何更准确地度量这两类模式中金融科技的发展情况，并进行实证检验，也是其中的关键问题。

三是需要加强中国情景的相关研究，并构建相应的数据基础。金融科技虽然发源于国外发达国家，但是在中国的发展更加迅速，并且中国以间接融资为主体，与国外情况的异同问题需要进行更多理论研究，目前相关文献较为缺乏。同时，国外学者拥有大量的宏微观数据库，而国内学者在研究小微企业信贷时，往往使用中国工业企业数据、某些区域的问卷调查数据或者商业银行内部数据等，在数据的全面性以及质量上存在着不足，对金融科技的覆盖也较为缺乏。未来需要进一步加强对相关数据库的建设，选择合适的实证方法，从而为中国市场的研究奠定基础，提高决策支持的效用性。

第二节 金融科技、最优银行业结构与小微企业信贷供给

一、金融科技影响银行小微企业的分析范式与创新

如何提高商业银行对小微企业的支持力度，政界、学界和业界为此展开大量研究，形成了一系列洞见深刻的研究成果。但是，银行小微企业信贷供给问题似乎始终没有能够得到根本性解决。近几年，金融科技（Fintech）获得各界的高度关注，其同时具备的传统金融特征和互联网科技特征，正在深刻地影响着金融领域。

金融科技在银行小微企业信贷领域的综合技术运用主要包括互联网信息技术、大数据、区块链和人工智能等技术。从金融业实践情况来看，在驱动商业银行小微企业信贷供给方面，金融科技被寄予厚望[①]。但从学术角度出发，以下问题仍有待深入研究。金融科技究竟会对银行小微企业信贷供给产生何种作

---

① 毕马威中国发布的《中国银行业转型20大痛点问题与金融科技解决方案》中提出，中小企业信贷的传统风控手段乏力，金融科技可以有效解决该情况。中央财经大学民泰金融研究所的《商业银行小微金融经理人调查报告（2017）》指出，金融科技对商业银行的影响显著，对开发小微金融产品、风险管理等方面均起到了促进作用。

用？特别是其对现有的小微企业信贷理论影响如何？

要分析金融科技对银行小微企业信贷供给的影响，可以基于已有小微企业信贷理论的范式展开。围绕着银行小微企业信贷供给，一般研究范式主要有两大视角：一是贷款技术，侧重于不同类型贷款技术带来的影响；二是银行业市场结构，侧重于不同竞争环境带来的影响。金融科技的逐步运用，很可能会对两大研究视角的具体内容产生重要影响。一方面，金融科技的发展可能会影响银行信息收集和处理的方式，推动贷款技术的变化；另一方面，中国银行业的市场结构已经发生显著变化[①]，银行业竞争环境的改变可以为小微企业信贷供给带来新的局面。而与此同时，金融科技的发展是否会影响银行业市场结构，进而可能对小微企业信贷供给产生联动作用，也需要进一步研究。

基于上述考虑，本节将贷款技术区分为传统方式贷款和金融科技方式贷款，构建考虑银行业市场结构的理论模型，分析金融科技、银行业市场结构和银行小微企业信贷供给的关系。在此基础上，手工收集百度搜索指数数据，建立与银行小微企业信贷业务相关的各省金融科技发展水平指数，并利用2011~2018年省级面板数据对理论假说进行相应的实证检验。最终结果表明：从整个银行体系来看，金融科技改变了贷款技术，能够促进银行小微企业信贷供给；无论是否考虑金融科技，银行业市场结构与小微企业信贷供给之间都呈现倒"U"型关系，即存在最优银行业市场结构，可推动银行小微企业信贷供给最大化；而金融科技发展水平将调节银行业最优市场结构，即金融科技发展水平越高，促进小微企业信贷供给的最优银行业竞争程度越高。经过更换计量检验模型、对核心解释变量使用替代变量以及缓解内生性问题等稳健性检验以后，上述研究结论依然保持稳定。

与已有文献相比，本节可能的创新和贡献主要有三个方面：第一，关于金融科技推动银行小微企业信贷供给的研究，目前比较集中于理论性分析和规范性分析，并且金融科技的衡量问题也是难点之一。本节借助百度搜索指数，专门针对银行小微企业信贷业务，建立与其关联性更强的金融科技发展水平指数，实证检验金融科技对银行小微企业信贷供给的影响效果，为分析中国的现实情况补充经验证据。第二，现有研究鲜有将贷款技术和银行业市场结构两大

---

① 截至2018年末，大型商业银行总资产占银行业金融机构总资产的35.5%，较2010年下降13.2个百分点。资料来源：中国银行保险监督管理委员会。

视角进行融合,更未考虑金融科技推动贷款技术变化造成的影响与银行业市场结构变动造成的影响是否存在着关联效应。本节将金融科技与银行业市场结构相结合,研究金融科技对最优银行业市场结构的影响,丰富银行小微企业信贷供给的相关理论,为金融科技与银行业市场结构的配合提供理论参考和经验支持。第三,以往关于银行业市场结构造成的影响,主要以小微企业个体层面的数据进行检验。本节借助省级面板的数据,对整个银行业体系的小微企业信贷供给进行分析,与基于微观层面数据的现有研究形成互补,也更有助于细致分析银行业市场结构的影响,提高决策支持的效用性。

二、金融科技、银行业市场结构影响小微企业信贷供给的述评

(一) 金融科技对银行小微企业信贷供给的影响

不少学者关注了金融科技对金融机构小微企业信贷供给的影响,认为其产生了积极的作用。虽然部分研究并非仅针对商业银行,但是也能够具备较好的借鉴意义。整体而言,相应的基础理论主要可以概括为两个方面。一是金融科技帮助识别小微企业信贷需求,控制信贷供给过程中的成本。二是金融科技有助于缓解信息不对称,提高风险管理能力。金融科技在影响银行小微企业信贷供给时,往往以贷款技术作为推动载体。一些学者指出,金融科技的发展进一步促进了两类贷款技术的融合应用,与传统的两类贷款技术存在明显不同。然而随着研究的不断深入,部分学者提出了其他不同观点,认为金融科技在影响银行小微企业信贷供给的具体实施过程中,依然面临着一些问题。上述的相关文献在上一节已经进行过详细总结,因此我们不再赘述。

从银行业实践来看,我们在内部调研中发现,某银行从 2012 年开始金融科技的相关建设,并与多方单位建立良好的合作关系,获取大量内外部数据。2015 年信贷新产品正式上线后发展迅速,但是 2017 年开始明显控制了业务量,主要原因还是风险管理的问题。因此,金融科技对银行小微企业信贷供给的最终影响效果还需要更多实证数据来检验。

(二) 银行业市场结构对小微企业信贷供给的影响

关于银行业市场结构与小微企业信贷供给的关系,学者们展开过大量研

究，围绕着银行业竞争问题，已经形成不同观点。第一类是信息假说，认为信贷市场越垄断，小微企业越容易获得贷款。当信贷市场处于垄断状态时，银行发现挖掘小微企业的潜力是有价值的，并且可以通过设计灵活的贷款条约获取高额利润，而市场中众多的竞争者会降低银行挖掘小微企业潜力的动机（Dell'Ariccia & Marquez，2004；Zarutskie，2006）。第二类是市场力量假说，认为信贷市场的竞争程度越高则小微企业更容易获得贷款。竞争性的压力会促使银行更加重视贷款项目的选择，对申请者的分析也会更加深入，有助于小微企业获得贷款。很多学者的研究支持了这一假说（边文龙等，2017；Ryan et al.，2014）。第三类观点认为银行业竞争与小微企业信贷之间没有明确关系，或者呈现"U"型、倒"U"型关系。这类观点一般考虑两者的非线性关系，其理论基础主要是上述两类观点之间的平衡问题（张晓玫和潘玲，2013；刘晓光和苟琴，2016；Chong et al.，2013）。

另一些学者在研究银行业市场结构时，主要侧重于不同规模银行带来的影响。该类研究一般认为大型银行难以有效甄别小微企业的软信息，而中小型银行在软信息的获取、识别和处理方面具备优势，更能缓解小微企业的融资约束（林毅夫和李永军，2001；刘畅等，2017）。因此，上述研究认为改善银行业市场结构，主要是发展中小型银行，其理论基础是不同规模银行擅长的小微企业贷款技术不同。

（三）金融科技对银行业市场结构的影响

围绕着金融科技与银行业市场结构的变化，学界仅初步形成一些观点。部分研究没有直接针对小微企业信贷，主要认为金融科技可能会提高银行业集中度。例如，冯和塞莱蒂斯（Feng & Serletis，2010）指出，金融科技的发展将驱动银行业产生规模经济和范围经济；马林克（Marinc，2013）总结提出，技术发展可能更有利于交易型银行的发展，从而推动银行业的整合。部分针对小微企业信贷的研究则指出，金融科技推动贷款技术发展，可能导致不同规模银行的贷款技术差异缩小。张一林等（2019）在强调发展中小型银行的同时，认为技术革新（例如大数据、人工智能、区块链技术等）或许能改变银行克服信息不对称的方式，从而改变不同规模银行的比较优势。贷款技术的发展很可能使得原先从贷款技术角度强调中小型银行重要性的立足点发生变化（李华民和吴非，2015，2017；Filip et al.，2017）。如果基于该类文献推测，随着金融科技的发展，或许会有更多大型银行进入小微企业信贷供给市场，从而改变市场竞争格局。总的来说，金融科技究竟如何导致银行业市场结构的新变化，进而对小微企业信贷供给产生何种影响，目前相关研究较为缺乏。

综上所述，现有文献围绕着金融科技与小微企业信贷供给已经取得不少成果，但是依然存在一些问题值得研究。一是目前围绕金融科技对银行小微企业信贷供给影响的研究，主要以理论性分析和规范性分析为主，并且对于金融科技发挥作用的基础也存在争议，因此金融科技实际的影响效果还有待更多数据验证。二是现有文献在分析银行业市场结构对小微企业信贷供给影响时，少有将市场竞争问题与贷款技术两大视角直接联结起来。而随着金融科技的发展，贷款技术出现了明显变化，两者如何共同产生作用，仍需要更多理论机制分析和实证检验。三是在实证数据的运用方面，目前对金融科技的衡量相对宽泛，没有专门围绕小微企业信贷，而关于银行业市场结构的影响，大多数采用基于小微企业个体层面的截面数据检验，银行业市场结构变化的时间跨度相对不够。

三、理论模型与研究假说

基于上一节的文献梳理，结合银行信贷业务实践情况，中国的商业银行为小微企业提供信贷资金时，受到的竞争主要来自银行业之间，同时随着金融科技的不断发展，贷款技术发生改变，其信贷供给行为很可能会发生一定变化。部分学者曾经从理论视角研究过金融业竞争、贷款技术运用与银行信贷业务边界的关系，这为本节的研究提供了一些参考。布特和塔科尔（Boot & Thakor, 2000）构建理论模型（以下简称"BT模型"），考虑资本市场、银行交易型贷款和关系型贷款之间的竞争对信贷供给的影响；黄宪等（2016）提出，银行贷款几乎是中国小微企业唯一的外部融资渠道，在BT模型的基础上，将银行竞争主体区分为大中型银行和小型银行，着重讨论银行业竞争对这两类银行交易型贷款和关系型贷款的影响。因此，为深入研究金融科技、银行业市场结构对商业银行小微企业信贷供给行为的影响机制，本节借鉴布特和塔科尔（2000）、黄宪等（2016）的模型设置思路，重新进行修改，并在此基础上提出理论假说。

(一) 主体和市场结构环境设定

1. 商业银行主体

假设每家银行可以采用两种贷款技术提供小微企业贷款,一种是基于传统方式(包括传统的交易型贷款和关系型贷款,以下简称"传统方式贷款");另一种是基于金融科技方式(以下简称"金融科技方式贷款"),并假设 γ 为银行的金融科技运用能力,$\gamma \in (0,1)$,银行金融科技运用能力服从标准均匀分布,其概率密度函数为 $f(\gamma)$。

2. 小微企业借款者主体

假定借款企业需要一笔 1 元的贷款来为项目进行融资,如果企业通过传统方式贷款获得资金,则项目报酬 R 为:

$$R = \begin{cases} Y, & \theta \\ 0, & 1-\theta \end{cases}, \theta \in (0,1) \tag{5.1}$$

其中,θ 表示借款者的信用状况,假设在传统方式贷款的情况下,小微企业的信用状况越高,其获取贷款的概率也越高,因此可以直接用 θ 表示获得贷款的概率。

如果借款者通过金融科技方式贷款,则项目报酬 R 为:

$$R = \begin{cases} Y, & \theta + \nu(1-\theta) \\ 0, & (1-\theta)(1-\nu) \end{cases}, \nu \in (0,1) \tag{5.2}$$

其中,ν 反映银行采用金融科技方式贷款对借款者获得贷款概率的影响。对于 $R=0$,其概率调整为 $(1-\theta)(1-\nu)$;对于 $R=Y$,其概率调整为 $1-(1-\theta)(1-\nu) = \theta + \nu(1-\theta)$[①]。另外,$\nu$ 的值与银行金融科技运用能力 γ 相关,进一步假设 $\nu = \nu_L + \gamma(\nu_H - \nu_L)$,$\nu_H > \nu_L$[②],即金融科技运用能力越强,对借款者贷款获得概率的提升作用越大。

3. 银行业市场结构环境

除了金融科技的影响以外,本节还同时考虑银行业市场结构的影响,因此

---

① 一些学者(赵岳和谭之博,2012;Athreya et al.,2012;Sedunov,2017)指出,金融科技更加有助于传统方式贷款认为的信用状况不达标的小微企业获取贷款,式(5.2)中 $\nu(1-\theta)$ 也意味着借款者信用状况较好时,金融科技对其贷款获得概率的提升作用相对较小,与上述研究类似,说明我们假设的合理性具备一定基础。

② ν_H 代表银行采用金融科技方式贷款时,对借款者获得贷款概率影响的最高值;ν_L 代表银行采用金融科技方式贷款时,对借款者获得贷款概率影响的最低值。

继续引入银行间的竞争机制。假设总共有 n 家商业银行,银行间的竞争主要从以下两个方面展开:第一,银行的数量将影响单家银行和借款者发生贷款交易的概率;第二,已经获得一家银行贷款的借款者,同时还可以从其他银行获得贷款,将影响单家银行的贷款收益。

(二) 商业银行信贷决策分析

1. 假设商业银行没有面临竞争环境

如果借款者获得的是传统方式贷款,必须支付给银行的费用为 $TR(\theta)$(即银行传统方式贷款的收益①),那么,获得传统方式贷款的借款者的预期收益 RT 为:

$$RT = \theta Y - TR(\theta) \tag{5.3}$$

如果借款者获得的是金融科技方式贷款,必须支付给银行的费用为 $FR(\theta, \gamma)$(即银行金融科技方式贷款的收益),那么,获得金融科技方式贷款的借款者的预期收益 FT 为:

$$FT = \theta Y + \nu(1-\theta)Y - FR(\theta, \gamma) \tag{5.4}$$

借鉴布特和塔科尔(2000)、黄宪等(2016)的做法,假设借款者知道银行的贷款方式,并且选择相应方式获得贷款,要使得借款者在传统方式贷款和金融科技方式贷款之间的选择无差异,则均衡条件为 $RT = FT$,即:

$$\theta Y - TR(\theta) = \theta Y + \nu(1-\theta)Y - FR(\theta, \gamma) \tag{5.5}$$

从而得到银行的传统方式贷款和金融科技方式贷款收益关系:

$$FR(\theta, \gamma) = TR(\theta) + \nu(1-\theta)Y \tag{5.6}$$

2. 考虑商业银行处于竞争环境的情况

银行业的竞争程度是描述银行业市场结构的一种较为常见的方法(林毅夫和姜烨,2006),因此本节假设银行业的竞争程度为 q,反映银行业市场结构环境。设定 $q = (n-1)/(n+m)$,其中 n 为银行个数,m 为大于 1 的正常数,即随着银行个数 n 的增加,竞争程度越激烈,并且 $q \in (0,1)$。

---

① 基于已有研究和银行实践,金融科技很可能驱动银行成本的降低,提高小微企业贷款获得概率。考虑到模型的简约性,成本变化带来的影响可以融入式(5.2)的假设,不再单独体现。因此,将传统方式贷款和金融科技方式贷款的成本设为相同。为简化处理,假设发放 1 元贷款时,银行的成本为固定值。由于单位成本为固定值,就可以直接将借款者支付给银行的费用全部作为银行收益,银行成本不予以体现,不影响最终分析结果。

在传统方式贷款的情况下,当银行业竞争程度为 q 时,多家银行可能会提供贷款支持。当考虑到竞争程度提高时,小微企业最终选择从某一家银行提取全部贷款的概率会下降,所以设定单家银行获得贷款收益的概率为 $1-q$,同时相应的收益下降为 $(1-q)TR(\theta)$。单家银行最终从传统方式贷款中获得的收益 $\widehat{TR}(\theta,q)$ 为:

$$\widehat{TR}(\theta,q) = \begin{cases} (1-q)TR(\theta), & 1-q \\ 0, & q \end{cases} \tag{5.7}$$

即:

$$\widehat{TR}(\theta,q) = (1-q)^2 TR(\theta) \tag{5.8}$$

那么,整个银行体系从传统方式贷款中获得的收益 $\widehat{TTR}(\theta,q)$ 为:

$$\widehat{TTR}(\theta,q) = n \times \widehat{TR}(\theta,q) = \frac{mq+1}{1-q} \times (1-q)^2 TR(\theta) \tag{5.9}$$

即:

$$\widehat{TTR}(\theta,q) = [-mq^2 + (m-1)q + 1] TR(\theta) \tag{5.10}$$

在金融科技方式贷款的情况下,结合中国的现实情景,商业银行的小微企业信贷环境其实也在不断优化。《中国小微企业金融服务报告(2018)》[①]全面梳理了中国的小微企业金融服务相关情况,除了政策的直接支持以外,该报告专门强调社会信用体系、营商环境、银行业金融机构服务能力以及小微企业自身素质等信贷环境的重要作用,要坚持市场化和商业可持续原则,而这些都是金融科技发挥作用的重要基础。因此,当引入银行业竞争以后,虽然商业银行从金融科技方式贷款中获得的收益也会下降,但是由于金融科技方式能够帮助商业银行提高信贷需求甄别能力和风险管理能力(王馨,2015;Gomber et al.,2018),所以贷款收益受到的影响会小于传统方式贷款。结合 $\nu = \nu_L + \gamma(\nu_H - \nu_L)$,重写式(5.6),得到:

$$FR(\theta,\gamma) = TR(\theta) + \nu_L(1-\theta)Y + \gamma(\nu_H - \nu_L)(1-\theta)Y \tag{5.11}$$

借鉴布特和塔科尔(2000)、黄宪等(2016)的设计思路,在竞争环境下,如果借款者找到第二家银行能够提供贷款,而第一家银行金融科技运用能力为 γ_0,则在概率为 q 时,第一家银行贷款收益 $FR(\theta,\gamma)$ 中 $[TR(\theta) + \nu_L(1-\theta)Y]$ 部分由于竞争而损失,但是第一家银行仍可以保留的收益为:

$$\int_0^{\gamma_0} \gamma_0(\nu_H - \nu_L)(1-\theta)Yf(\gamma)d\gamma - \int_0^{\gamma_0} \gamma(\nu_H - \nu_L)(1-\theta)Yf(\gamma)d\gamma$$
$$= \gamma_0^2(\nu_H - \nu_L)(1-\theta)Y/2 \tag{5.12}$$

[①] 该报告由中国人民银行、中国银行保险监督管理委员会编写,中国金融出版社2019年6月出版。

所以，在银行业竞争环境下，单家银行提供金融科技方式贷款获得的收益 $\widehat{FR}(\theta,\gamma,q)$ 为：

$$\widehat{FR}(\theta,\gamma,q) = \begin{cases} (1-q)FR(\theta,\gamma), & 1-q \\ \gamma^2(\nu_H - \nu_L)(1-\theta)Y/2, & q \end{cases} \quad (5.13)$$

其中，对于 $(1-q)$ 概率部分，整个银行体系收益为 $n \times (1-q)FR(\theta,\gamma) = \dfrac{mq+1}{1-q} \times [(1-q)FR(\theta,\gamma)] = (mq+1)FR(\theta,\gamma)$；而对于 q 概率部分，将每家银行的保留收益加总后，则整个银行体系的保留收益为[①]：$\int_0^{\gamma_0} \gamma_0(\nu_H - \nu_L)(1-\theta)Yf(\gamma)\mathrm{d}\gamma = \gamma_0^2(\nu_H - \nu_L)(1-\theta)Y$。

因此，最终整个银行体系从金融科技方式贷款中获得的收益 $\widehat{TFR}(\theta,\gamma,q)$ 为：

$$\widehat{TFR}(\theta,\gamma,q) = (1-q)(mq+1)FR(\theta,\gamma) + q\gamma^2(\nu_H - \nu_L)(1-\theta)Y \quad (5.14)$$

即：

$$\widehat{TFR}(\theta,\gamma,q) = -mFR(\theta,\gamma)q^2 + [(m-1)FR(\theta,\gamma) + \gamma^2(\nu_H-\nu_L)(1-\theta)Y]q + FR(\theta,\gamma) \quad (5.15)$$

或者将式（5.11）代入式（5.14），结合式（5.10），整理为：

$$\widehat{TFR}(\theta,\gamma,q) = \widehat{TTR}(\theta,q) + [-mq^2 + (m-1)q + 1][\nu_L(1-\theta)Y] + [-mq^2 + (m+\gamma-1)q + 1][\gamma(\nu_H - \nu_L)(1-\theta)Y] \quad (5.16)$$

（三）模型推导结论与研究假说

从理论研究来看，大量研究侧重于关注小微企业信贷可得性问题；从商业银行的小微企业信贷实践来看，也首先聚焦于提高信贷可得性问题。为了重点研究信贷供给数量问题，所以本节进行简化处理，假设上述模型中的小微企业

---

① 考虑如果有 n 家银行，第一家银行的金融科技运用能力为 γ_0，第二家为 γ_1，第 $n-1$ 家为 γ_{n-2}，假设 $\gamma_0 > \gamma_1 > \cdots > \gamma_{n-2}$，则整个银行体系的保留收益为：$\sum_{i=0}^{n-3}(\int_0^{\gamma_i}\gamma_i(\nu_H-\nu_L)(1-\theta)Yf(\gamma)\mathrm{d}\gamma - \int_0^{\gamma_{i+1}}\gamma_{i+1}(\nu_H-\nu_L)(1-\theta)Yf(\gamma)\mathrm{d}\gamma) + (\int_0^{\gamma_{n-2}}\gamma_{n-2}(\nu_H-\nu_L)(1-\theta)Yf(\gamma)\mathrm{d}\gamma - \int_0^{\gamma_{n-2}}\gamma(\nu_H-\nu_L)(1-\theta)Yf(\gamma)\mathrm{d}\gamma) + \int_0^{\gamma_{n-2}}\gamma(\nu_H-\nu_L)(1-\theta)Yf(\gamma)\mathrm{d}\gamma = \int_0^{\gamma_0}\gamma_0(\nu_H-\nu_L)(1-\theta)Yf(\gamma)\mathrm{d}\gamma$。

借款者贷款利率为固定值。由于"贷款收益 = 贷款利率 × 贷款数量",则在贷款利率固定的情况下,银行贷款收益 $\widehat{TTR}(\theta,q)$ 和 $\widehat{TFR}(\theta,\gamma,q)$ 的变动可以等同于银行信贷供给数量的变动,以便于进行后续分析。

1. 金融科技与银行小微企业信贷供给

根据式 (5.16), $\widehat{TFR}(\theta,\gamma,q)$ 相较于 $\widehat{TTR}(\theta,q)$ 的增加值为: $[-mq^2+(m-1)q+1][\nu_L(1-\theta)Y]+[-mq^2+(m+\gamma-1)q+1][\gamma(\nu_H-\nu_L)(1-\theta)Y]$。可以发现,由于 $\gamma\in(0,1)$,银行的金融科技运用能力 γ 越高时,该增加值越高。因此,我们提出:

假说 5.1:从整个银行体系来看,金融科技能够促进银行小微企业信贷供给。

2. 银行业市场结构与小微企业信贷供给

本节借助银行业市场竞争程度 q,分析银行业市场结构对整个银行体系小微企业信贷供给的影响情况。根据式 (5.10) 和式 (5.15),可以发现,无论是采用传统方式贷款还是金融科技方式贷款,银行业市场结构与小微企业信贷供给 $\widehat{TTR}(\theta,q)$、$\widehat{TFR}(\theta,\gamma,q)$ 之间都为倒 "U" 型关系,即存在着最优银行业市场结构,使得整个银行体系的小微企业信贷供给数量最大。因此,我们提出:

假说 5.2:从整个银行体系来看,银行业市场结构与小微企业信贷供给之间呈现倒 "U" 型关系,即存在最优银行业市场结构,可推动银行小微企业信贷供给最大化。

3. 金融科技对最优银行业市场结构的影响

根据式 (5.10),在使用传统方式贷款的情况下,银行业市场最优结构为 $q=\dfrac{m-1}{2m}$,此时整个银行体系的 $\widehat{TTR}(\theta,q)$ 最高;根据式 (5.15),在使用金融科技方式贷款的情况下,银行业市场最优结构为 $q=\dfrac{m-1}{2m}+\dfrac{\gamma^2(\nu_H-\nu_L)(1-\theta)Y}{2mFR(\theta,\gamma)}$,此时整个银行体系的 $\widehat{TFR}(\theta,\gamma,q)$ 最高。

由于 $d\left[\dfrac{\gamma^2(\nu_H-\nu_L)(1-\theta)Y}{2mFR(\theta,\gamma)}\right]\Big/d\gamma=\dfrac{(\nu_H-\nu_L)(1-\theta)Y[2\gamma TR(\theta)+2\gamma\nu_L(1-\theta)Y+\gamma^2(\nu_H-\nu_L)(1-\theta)Y]}{2m\,[FR(\theta,\gamma)]^2}>0$,可以发现,在使用金融科技方式贷款的情况下,银行的金融科技运用能力 γ 越高时,q 的最优值越大。因此,我们提出:

假说 5.3:从整个银行体系来看,银行业市场结构影响小微企业信贷供给的过程中，金融科技发展水平将调节银行业最优市场结构，即金融科技发展水平越高，最优银行业竞争程度越高。

为更加直观展现理论模型结论，本节将假说5.1、假说5.2和假说5.3的含义统一以图5-1①进行表示，实线表示传统方式贷款，虚线表示金融科技方式贷款。无论采用何种贷款技术，银行业市场结构与小微企业信贷供给之间都呈现倒"U"型关系；随着金融科技的发展，金融科技方式贷款的小微企业供给曲线出现整体上移，同时，最优银行业市场结构也发生移动，最优银行业竞争程度提高。

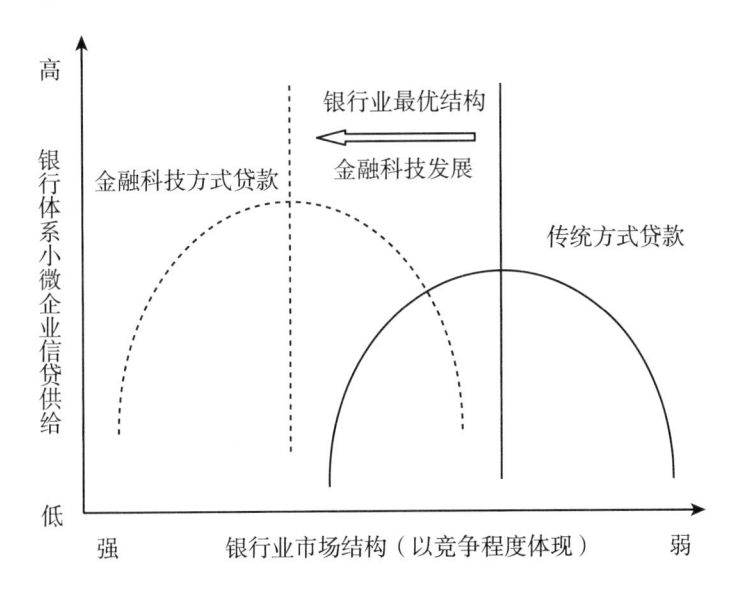

图 5-1　金融科技、银行业市场结构与小微企业信贷供给关系

注：本图仅作为示意图，不与精确的函数值相对应。

四、实证模型设计

（一）计量模型设定

由于理论分析是针对整个银行体系，因此可以采用省级面板数据进行相应检验。基于上一节的理论模型推导，为实证分析金融科技、银行业市场结构和商业银行小微企业信贷供给的关系，检验假说5.1、假说5.2和假说5.3，本

---

① 感谢中国银行江苏省分行项晞对本图的建设性意见。

节构建的基本计量模型如下：

$$SMEP_{it} = \beta_0 + \beta_1 FINTECH_{it-1} + \beta_2 FINTECH_{it-1} \times CRL_{it-1} + \\ \beta_3 CRL_{it-1} + \beta_4 CRL_{it-1} \times CRL_{it-1} + \beta_C CON_{it-1} + \varepsilon_{it} \quad (5.17)$$

$$SMEP_{it} = \beta_0 + \beta_1 INDEX_{it-1} + \beta_2 INDEX_{it-1} \times CRL_{it-1} + \\ \beta_3 CRL_{it-1} + \beta_4 CRL_{it-1} \times CRL_{it-1} + \beta_C CON_{it-1} + \varepsilon_{it} \quad (5.18)$$

其中，i 代表省份，t 代表年份，β 为模型待估计参数。$SMEP$ 表示小微企业信贷供给情况，$FINTECH$ 和 $INDEX$ 表示金融科技发展水平，CRL 表示银行业市场结构，CON 为控制变量，ε_{it} 为随机误差项。从商业银行的信贷业务实践来看，小微企业信贷供给受到其他因素影响时，往往具有一定的滞后性，因此核心解释变量与其他控制变量均使用一阶滞后项。

（二）变量选择

1. 被解释变量

本节的被解释变量为各省小微企业信贷供给情况（$SMEP$），用每个省份小微企业贷款余额在其总贷款余额中的占比表示。

2. 核心解释变量

目前对国内金融科技发展水平的衡量，主要采用了两类方法：一类是依据沈悦和郭品（2015）的方式，采用"文本挖掘法"，通过统计与金融科技相关的关键词在新闻中的发布次数，合成构建金融科技指数，但是这类方法主要用于分析全国层面的金融科技发展情况，无法将指数分解到每个省份。另一类是郭峰等（2019）编制的北京大学数字普惠金融指数，该指数运用了蚂蚁金融服务集团的微观数据，从互联网金融服务的覆盖广度、使用深度和数字化程度三个维度进行测度，一些学者（邱晗等，2018）以该指数来衡量金融科技发展水平，该指数能够跨省级、城市和县域。

本节在衡量各省金融科技发展水平时，采用两种方式。一种是直接使用郭峰等（2019）编制的北京大学数字普惠金融指数（$INDEX$），用来表示金融科技情况，但由于该指数并不是专门围绕小微企业信贷相关的金融科技而编制，可能存在一定的局限性。另一种是借鉴沈悦和郭品（2015）的设计思路，直接构建每个省份的金融科技发展水平指数（$FINTECH$）。但与之不同的是，本节借助金融科技相关关键词的百度搜索指数①，而非关键词在新闻中的发布次数。主要理由如下：第一，金融科技相关的关键词搜索指数能够一定程度上反映金融科技的发展情况。埃森巴赫（Eysenbach，2009）、里伯杰（Ripberger，2011）指出，人们在网络上搜索的数据是基于需求的数据，可以用于进行现状追踪和趋势预测；刘涛雄和徐晓飞（2015）认为互联网搜索行为是网络大数据中比较有代表性的信息，能够帮助进行宏观经济预测。第二，与关键词在新闻中的发布次数不同，关键词的百度搜索指数，能够统计到各省份和年份，从而满足本节研究对省级面板数据的要求。

我们手工整理了2011～2017年金融科技相关关键词在各个省份的百度搜索指数，并汇总成金融科技指数②。具体步骤为：首先，基于商业银行小微企业信贷业务实践，参考一些学者（沈悦和郭品，2015；Jagtiani & Lemieux，2017）的研究成果，同时结合百度搜索指数的数据可得性③，确定专门针对银行小微企业信贷业务，与金融科技相关的主要关键词。从基本技术角度出发，包括"大数据、云计算、人工智能、区块链、生物识别"；从资金支付角度出发，包括"在线支付、移动支付、第三方支付"；从金融科技的中介服务模式角度出发，包括"网贷：网上融资、网络融资、网络小额贷款、网络贷款；网银：网络银行、电子银行、在线银行、开放银行、互联网银行、直销银行"；从金融科技的直接称呼角度出发，包括"互联网金融、金融科技"。其次，将上述各关键词的百度搜索指数④全部采集后，按照技术角度、资金支付角度、中介服务模式角度和直接称呼角度进行汇总，并采用熵值法⑤确定权

---

① 根据百度指数网站的介绍，百度搜索指数反映了互联网用户对关键词搜索关注程度及持续变化情况。算法为：以网民在百度的搜索量为数据基础，以关键词为统计对象，科学分析并计算出各个关键词在百度网页搜索中搜索频次的加权。根据数据来源的不同，搜索指数分为PC搜索指数和移动搜索指数。我们采用的是"PC+移动"搜索指数。

② 虽然"金融科技"一词的正式定义出现较晚，但其实质性应用自2013年左右已经在中国开始。同时，从已有研究看，国内一些学者们的测量起始时间也较早，沈悦和郭品（2015）度量了2003～2013年的情况，郭峰等（2019）度量了2011～2018年的情况。因此，我们对金融科技的度量时间段能够体现其动态变化过程，为后续实证检验提供支撑。

③ 可能还存在其他一些与金融科技相关的关键词，但是百度搜索指数并未收录，因此无法纳入统计。

④ 百度搜索指数对单个关键词的数据检索存在着波动性，即每次搜索出来的百度搜索指数都有一定的差异。为了尽可能减少数据波动带来的影响，我们对每个关键词都搜索了三次，取最终的平均值。

⑤ 将多个指标综合成一个指标时，可以通过主观法和客观法确定各指标权重。熵值法属于客观赋值法，主要通过信息熵值的大小来确定权重，指标的信息量越大，信息熵值越小，则指标的权重越大，具体计算过程可以参见叶永刚等（2018）。

重，将多个指数合成为综合指数。最后，用熵值法合成的指数除以各省份常住人口数，从而用来衡量各省份小微企业信贷相关的金融科技发展水平。

在银行业市场结构方面，根据产业组织理论，银行业集中度是衡量银行业市场结构的常用指标，可以用于反映整个银行体系的市场结构和竞争度（林毅夫和姜烨，2006）。因此，结合数据可获得性，我们参考林毅夫和姜烨（2006）的做法，对于银行业市场结构（CRL），以四大国有银行在各省份的贷款余额占该省份总贷款余额的比例来表示，该值越小意味着银行业竞争度越高。

3. 其他控制变量

参考已有研究对控制变量的设置（Chong et al., 2013；Ryan et al., 2014；肖晶和粟勤，2016；边文龙等，2017），结合宏观变量之间的相关性，尽量减少多重共线性问题，本节选择以下控制变量：各省份城镇化率（CITY），主要控制经济发展过程中的结构性变化对小微企业发展及其贷款的影响；各省份不良贷款率（NPL），主要控制外部风险环境对小微企业贷款的影响；各省份金融业发展（FGDP），主要控制金融机构的整体经营发展情况对小微企业贷款的影响；各省份信贷环境（MARKET），主要控制小微企业面临的各类营商环境对小微企业贷款的影响。所有变量的定义和说明汇总如表5-1所示。

表5-1　　　　　　　　　　变量定义和说明

变量名称	变量符号	变量说明
银行小微企业信贷供给	SMEP	该省份小微企业贷款余额/总贷款余额
金融科技发展水平	FINTECH INDEX	本节构建的该省份金融科技发展水平指数 该省份的北京大学数字普惠金融指数
银行业市场结构	CRL	该省份四大国有银行贷款余额/总贷款余额
城镇化率	CITY	该省份城镇人口占比
不良贷款率	NPL	该省份银行不良贷款率
金融业发展	FGDP	该省份金融业增加值在GDP中占比
信贷环境	MARKET	以王小鲁等（2019）编制的分省份市场化指数衡量

注：中国市场化指数包括五个方面：政府与市场的关系、非国有经济的发展、产品市场的发育程度、要素市场的发育程度、市场中介组织的发育和法治环境。该指数只统计至2016年，因此我们以2014~2016年市场化指数的平均增长率，作为2017年市场化指数的增长率，从而推算2017年的市场化指数。

（三）样本来源

本节以中国的 31 个省份（不包括香港、澳门和台湾地区）为研究对象，总样本区间为 2011~2018 年。由于核心解释变量与其他控制变量均使用一阶滞后项，所以其相应数据时间段为 2011~2017 年，而被解释变量的数据时间段为 2012~2018 年。各省份小微企业贷款余额来源于中国人民银行内部统计数据，各省四大国有银行贷款情况来源于某国有银行内部统计数据，其他数据来源于 Wind 数据库以及百度指数网站。

五、实证结果分析

（一）描述性统计

本节主要变量的描述性统计结果如表 5-2 所示，所有变量的样本数量均为 217。从表 5-2 可以看出，不同省份和年份的银行小微企业信贷供给、金融科技发展水平以及银行业市场结构等均表现出较大差异，各变量基本处于合理的范围之内[①]，能够为基于面板数据的研究提供良好的样本分布基础。

表 5-2　　　　　　　　　　主要变量的描述性统计

变量	均值	标准差	最小值	最大值
SMEP	0.1812	0.0403	0.0723	0.3298
FINTECH	0.1305	0.1012	0.0202	0.6903
INDEX	171.0273	77.8363	16.2200	336.6500
CRL	0.3975	0.0877	0.2488	0.9587
CITY	0.5558	0.1338	0.2271	0.8960
NPL	1.3640	0.7178	0.2300	3.9700
FGDP	0.0642	0.0291	0.0196	0.1740
MARKET	6.3185	2.1529	-0.3000	10.2300

资料来源：利用 Stata 软件计算整理。

---

① 银行业市场结构指标存在 4 个样本数值较高（$CRL>0.75$）的情况，但在后续实证检验中，无论是否剔除，对回归结果没有产生实质性影响，因此予以保留。

(二) 对核心研究假说的检验

根据式 (5.17) 和式 (5.18), 检验假说 5.1、假说 5.2 和假说 5.3, 经过 Hausman 检验, 本节全部采用省份年份双固定效应模型进行相应估计, 回归结果如表 5-3 所示。列 (1) 和列 (3) 未加入控制变量, 列 (2) 和列 (4) 加入控制变量, 结果显示核心解释变量的回归符号未发生变化, 显著性基本未变, 回归系数变动值也不大, 说明回归结果具备较好的稳定性。无论以本节构建的金融科技发展水平指数 ($FINTECH_{t-1}$) 还是北京大学数字普惠金融指数①($INDEX_{t-1}$) 来衡量金融科技发展水平, 其回归系数均为正, 表明金融科技发展水平能够促进小微企业信贷供给, 假说 5.1 得到验证, 可能说明金融科技的发展能够帮助银行缓解信息不对称、提高信贷需求甄别能力和风险管理能力, 从而推动银行增加小微企业信贷投放, 与理论模型分析保持一致。表 5-3 列 (1) 至列 (4) 中, 银行业市场结构 (CRL_{t-1}) 一次项系数全部为正, 二次项系数全部为负, 表明银行业市场结构与小微企业信贷供给之间呈现倒 "U" 型关系, 即存在促进银行小微企业信贷供给最大化的最优银行业市场结构, 假说 5.2 得到验证, 可能意味着银行业竞争程度会改变银行提供小微企业信贷时的收益, 整个银行体系处于最优市场结构时收益最高, 也使得银行小微企业信贷供给能力最大化, 与理论模型分析保持一致。基于列 (2) 结果, 将 $FINTECH_{t-1} \times CRL_{t-1}$ 的回归系数与 CRL_{t-1}、$CRL_{t-1} \times CRL_{t-1}$ 的回归系数相结合, 则最优银行业市场结构可以表示为 $(0.4426 - 0.6762 \times FINTECH_{t-1})/(2 \times 0.5458)$, 即金融科技发展水平 ($FINTECH_{t-1}$) 越高, 最优银行业竞争程度越高。类似地, 基于表 5-3 中列 (1)、列 (3) 和列 (4) 结果, 都可以得出相同结论。因此可以发现, 银行业市场结构影响小微企业信贷供给的同时, 金融科技发展水平将推动最优银行业市场结构发生改变, 即金融科技发展水平越高, 促进小微企业信贷供给的最优银行业竞争度将提高, 假说 5.3 得到验证, 可能说明金融科技能够缓解银行业竞争程度, 减少传统贷款模式下的收益损失, 从而最优银行业竞争程度可以较传统贷款模式更激烈一些, 与理论模型分析保持一致。

---

① 该指数的数值相对较大, 其很多内部细项指标是绝对数值, 而其他变量基本都属于比值型, 所以对该指数采用对数化处理。

表 5-3 金融科技、银行业结构与小微企业信贷供给

变量	(1)	(2)	(3)	(4)
$FINTECH_{t-1}$	0.2179*** (0.0668)	0.2758*** (0.0747)		
$FINTECH_{t-1} \times CRL_{t-1}$	-0.5539** (0.2117)	-0.6762*** (0.2034)		
$INDEX_{t-1}$			0.0653*** (0.0214)	0.0545*** (0.0164)
$INDEX_{t-1} \times CRL_{t-1}$			-0.0954*** (0.0179)	-0.0723*** (0.0120)
CRL_{t-1}	0.2762 (0.2151)	0.4426*** (0.1546)	1.0669*** (0.2538)	0.9669*** (0.1444)
$CRL_{t-1} \times CRL_{t-1}$	-0.4430*** (0.1350)	-0.5458*** (0.1017)	-0.7894*** (0.1285)	-0.7761*** (0.0884)
$CITY_{t-1}$		0.3634** (0.1767)		0.1415 (0.1762)
NPL_{t-1}		0.0077** (0.0035)		0.0078** (0.0033)
$FGDP_{t-1}$		0.7836*** (0.1807)		0.5725*** (0.1757)
$MARKET_{t-1}$		0.0080* (0.0044)		0.0091* (0.0048)
省份效应	控制	控制	控制	控制
年份效应	控制	控制	控制	控制
样本数	217	217	217	217

注：括号中标注的为稳健标准差，***、**、*分别表示在1%、5%、10%的水平上显著。

资料来源：利用 Stata 软件计算整理。

表 5-3 同时也显示了其他控制变量对银行小微企业信贷供给的影响。可以发现，城镇化率（$CITY_{t-1}$）越高，银行小微企业信贷供给越高，这可能是由于城镇化率越高，第二、第三产业的占比越高，而当前大部分小微企业贷款集中于第二、第三产业；不良贷款率（NPL_{t-1}）越高，银行小微企业信贷供给越高，这可能是由于不良贷款率也体现银行风险容忍度，监管部门要求商业银行提高对小微企业的风险容忍度，有利于促进小微企业信贷投放；金融业发展

（$FGDP_{t-1}$）和信贷环境（$MARKET_{t-1}$）越好，银行小微企业信贷供给越高，体现出金融机构整体经营发展情况和外部信贷环境对于小微企业信贷供给的重要性。

（三）对理论机制中重要设定的检验

本节在理论分析金融科技影响最优银行业市场结构时，其重要设定是金融科技与信贷环境的好转相结合，更加能够帮助商业银行缓解信贷过程中的信息不对称，提高识别小微企业信贷需求和风险管理的能力。例如，社会信用体系和营商环境越好，金融科技方式贷款获取的信息将越全面和准确，成本也会降低；银行业金融机构服务能力越强，金融科技方式贷款的战略布局和专业运用能力将越高；小微企业自身素质越高，金融科技方式贷款运用的审批模式适用性将越强[①]。也就是说，信贷环境越好，金融科技的影响作用才会更加明显，从而进一步减轻传统方式贷款面临的竞争压力，推动最优银行业市场结构的变化。因此，理论机制传导中的重要环节是，信贷环境在金融科技影响最优银行业市场结构过程中，可以发挥一定的调节作用。本节将通过构建以下模型进行相应验证。

$$SMEP_{it} = \beta_0 + \beta_1 FINTECH_{it-1} + \beta_2 FINTECH_{it-1} \times CRL_{it-1} + $$
$$\beta_3 MARKET_{it-1} \times FINTECH_{it-1} \times CRL_{it-1} + \beta_4 CRL_{it-1} + $$
$$\beta_5 CRL_{it-1} \times CRL_{it-1} + \beta_6 MARKET_{it-1} + \beta_C CON_{it-1} + \varepsilon_{it} \quad (5.19)$$

$$SMEP_{it} = \beta_0 + \beta_1 INDEX_{it-1} + \beta_2 INDEX_{it-1} \times CRL_{it-1} + $$
$$\beta_3 MARKET_{it-1} \times INDEX_{it-1} \times CRL_{it-1} + \beta_4 CRL_{it-1} + $$
$$\beta_5 CRL_{it-1} \times CRL_{it-1} + \beta_6 MARKET_{it-1} + \beta_C CON_{it-1} + \varepsilon_{it} \quad (5.20)$$

其中，β 为模型待估计参数。CON 为控制变量，包括各省城镇化率（$CITY$），各省不良贷款率（NPL），各省金融业发展（$FGDP$）。式（5.19）和式（5.20）中涉及的变量含义均与表 5-1 中保持一致。可以通过 β_3 的情况来判断信贷环境（$MARKET$）的调节作用。当 β_3 与 β_2、β_4 和 β_5 相结合考虑时，如果 β_3 显著为负，则表示金融科技推动最优银行业市场结构时，信贷环境越好，最优银行业竞争程度会更高，意味着信贷环境越好，金融科技方式贷款越能进

[①] 相关判断主要来源于与多家商业银行小微企业信贷业务相关人员、监管机构相关人员的调研交流。

一步帮助商业银行缓解竞争压力。

经过 Hausman 检验，采用年份省份双固定效应模型进行相应估计，最终回归结果如表 5-4 所示。根据其列（1）和列（2）可以看出，核心解释变量的符号和显著性依然保持不变，也再次说明前期研究结论的稳定性。$MARKET_{t-1} \times FINTECH_{t-1} \times CRL_{t-1}$ 前的系数显著为负，验证了本节的重要设定；$MARKET_{t-1} \times INDEX_{t-1} \times CRL_{t-1}$ 前的系数为负，未能在 10% 水平上显著，但是将其与 $INDEX_{t-1} \times CRL_{t-1}$ 进行联合显著性检验时，F 值在 1% 水平上显著，本节认为其系数依然具备较好的参考性。因此总的来说，金融科技推动最优银行业市场结构变动的过程中，信贷环境确实发挥了调节作用，本节理论机制分析过程中的重要假设得到验证，能够为前期理论模型的合理性提供相应的支撑。

表 5-4　　信贷环境对金融科技影响最优银行业市场结构的调节作用

变量	（1）	（2）
$FINTECH_{t-1}$	0.4556 *** (0.0956)	
$FINTECH_{t-1} \times CRL_{t-1}$	-0.7777 *** (0.1672)	
$MARKET_{t-1} \times FINTECH_{t-1} \times CRL_{t-1}$	-0.0711 *** (0.0191)	
$INDEX_{t-1}$		0.0536 *** (0.0168)
$INDEX_{t-1} \times CRL_{t-1}$		-0.0705 *** (0.0175)
$MARKET_{t-1} \times INDEX_{t-1} \times CRL_{t-1}$		-0.0007 (0.0034)
CRL_{t-1}	0.6229 *** (0.1676)	0.9147 *** (0.3148)
$CRL_{t-1} \times CRL_{t-1}$	-0.6063 *** (0.1032)	-0.7459 *** (0.1792)
$MARKET_{t-1}$	0.0128 *** (0.0046)	0.0075 * (0.0042)
控制变量	控制	控制
样本数	217	217

注：括号中标注的为稳健标准差，***、* 分别表示在 1%、10% 的水平上显著。
资料来源：利用 Stata 软件计算整理。

六、稳健性检验

为了使得本节核心假说的实证结果尽可能稳定，本节考虑从三个方面进行稳健性检验。

第一，考虑被解释变量的数据特征，采用分数响应模型（Fractional Response Model）进行估计。被解释变量银行小微企业信贷供给（SMEP）的值为比例值，数值分布范围在 0~1 之间，针对该类情形，帕普克和伍德里奇（Papke & Wooldridge，2008）认为常规的线性面板模型可能不准确，因此专门提出分数响应模型，采用准极大似然法（quasi-maximum likelihood，QML）进行相应估计。结果如表 5-5 所示，核心解释变量的回归系数符号和显著性再次支持了假说 5.1~假说 5.3。

表 5-5 稳健性检验（分数响应模型）

变量	(1)	(2)
$FINTECH_{t-1}$	1.1302*** (0.3592)	
$FINTECH_{t-1} \times CRL_{t-1}$	-2.6399*** (0.8876)	
$INDEX_{t-1}$		0.1966*** (0.0587)
$INDEX_{t-1} \times CRL_{t-1}$		-0.2391*** (0.0466)
CRL_{t-1}	1.6358*** (0.5473)	3.3513*** (0.5501)
$CRL_{t-1} \times CRL_{t-1}$	-1.8631*** (0.3505)	-2.6265*** (0.3304)
控制变量	控制	控制
样本数	217	217

注：括号中标注的为稳健标准差，*** 表示在 1% 的水平上显著。
资料来源：利用 Stata 软件计算整理。

第二，对核心解释变量使用替代指标。一是采用简单算数平均的方式合成金融科技发展水平指数。考虑到熵值法根据指标波动情况来确定权重，一些指标虽然波动小，但对金融科技发展水平状况的反映程度可能较高。本节设定的金融科技发展水平指数主要从四个角度检索关键词，结合专家讨论情况，认为这四个角度的关键词权重可能比较接近，因此采用简单算数平均的方式，汇总得到金融科技发展水平指数（NFINTECH）。相关结果如表5-6的列（1）所示，继续支持了假说5.1~假说5.3。二是使用数字化程度分类指数（TINDEX）替代北京大学数字普惠金融指数（INDEX）。考虑到北京大学数字普惠金融指数（INDEX）包括互联网金融服务的覆盖广度、使用深度和数字化程度三个维度，其中数字化程度涵盖了移动化、实惠化、信用化和便利化，与金融科技对银行小微企业信贷供给的影响可能更有针对性。因此，本节使用数字化程度分类指数（TINDEX）作为衡量金融科技发展水平的指标，进行稳健性检验。相关结果如表5-6的列（2）所示，继续支持了假说5.1~假说5.3。三是使用存款数据衡量银行业市场结构。林毅夫和姜烨（2006）认为银行业存贷款情况都可以用于测度银行业集中度，因此本节同时使用"该省四大行存款/总存款"（CRD）衡量银行业市场结构。结果如表5-6的列（3）和列（4）所示，假说5.1~假说5.3基本再次得到有效支持。

表5-6　　稳健性检验（使用替代指标）

变量	(1)	(2)	(3)	(4)
$NFINTECH_{t-1}$	0.2766*** (0.0534)			
$NFINTECH_{t-1} \times CRL_{t-1}$	-0.6463*** (0.1396)			
$TINDEX_{t-1}$		0.0193*** (0.0071)		
$TINDEX_{t-1} \times CRL_{t-1}$		-0.0542*** (0.0153)		
CRL_{t-1}	0.4031*** (0.1461)	0.7637*** (0.1789)		
$CRL_{t-1} \times CRL_{t-1}$	-0.4606*** (0.0931)	-0.6555*** (0.1029)		

续表

变量	(1)	(2)	(3)	(4)
$FINTECH_{t-1}$			0.0705* (0.0403)	
$FINTECH_{t-1} \times CRD_{t-1}$			-0.0431 (0.1123)	
$INDEX_{t-1}$				0.0638*** (0.0204)
$INDEX_{t-1} \times CRD_{t-1}$				-0.0740*** (0.0144)
CRD_{t-1}			0.5978** (0.2190)	1.2153*** (0.2646)
$CRD_{t-1} \times CRD_{t-1}$			-0.6245*** (0.1610)	-0.9329*** (0.1545)
控制变量	控制	控制	控制	控制
样本数	217	217	217	217

注：$FINTECH_{t-1} \times CRD_{t-1}$ 的回归系数虽然没有显著，但是其方向符合预期，其他核心解释变量的系数和显著性全部符合预期，因此我们认为整体结论是稳健的，表 5-7 中的 CRL_{t-1} 也是类似情况。括号中标注的为稳健标准差，***、**、* 分别表示在 1%、5%、10% 的水平上显著。

资料来源：利用 Stata 软件计算整理。

第三，考虑内生性问题，使用动态面板模型进行估计。本节在基本计量模型中，结合已有研究成果，兼顾变量的相关性，尽可能选择合适的控制变量，并且所有核心解释变量和控制变量均采用了滞后一期，能够在一定程度上避免内生性问题。为进一步缓解可能的内生性，同时也考虑到银行小微企业信贷投放具有一定的动态效应，即前一期信贷余额可能对下一期余额产生影响，本节将被解释变量的滞后一期（$SMEP_{t-1}$）作为解释变量之一，其他解释变量和控制变量不变，构建相应的动态面板模型，采用系统广义矩（System GMM）估计方法进行分析。回归模型通过了 Sargan 检验和 Arelleno-Bond 序列相关检验，结果如表 5-7 所示，假说 5.1~假说 5.3 基本再次得到有效支持。

表 5-7　　　　　　　　稳健性检验（动态面板模型）

变量	(1)	(2)
$SMEP_{t-1}$	1.1169*** (0.0943)	1.1362*** (0.2182)
$FINTECH_{t-1}$	0.2232*** (0.0483)	
$FINTECH_{t-1} \times CRL_{t-1}$	-0.4018*** (0.1124)	
$INDEX_{t-1}$		0.1718*** (0.0655)
$INDEX_{t-1} \times CRL_{t-1}$		-0.3699** (0.1519)
CRL_{t-1}	0.0370 (0.0698)	2.5165** (1.0496)
$CRL_{t-1} \times CRL_{t-1}$	-0.1461** (0.0720)	-0.7896*** (0.3040)
控制变量	控制	控制
样本数	155	155

注：括号中标注的为稳健标准差，***、**分别表示在1%、5%的水平上显著。
资料来源：利用Stata软件计算整理。

七、结论与启示

本节构建包含贷款技术和银行业市场结构的理论模型，理论分析金融科技、银行业市场结构和小微企业信贷供给的关系，并基于2011~2018年省级面板数据进行实证检验。相关研究结果表明：（1）针对整个银行体系，金融科技有助于推动银行小微企业信贷供给；（2）银行业市场结构与小微企业信贷供给之间呈现倒"U"型关系，意味着推动商业银行增加小微企业信贷供给时，存在最优银行业市场结构；（3）金融科技发展水平影响银行业最优市场结构，金融科技发展水平越高，促进小微企业信贷供给的最优银行业竞争程度越高。

基于上述结论，结合理论机制分析和实证检验的过程，本节的研究可以为推动银行小微企业信贷供给带来以下三点启示。

第一，金融科技改变传统的贷款技术，是解决整个银行体系小微企业信贷供给的重要工具。面对金融科技的迅猛发展，中国的商业银行都在加快转型步伐，既有自己独立发展金融科技的模式，也有与金融科技公司展开战略合作的模式，一些银行还专门成立金融科技子公司。整体而言，目前银行的金融科技发展仍处于探索阶段，未来要进一步提高金融科技的运用水平，无论何种规模的商业银行，都应该注重金融科技发挥效用的微观基础，持续提升小微企业信贷投放效率。

第二，在加快金融科技发展的同时，依然需要关注银行业市场结构问题，两者必须共同形成合力。中国各省份的银行业市场结构存在较大差异，推动银行业竞争要适度，不能在全国范围内一刀切。对于竞争程度已经较为激烈的省份，监管部门应该避免银行业之间的恶性竞争；而对于市场垄断性仍较强的省份，监管部门应该进一步促进各类银行业金融机构的发展。重点讨论如何调整竞争格局，将各类型银行的优势和供给能力充分激发出来。要考虑当地银行金融科技运用状况，对于金融科技发展较快的省份，可以鼓励设立更多银行业金融机构，既包括传统的大中小型商业银行，也包括新兴的互联网银行等。

第三，必须进一步优化信贷环境，更加市场化地推动银行小微企业信贷供给。金融科技能否发挥更有效的作用，商业银行和小微企业的信贷环境尤其重要。要避免简单的行政性指令，坚持商业可持续的市场化原则，政府部门、银行业金融机构和小微企业要共同致力于完善外部市场环境。小微企业不断提高自身发展规范，政府部门提供平等的市场待遇，征信体系不断完备，银行金融科技运用能力持续提升，才能最大程度解决小微企业融资这一世界性难题。

当然，本节还存在一些不足之处。测量与银行小微企业信贷更具关联性的金融科技发展水平，是本节的一种尝试，可能还存在着一些缺陷。风险管理能力是银行小微企业信贷业务中的重要过程，但受限于理论分析能力和数据可得性问题，本节还没有能够直接对其进行量化分析。在银行业市场结构方面，根据目前掌握的数据，只采用了市场集中度的测量方法，没有采用其他非结构性的测量方法。未来随着研究的不断深入和相关数据的获取，可成为研究的方向之一。

第三节 金融科技、银行规模与小微企业信贷供给

一、引言

现有研究主要关注互联网金融企业（例如 P2P 借贷、众筹等）的影响，以及互联网金融企业与银行的对比（Thakor，2020），而关于金融科技如何影响银行本身的研究还不够，并且不少学者对于何种规模银行更有助于小微企业信贷供给这一观点存在分歧。因此，我们将 2011～2018 年中国各省份银行小微企业信贷情况作为研究对象，重点分析金融科技对于不同规模银行是否会产生不同效果，从而为上述分歧带来新的结论。由于金融科技对于不同规模银行影响的相关研究较少，所以我们的研究能够为不同规模银行的"贷款技术优势"争论提供新的证据。

二、理论分析与研究假说

大量研究讨论过何种规模银行在提供小微企业贷款时更具有优势。大部分研究认为，中小型银行具有比较优势，可以向小微企业提供更多的贷款数额（Berger et al.，2005；De la Torre et al.，2010；Hasan et al.，2017；Berger et al.，2017）。银行小微企业贷款技术主要分为交易型贷款和关系型贷款，上述观点主要认为中小银行更擅长关系型贷款，更适合处理小微企业的软信息。少部分研究认为，大型银行在为小企业提供贷款的竞争中逐渐形成了比较优势（DeYoung et al.，2004；Berger et al.，2007），小企业并没有更愿意将小型银行作为他们的主要银行。伯杰等（2014）指出，很重要的原因可能是贷款技术的内容发生了变化。

金融科技的发展可以为大型银行和小型银行的优势分歧提供新的证据，但是目前还缺乏相应的检验，我们结合一些现有文献进行了推断。一方面，金融科技能够使得软信息转化为硬信息，取消了人工的数据收集或实时决策过程，更易于传递信息，提高处理速度，降低成本，导致交易型贷款的扩散和持续改

进（Cenni et al., 2015; Liberti & Petersen, 2018）。由于大型银行在交易型贷款技术方面的经验较多，上述影响更有可能提升大型银行的贷款技术。另一方面，小型银行利用金融科技的速度较慢，原有的组织结构优势下降。菲利普等（2017）认为大型银行接受和应用金融技术的速度比小的地区性银行要快。利伯蒂（2018）指出金融科技降低了远距离获取信息的成本，大型银行可以将贷款决策权下放，从而模仿小型银行的组织结构，以便更有效地收集软信息。基于上述分析，我们提出以下假说：

假说 5.4：金融科技对大型银行的小微企业信贷供给能力促进作用明显。

假说 5.5：金融科技对小型银行的小微企业信贷供给优势具有削弱作用。

三、实证研究设计

（一）模型设置

为研究金融科技对银行小微企业信贷供给的影响，我们采用省级面板数据进行分析，参考已有文献进行变量设置。为了检验假说 5.4 和假说 5.5，我们构建以下面板回归模型：

$$SMEP_{it} = \beta_0 + \beta_1 BigBANK_{it-1} + \beta_2 FINTECH_{it-1} \times BigBANK_{it-1} + \beta_3 FINTECH_{it-1} + \beta_C CON_{it-1} + \varepsilon_{it} \quad (5.21)$$

$$SMEP_{it} = \beta_0 + \beta_1 MedANK_{it-1} + \beta_2 FINTECH_{it-1} \times MedBANK_{it-1} + \beta_3 FINTECH_{it-1} + \beta_C CON_{it-1} + \varepsilon_{it} \quad (5.22)$$

$$SMEP_{it} = \beta_0 + \beta_1 SmallBANK_{it-1} + \beta_2 FINTECH_{it-1} \times SmallBANK_{it-1} + \beta_3 FINTECH_{it-1} + \beta_C CON_{it-1} + \varepsilon_{it} \quad (5.23)$$

其中，i 代表省份，t 代表年份。从商业银行的信贷业务实践来看，小微企业信贷供给受到其他因素影响时，往往具有一定的滞后性，因此核心解释变量与控制变量均使用一阶滞后项。

$SMEP$ 表示银行小微企业信贷供给，$FINTECH$ 表示金融科技发展水平。我们参考现有研究（Berger et al., 2017）的做法，通过不同规模银行[①]的分支机构比例来衡量不同类型银行的信息。$BigBANK$ 表示大型银行占比，$MedBANK$

---

① 大型银行指国有商业银行，中型银行指全国性股份制商业银行，小型银行指城市商业银行和农村商业银行。

表示中型银行占比，$SmallBANK$ 表示小型银行占比。

CON 为控制变量，参考已有研究和变量之间的相关性，尽量减少多重共线性问题，我们选择如下控制变量：$MARKET$ 代表信贷环境，控制小微企业面临的营商环境对小微企业贷款的影响。$CITY$ 代表城镇化率，控制经济结构变化对小微企业发展及其贷款的影响。$FGDP$ 代表金融业发展，控制金融机构的整体经营发展情况对小微企业贷款的影响。$GDPGROW$ 代表经济增长水平，控制经济增长对小微企业贷款的影响。本节相关变量的定义具体如表 5-8 所示。

表 5-8　　　　　　　　　　各变量定义

变量名称	变量符号	含义
银行小微企业信贷供给	$SMEP$	该省份银行小微企业贷款余额/总贷款余额
金融科技发展水平	$FINTECH$	该省份的北京大学数字普惠金融指数（取对数）
小型银行	$SBANK$	该省份小型银行机构数/银行机构总数
中型银行	$MBANK$	该省份中型银行机构数/银行机构总数
大型银行	$BBANK$	该省份大型银行机构数/银行机构总数
信贷环境	$MARKET$	该省份市场化指数
城镇化水平	$CITY$	该省份城镇人口占比
金融业发展	$FGDP$	该省份金融业增加值在 GDP 中占比
经济增长	$GDPGROW$	该省份 GDP 增长率

（二）数据来源和描述

我们以中国的 31 个省份（不含中国香港、澳门和中国台湾）为研究对象，总样本区间为 2011~2018 年，相关数据来源于中国人民银行内部统计数据、北京大学数字金融研究中心和 Wind 数据库。各变量的描述性统计结果如表 5-9 所示。小微企业信贷供给、金融科技发展水平以及各规模银行发展等均表现出较大差异，各变量基本处于合理的范围之内，为实证分析提供良好的样本基础。

表 5-9　　　　　　　　　主要变量的描述性统计

变量	均值	标准差	最小值	最大值
SMEP	0.181	0.040	0.072	0.329
FINTECH	4.973	0.677	2.785	5.819
BigBANK	0.542	0.108	0.357	0.998
MedBANK	0.049	0.043	0.001	0.211
SmallBANK	0.409	0.117	0.001	0.601
CITY	0.555	0.133	0.227	0.896
FGDP	0.064	0.029	0.019	0.174
MARKET	6.318	2.152	-0.3	10.23
GDPGROW	9.247	2.546	-2.5	16.4

资料来源：利用 Stata 软件计算整理。

四、实证结果分析

（一）基础回归结果

经过 Hausman 检验，我们采用固定效应模型进行相应估计，表 5-10 显示了回归模型的结果。列（1）中，FINTECH 的系数显著为正；列（2）至列（4）中，FINTECH 与 FINTECH × BigBANK，FINTECH × MedBANK，FINTECH × SmallBANK 的联合系数显著为正，表明金融科技能够促进银行小微企业信贷供给。

表 5-10　　　　　金融科技对银行小微企业信贷供给的影响

变量	(1)	(2)	(3)	(4)
$FINTECH_{t-1}$	0.033* (0.0186)	-0.013 (0.022)	0.031* (0.016)	0.055*** (0.013)
$FINTECH_{t-1} \times BigBANK_{t-1}$		0.061** (0.023)		
$BBANK_{t-1}$		-0.260** (0.105)		
$FINTECH_{t-1} \times MedBANK_{t-1}$			0.175 (0.133)	

续表

变量	(1)	(2)	(3)	(4)
$MedBANK_{t-1}$			-1.121 (0.794)	
$FINTECH_{t-1} \times SmallBANK_{t-1}$				-0.062*** (0.022)
$SmallBANK_{t-1}$				0.283*** (0.102)
$MARKET_{t-1}$	0.012* (0.006)	0.011* (0.005)	0.012** (0.005)	0.011* (0.005)
$CITY_{t-1}$	0.325 (0.209)	0.441* (0.250)	0.479** (0.239)	0.475* (0.253)
$FGDP_{t-1}$	0.772** (0.300)	0.687** (0.276)	0.739** (0.351)	0.679** (0.279)
$GDPGROW_{t-1}$	-0.0003 (0.001)	-0.001 (0.001)	-0.001 (0.001)	-0.002 (0.001)
年份效应	YES	YES	YES	YES
省份效应	YES	YES	YES	YES
样本数	217	217	214	217
调整后 R^2	0.453	0.509	0.449	0.509

注：括号中标注的为稳健标准差，***、**、*分别表示在1%、5%、10%的水平上显著。

资料来源：利用 Stata 软件计算整理。

表 5-10 的列（2）中 *BigBANK* 的系数显著为负，*FINTECH* × *BigBANK* 的系数显著为正，表明大型银行占比越高，越不利于小微企业信贷供给，但是金融科技能够促进大型银行提供给小微企业信贷。我们认为，在金融科技出现之前，由于大型银行在贷款技术方面的劣势，大型银行所占比例越大，对小微企业的信贷供给越不利。但是，金融科技的发展改善了大型银行的借贷技术，促进了小微企业的信贷供给。因此，假说5.4得到验证。

表 5-10 的列（4）中 *SmallBANK* 的系数显著为正，*FINTECH* × *SmallBANK* 的系数显著为负，表明小型银行占比越高，越有利于小微企业信贷供给，但是金融科技减弱了这种效果。正如在研究假说部分提出的，小型银行的

组织结构和贷款技术优势有利于其向小微企业提供贷款。然而，金融科技出现后，小型银行这一原有优势逐渐消失，所以促进中小型企业信贷供给的效果也有所下降。因此，假说 5.5 得到验证。

表 5-10 的列（3）中 MedBANK 和 FINTECH × MedBANK 的系数不显著，表明中型银行对小微企业信贷供给的促进作用不明显，金融科技也没有改变这种情况。表 5-10 还显示了其他控制变量的影响情况。MARKET、FGDP 和 CITY 越高，银行小微企业信贷供给越高，相关结果与本章第二节保持一致。GDPGROW 与银行小微企业信贷供给没有显著的相关性，说明经济增长可能不会直接拉动银行小微企业信贷供给。

（二）稳健性检验

为保证结果的稳健性，我们还进行了两方面的检验。

第一，考虑被解释变量的数据特征，采用分数响应模型（fractional response model）进行相应估计。被解释变量银行小微企业信贷供给（SMEP）的值为比例值，数值分布范围在 0~1 之间，针对该类情形，帕帕克和沃尔德里奇（Papke & Wooldridge, 2008）认为常规的线性面板模型有可能不准确，因此专门提出分数响应模型，采用准极大似然法（quasi-maximum likelihood，QML）进行相应估计。表 5-11 显示了回归结果，各系数情况与固定效应模型相似，假说 5.4 和假说 5.5 再次得到验证。

表 5-11　　稳健性检验：金融科技对银行小微企业
信贷供给的影响（分数响应模型）

变量	(1)	(2)	(3)	(4)
$FINTECH_{t-1}$	0.131* (0.067)	-0.040 (0.077)	0.177** (0.082)	0.210*** (0.040)
$FINTECH_{t-1} \times BigBANK_{t-1}$		0.222*** (0.071)		
$BBANK_{t-1}$		-0.957*** (0.325)		
$FINTECH_{t-1} \times MedBANK_{t-1}$			0.708 (0.553)	
$MedBANK_{t-1}$			-4.592 (3.297)	

续表

变量	(1)	(2)	(3)	(4)
$FINTECH_{t-1} \times SmallBANK_{t-1}$				-0.229*** (0.067)
$SmallBANK_{t-1}$				1.048*** (0.305)
$MARKET_{t-1}$	0.048** (0.023)	0.042** (0.019)	0.049** (0.022)	0.043** (0.020)
$CITY_{t-1}$	1.091 (0.785)	1.495* (0.886)	1.506* (0.773)	1.621* (0.888)
$FGDP_{t-1}$	2.888*** (1.073)	2.480*** (0.945)	2.636** (1.106)	2.449** (0.969)
$GDPGROW_{t-1}$	-0.001 (0.006)	-0.005 (0.004)	-0.003 (0.006)	-0.006 (0.004)
年份效应	YES	YES	YES	YES
省份效应	YES	YES	YES	YES
样本数	217	217	214	217

注：括号中标注的为稳健标准差，***、**、*分别表示在1%、5%、10%的水平上显著。

资料来源：利用Stata软件计算整理。

第二，考虑可能的内生性问题，采用工具变量法进行2SLS（two stage least square）估计。我们考虑采用互联网普及率作为金融科技发展水平的工具变量，一方面，互联网作为金融科技的基础设施，与金融科技的变化存在着紧密的联系；另一方面，在控制当地信贷环境、城镇化率、金融业发展以及经济增长水平等因素后，互联网普及率与银行小微企业信贷供给并不存在直接的关联，这使得互联网普及率可能成为一个有效的工具变量。经过Hausman检验，表明采用工具变量法是合适的。Cragg-Donald Wald F统计值和Kleibergen-Paap Wald F统计值明显大于Stock-Yogo提供的10%水平上的临界值，因此显著拒绝存在弱工具变量的原假设，说明模型不存在弱工具变量问题。表5-12显示了回归结果，各系数情况与固定效应模型相似，假说5.4和假说5.5再次得到验证。

表 5-12　　　稳健性检验：金融科技对银行小微企业
信贷供给的影响（工具变量法）

变量	(1)	(2)	(3)	(4)
$FINTECH_{t-1}$	0.0242* (0.0138)	-0.0249 (0.0371)	0.0166** (0.0091)	0.0737*** (0.0281)
$FINTECH_{t-1} \times BigBANK_{t-1}$		0.0806*** (0.0311)		
$BBANK_{t-1}$		-0.3603** (0.1489)		
$FINTECH_{t-1} \times MedBANK_{t-1}$			0.0687 (0.0920)	
$MedBANK_{t-1}$			-0.1928 (0.5431)	
$FINTECH_{t-1} \times SmallBANK_{t-1}$				-0.0819*** (0.0296)
$SmallBANK_{t-1}$				0.3798*** (0.1423)
$MARKET_{t-1}$	0.0112** (0.0047)	0.0106** (0.0048)	0.0065 (0.0045)	0.0122** (0.0048)
$CITY_{t-1}$	0.3715** (0.1726)	0.4614** (0.1806)	0.4302*** (0.1492)	0.4643*** (0.1791)
$FGDP_{t-1}$	0.8116*** (0.2704)	0.6557*** (0.2147)	0.8916*** (0.2328)	0.6025*** (0.2193)
$GDPGROW_{t-1}$	-0.0003 (0.0011)	-0.0016* (0.0009)	-0.0010 (0.0012)	-0.0018** (0.0009)
年份效应	YES	YES	YES	YES
省份效应	YES	YES	YES	YES
样本数	217	217	214	217

注：括号中标注的为稳健标准差，***、**、*分别表示在1%、5%、10%的水平上显著。

资料来源：利用 Stata 软件计算整理。

基于实证分析的结果，我们认为金融科技可以促进商业银行小微企业的信贷供给。更值得注意的是，与小型银行相比，金融科技更有利于增加大型银行对小微企业的信贷。主要原因在于，金融科技改变了银行克服信息不对称的方式，帮助银行获取更多的信息，将软信息转化为硬信息，从而削弱了小型银行在贷款方面的技术优势。我们也发现银行金融机构的整体运作和发展,以及外部信贷环境对小微企业信贷供应的重要性。另外,城镇化促进了第二、第三产业的发展,带动小微企业的发展,银行也会相应地增加信贷供给。不过也要看到,经济增长未必会直接提高银行对小微企业的信贷供给。

五、结论与启示

本节讨论了金融科技对银行小微企业信贷供给的影响,特别关注不同规模银行受到的影响。基于中国 2011~2018 年的省级面板数据,我们的实证分析表明,整体而言,金融科技能够促进银行小微企业信贷供给。进一步探究,相对于小型银行,金融科技对大型银行小微企业信贷供给的促进作用更强,主要是由于金融科技的发展,使得小型银行原本的贷款技术优势下降。

本节的结论能够提供一些启示。以往许多研究表明,要满足小微企业信贷需求,应该大力发展中小型银行。但是我们认为,大型银行的综合实力较强,接受技术革新(例如大数据、人工智能、区块链技术等)的能力更强,更容易借助金融科技提升贷款技术。如果从实践的角度考虑小微企业信贷问题,我们的结论具有一定的现实指导意义。对于以间接融资为主的国家,要增加对小微企业的信贷供给,重点考虑各规模银行对金融科技的应用,而不是建立更多的中小型银行。

当然,本节还存在一定的局限性。由于数据的可得性,我们无法直接检验金融科技对银行中小企业信贷供给影响的中间过程。尽管我们试图使用不同的测试方法,但是面板数据的局限性可能导致推论中存在某些不准确的地方。未来的研究可以加入相关的中间变量,从而更全面地检验这一机制。

第四节 金融科技影响小微企业信贷供给存在的问题

从前两节的理论分析和实证检验来看,金融科技确实推动了中国银行业小微企业信贷供给。但需要注意的是,对于一些金融行业来说,某些类型的金融科技创新可能会产生不利的价值影响,特别是当颠覆性创新来自年轻的非金融企业时(Chen et al.,2019)。金融科技推动小微企业信贷供给的同时,部分学者已经发现一些负面性或争议性问题，包括小微企业信贷供给的满足度问题、风险问题、伦理问题以及最优中介服务模式问题。

一、小微企业信贷供给的满足度问题

第一，在满足小微企业的融资需求方面，大部分学者认为金融科技具备促进小微企业信贷供给的理论基础，但少数学者结合现实情况提出异议。从获得信贷供给的小微企业资质角度，弗里德曼和金（Freedman & Jin，2011）发现，P2P网贷将越来越多的次级借款人排除在外，为能够从传统银行获得融资的客户提供服务；迪马奇奥和姚（Di Maggio & Yao，2018）认为，并没有足够证据表明金融科技公司提供贷款那些受到传统银行信贷配给的借款人，贷款审批依然受到收入等因素影响。从对小微企业信贷市场的整体影响程度角度，薛菁（2018）指出，金融科技公司的贷款与银行贷款数量呈替代关系、贷款对象呈互补关系，但由于规模、利率、管理等原因，其对小微企业融资需求满足度影响不显著。

第二，在小微企业的融资成本方面，一些学者认为金融科技没有发挥降低成本的作用（Philippon，2015）。布查克等（Buchak et al.，2018）进一步指出，金融科技公司比传统贷款机构的利率定价更高。针对中国的一些研究，也发现了类似问题。李朝晖（2015）认为，P2P网贷机构收取的管理费推高了小微企业的实际融资成本；胡金焱等（2018）研究P2P网贷时发现低收入人群面临较高的实际借款成本。清华大学中国金融研究中心2018年公布的《中国社会融资环境报告》显示，中国企业的银行贷款平均利率为6.6%，网贷平均利率为21%。上述问题表明，金融科技发展过程中，暴露出服务目标偏移、金融排斥和成本高企等现象（胡金焱等，2018），有可能降低小微企业信贷供给的满足度。

二、小微企业信贷供给的风险问题

虽然从理论分析来看，金融科技能够缓解信息不对称、改进贷款技术，提高风险管理能力，但是在具体实施过程中，依然面临着一些问题。

第一，信息的准确度和完整性方面存在困难。现实中有相当多的数据并不暴露，并且也很难把这部分信息覆盖进来（韩亚欣等，2016）。雅克西和马林克（2019）指出，尽管有大量可用的硬信息，但是其可信度正变得越来越难以捉摸，对于银行家、借款人等的动机，可能也无法进行正确捕捉。利伯蒂和彼得森（2018）则认为，在将软信息转化为硬信息时，会导致部分信息的丢失。

第二，信息的处理过程存在难度。各种数据在格式、指标、口径和制式上的差别，导致了数据的可利用问题（王国刚和张扬，2015）。在技术模型的应用方面，刘海二和石午光（2015）指出，大数据征信的有效性会受到数据源和模型缺陷的影响；刘芬华等（2016）发现很多中国的P2P平台并不具备自己的数据处理技术标准和手段。

第三，风险管理的结果有待更多检验。金融科技实现高效率低成本时，金融、科技和网络风险也容易产生叠加效应，在技术性风险、操作性风险和系统性风险等层面更加突出（杨东，2018）。列夫谢茨等（Livshits et al.，2016）指出，创新虽然提高了小微企业信贷可得性，但是更多高风险客户被准入，提高了贷款违约率。迪洛伦佐（2018）认为，金融科技采用了非传统的信用评估方法，是否会增加违约风险，目前还没有足够的证据来检验。

三、小微企业信贷供给的伦理问题

在金融科技快速发展的同时，不少学者开始发现，贷款技术的应用容易造成一系列的伦理问题（Jaksic & Marinc，2019；范渊凯，2018）。

第一，贷款对象的歧视问题。奥蒂内特（Odinet，2018）指出，人工智能考虑了一些特定数据（例如，不直接使用种族信息，但是通过社会媒体信息来反映种族信息），可能会提高贷款歧视问题。雷尼和安德森（Rainie & Anderson，2017）认为，人工智能对贷款不平等的影响很大程度上是未知的；如何将伦理引入人工智能借贷项目中还有待研究（Batten et al.，2018）。廖理等（2014）发现了网络借贷中的地域歧视问题，认为是一种非理性行为。

第二，模型的去价值化和透明度问题。范渊凯（2018）总结指出，金融科技的运作常常建立在数据统计与效用计算的基础上，容易割裂价值判断与金融发展的关系。迪洛伦佐（2018）发现，借款人对传统银行和金融科技公司的模型缺乏透明度感到不满。

第三，诚信和消费者保护问题。奥蒂内特（2018）发现，自2011年起，针对金融科技公司贷款的投诉数量逐年上升。一些金融科技平台追逐利益最大化，缺乏金融诚信和网络诚信，将风险转嫁于消费者（范渊凯，2018），2016年以来中国正常运营的P2P平台大幅减少就是不良结果的一种体现。帕拉迪诺（Palladino，2018）认为，应该对金融科技公司制定更明确的监管框架，从而保护借款人免受潜在的掠夺性行为伤害。

四、小微企业信贷供给的最优中介服务模式问题

如前文所述，不同的金融科技中介服务模式实践会对小微企业信贷供给产生影响，而何种金融科技中介服务模式最优，目前还缺乏足够研究，存在着较大争议。早期不少研究高度关注金融科技公司的迅速发展，认为其可能产生革命性影响，但随着时间的推移，一些学者认为，商业银行正在积极运用金融科技手段，而且具备自己的优势。皮天雷和赵铁（2014）指出，P2P网贷机构的规模和风险管理水平还比不上传统银行业金融机构，并且传统银行可以利用P2P模式发展业务，仍然具有巨大优势。银行完全有能力采用技术创新，以新的方式做旧的事情（Navaretti et al.，2018）。田霖（2016）认为，虽然金融科技发展较快，但是这一过程并非完美无缺，传统实体银行还是不可或缺的。塔科尔和默顿（Thakor & Merton，2018）强调，从贷款功能角度，金融科技公司与银行类似，但从信任的角度，由于两类机构存在本质的制度差异，商业银行天生比金融科技公司更值得信任，一旦发生损害信任的事件，金融科技公司的增长可能会停止，借款人将重新返回银行。在客户满意度方面，施魏策尔和巴克利（2017）认为，当小微企业能够获得贷款时，从银行借款比从金融科技公司借款更满意。

还有一些学者倾向于关注不同金融科技中介服务模式的竞争效应。松村（Matsumura，2018）研究了传统银行和金融科技公司在贷款市场上的竞争，认为两者的竞争不仅提高了社会福利，也提高了各代理人的福利。金融科技的发展对于小微企业融资的影响，更重要的可能是其诱发了金融市场的"鲶鱼效应"，激发了传统银行金融机构运用金融科技为小微企业提供信贷供给的动力（战明华等，2018）。

第六章

银行信贷资源配置的宏观经济效应*

银行信贷是推动中国经济增长的主要金融资源,是货币政策调控宏观经济的主要载体。银行信贷和经济波动的关系是货币政策信用传导机制的最后一环,也一直是理论和实务界关注的焦点。过去国内的研究大多仅从信贷总量层面入手而忽视了结构效应,这不利于厘清信贷在宏观经济中的作用机理。在将贷款按期限划分为短期贷款和中长期贷款后,本章通过 DSGE 模型和 FAVAR 模型,发现短期贷款对经济增长虽有短期的促进作用,但却形成通货膨胀压力;而中长期贷款对经济增长有长期的促进作用,同时对通货膨胀有一定的抑制作用。该结论一方面意味着信贷政策及其监管应加强对信贷期限结构的关注,另一方面结合我国近年来中长期贷款比重大幅上升的客观事实,也从一个新的视角解释了货币信贷加速扩张的同时,价格水平却较为稳定的"中国货币之谜"。

第一节 银行信贷资源配置效果的结构视角

一、银行信贷资源配置总量视角的困境

在我国,虽然中国人民银行从 1998 年起就已明确取消对商业银行的贷款规模控制,并转向以货币供应量为中介目标的货币政策体系,但考虑到间接融

---

* 本章核心内容来自范从来、盛天翔、王宇伟:《信贷量经济效应的期限结构研究》,载《经济研究》2012 年第 1 期。

资一直是我国资金融通最主要的渠道，因此，信贷量仍然是货币当局十分关注的总量指标之一，与此同时，信贷量对宏观经济的影响自然也是人们关注的焦点问题。尤其是 2008 年爆发全球性金融危机后，我国实施的积极财政政策和宽松货币政策直接导致了 2009 年"天量信贷"的形成，这再度引发了人们关于信贷对宏观经济影响的讨论。从已有的研究来看，国内学者大多认为信贷总量对经济增长和价格水平存在显著的影响，但对具体的影响强度甚至影响方向却有不同的结论。而从现实经济数据来看，考虑到信贷总量和货币存量之间的密切联系，我国近年来货币超额发行的同时价格却相对稳定的"中国货币之谜"背后，也必然暗含着信贷量超额增长与价格稳定的"悖论"：在 1998～2014 年，我国各类贷款余额增长达 844%[①]，同期的实际 GDP 增长 335%，而 CPI 仅增长 38.4%，这表明信贷投放在促进经济增长的同时的确未对价格水平产生很大的影响。

究竟是什么原因造成了信贷扩张对经济增长和通货膨胀不同的影响效应？目前国内从信贷总量层面开展的研究显然并未能给出令人满意的答案，而且，相关研究的结论存在着较大的差异。根据信贷量影响的强度和方向不同，国内学者的观点大致分为三类：第一类观点认为信贷量对经济增长和通货膨胀有长期的正向作用。例如，刘涛（2005）、盛松成和吴培新（2008）。第二类观点认为信贷量对经济增长有长期正向作用，但是对价格水平在短期和长期却是有不同的影响方向。例如，蒋瑛琨等（2005）认为信贷在短期内造成通货膨胀，在长期内则导致通货紧缩；章晟和李其保（2009）、潘敏和缪海斌（2010）则认为信贷短期内对 CPI 的影响为负，在长期则会引起通货膨胀。第三类观点认为信贷对经济增长和通货膨胀的影响较弱且时效较短。例如，许伟和陈斌开（2009）发现负向的信贷冲击导致产出在当期小幅下降，然后逐步回升稳态，导致通货膨胀率在当期小幅下降，然后迅速回到稳态。

二、银行信贷资源配置结构视角的重要性

我们发现，中国在信贷总量快速增长的同时，信贷结构也发生了较大的变化，包括信贷的持有部门结构和信贷的期限结构，现有的总量研究无法深入分

[①] 相关数据来源于 Wind 数据库。

析信贷的作用机制。在实证分析中，采用不同阶段的数据时，信贷结构很可能不一致，从而导致不同的结论，单纯地分析信贷总量显得过于模糊。因此，我们必须进一步剖析信贷总量，对信贷结构进行深入研究。

国外学者在研究信贷结构对宏观经济影响时，主要按照信贷的持有部门来划分信贷结构，例如区分公司贷款与居民贷款，区分工商业类贷款与房地产、消费类贷款等，进而分析不同信贷结构的经济效应。卢德维格森（Ludvigson，1998）认为居民消费贷款的减少将会降低全社会的消费量，从而减少产出量。萨法伊和卡梅隆（Safaei & Cameron，2003）以加拿大为例，发现居民信贷在短期内对真实产出的解释力要明显强于企业信贷。登汉等（2007）对美国的银行贷款组合数据进行分析，发现在货币紧缩的冲击下，房地产和消费贷款大幅减少，但是商业贷款和工业贷款却增加了，这导致产出水平下降，而价格总水平却上升。佩雷拉（Pereira，2008）发现在企业信贷约束和居民信贷约束同时存在的情况下，企业信贷约束的解除有利于经济增长，而居民信贷约束的解除却不能起到同样的作用。马尔基杜和尼古拉多（Markidou & Nikolaidou，2008）以希腊为例，发现居民贷款比企业贷款更容易受到约束，但是居民贷款对经济未能产生显著影响。值得一提的是，相关研究的对象主要为欧美发达国家，其直接融资渠道相当发达，信贷作为间接融资手段，对其结构效应的分析并没有得到广泛关注。国内目前少数有关信贷结构的分析也往往是从信贷持有主体的角度出发。例如，张军（2006）的研究认为，信贷过度向缺乏效率的国有企业分配，导致了信贷增长对经济增长的作用不显著。

三、银行信贷期限结构视角的突破性和基本作用机制

应该说，从信贷持有结构开展研究，关注了不同信贷主体的信贷行为对宏观经济的影响差异，这具有一定的现实意义。但我们认为，这类研究往往很难将不同主体的信贷行为纳入一个统一的分析框架下，部门之间的联系度较低，在分析各部门信贷的总叠加效应时，大多数只是采取实证的方法进行计量检验，一定程度上存在着理论基础的缺失，也难以分析清楚信贷的具体作用方式。同时，发达国家的居民类贷款比重较大，中国的居民类贷款虽然近十年增长较快，但余额占比依然不足20%，而且中国从2007年才开始按信贷使用的部门统计信贷余额，时间跨度较短，难以进行相关实证检验。因此，就国内状

况而言,按信贷持有主体的不同进行结构层面的研究并非最佳选择。

按照中国人民银行现有的信贷统计方式,我国的信贷余额统计中包括短期贷款、中长期贷款、票据融资和其他贷款。我们发现,1998~2014年,短期贷款余额和中长期贷款余额[①]平均超过贷款总余额的95%,与此同时,在总信贷规模不断扩张的前提下,长短期贷款之间的相对比重则发生了显著变化。考虑到不同期限的贷款在宏观经济运行中的使用范围存在显著差异,两者或许会对宏观经济产生不同的影响效应,如果能够把这两类贷款的传导机制分析清楚,则可以为厘清我国信贷总量扩张的宏观经济效应提供一个全新的视角。因此,我们在考察信贷结构的宏观经济效应时,将重点从期限结构的角度展开,即将信贷分为短期贷款和中长期贷款进行研究。

从实际的银行信贷审批来看,我们发现,整体而言,短期贷款和中长期贷款的投向在中国是有明显区别的:短期贷款主要用于借款人生产、经营中的流动资金需要,而中长期贷款则主要用于技术改造、基础设施建设、新建固定资产项目等。我们将按照两类贷款不同的投向领域,探讨其对经济增长及价格水平的影响途径。

短期贷款可能会影响企业的生产经营和居民的消费。我国金融机构的短期贷款主要用于企业的经营周转,一般用于企业生产过程中的原材料采购、生产型服务的购买等,所以短期贷款很可能对企业当期的资本投入产生影响,进而影响最终的企业产出和工业品出厂价格。同时,企业经营效益的改变,可能会影响到企业内职工的预期收入,万广华等(2001)、申朴和刘康兵(2003)均指出预期收入的不确定性影响居民消费,因此,企业生产经营的改变可能影响到居民的家庭消费情况,而居民消费的调整则会对经济增长和价格总水平产生一定的冲击作用。

中长期贷款的投放可能会改变企业未来的长期生产经营情况。一方面,从企业内部的生产经营来看,改造更新设备、研发改进技术、扩大产能后的规模效应等都属于企业全要素生产率的提高,相关方面的投资,一般需要一年以上才能收回成本,创造效益,因此其需要的不是短期流动资金支持,而是中长期的项目贷款。另一方面,从影响企业经营效率的宏观外部环境来看,基础设施

---

① 短期贷款是指期限在一年以下(含一年)的贷款,中长期贷款是指贷款期限在一年以上(不含一年)的贷款。

建设是一个非常重要的因素。周晓艳和韩朝华（2009）认为基础设施水平对全要素生产率的增长具有正面影响，刘秉镰等（2010）指出交通基础设施对中国的全要素生产率有着显著的正向影响，2001～2007年铁路和公路基础设施的增加共带动中国全要素生产率增长11.075%。基础建设的投资周期一般至少3年以上，因而支持我国基础设施建设的贷款主要为中长期贷款。所以，我们认为无论是从企业内部经营还是外部环境，中长期贷款的投向领域都是有利于促进企业的全要素生产率的，进而降低单位产出的成本，促进产出效率，调整企业的长期经营行为，最终影响到经济增长和价格总水平。

综上所述，我们可以初步总结出短期贷款和中长期贷款影响经济增长及价格总水平的传导机制，并以图6-1来表示。接下来，我们将运用理论模型深入分析这一传导机制，并利用我国相关的宏观经济数据进行实证检验。

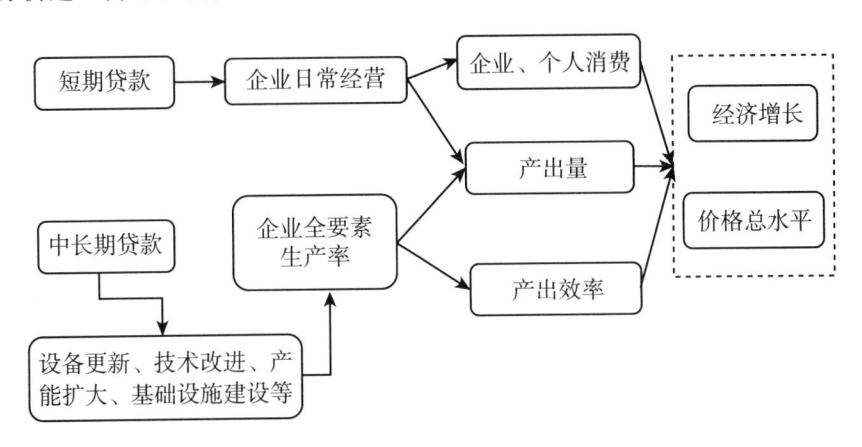

图6-1　短期贷款和中长期贷款的作用传导机制

第二节　信贷期限结构的宏观效应分析

一、两部门DSGE模型的理论分析

由于动态随机一般均衡（DSGE）模型能够兼顾微观分析和宏观分析，具有理论上的严谨性和一致性，因此我们应用一个小型规模的DSGE模型，将短期贷款和长期贷款的冲击作为外生变量，考察其对经济增长和价格总水平的不同影响。

（一）家庭部门

我们假设代表性家庭无限期生存下去，在预算约束下选择消费 C_t，闲暇 $(1-N_t)$ 和真实货币余额 $\dfrac{M_t}{P_t}$，并最大化其跨期效用，借鉴一些学者（Sidrauski, 1967；Christensen & Dib, 2008）的做法，设定效用函数如下：

$$\max E_0 \sum_{t=0}^{\infty} \beta^t U_t \tag{6.1}$$

$$U_t = e^{S_t}\ln C_t + \phi\ln(1-N_t) + \gamma\ln\left(\frac{M_t}{P_t}\right) \tag{6.2}$$

其中，$\beta \in (0,1)$ 为折现因子，U_t 为家庭在 t 时期的效用函数，N_t 为家庭劳动力供给，ϕ 和 γ 分别代表闲暇和真实货币余额在家庭效用中的权重。e^{S_t} 代表短期贷款对家庭消费需求的冲击，$S_t = \psi S_{t-1} + \varepsilon_S$，$\varepsilon_S \in N(0, \sigma_S)$，该冲击假设的理由在上一节的理论探讨中进行过简单的阐述，我们在此对该假设再次进行深入分析。短期贷款可能通过两条渠道影响居民消费。第一条渠道是短期贷款直接拉动家庭消费，以 2007~2010 年为例，在短期贷款中，居民类短期贷款平均占比约为 18%，其中居民消费类约为 4%，经营类约为 14%[①]，整体的占比较低，并且受到中国传统消费观念和消费习惯的影响，居民通过短期借贷进行消费的比例目前依然较小，因此我们认为居民类短期贷款对短期消费的直接拉动效应较低，即短期贷款的第一条渠道效应较弱。第二条渠道是短期贷款对企业的生产经营产生影响，从而间接拉动了家庭消费。由于企业获得短期贷款后，对短期经营可以有正向促进，有利于提高企业的经营效益。尽管居民工资在当期存在黏性，甚至在下一期也未必会有显著提高，但是企业良好的经营状况却可以大大减弱居民未来预期收入的不确定性。莱兰（Leland, 1968）提出储蓄主要是为了避免未来不确定性收入所带来的冲击，万广华等（2001）、申朴和刘康兵（2003）也均以中国的实际数据证明了不确定性对消费有显著的负效应。因此，我们认为未来收入不确定性的减弱，将会降低当期储蓄，提高当期的家庭消费，即短期贷款主要通过第二条渠道促进居民消费。

代表性家庭部门在最大化其跨期效用时，将受到跨期预算约束，我们假设家庭收入全部来源于工资收入，不考虑财产性收入等其他收入，则具体的约束

---

① 相关数据来源于 Wind 数据库。

条件如下:

$$C_t + \frac{M_t}{P_t} \leq \frac{M_{t-1}}{P_{t-1}} + W_t N_t \qquad (6.3)$$

其中,W_t 为劳动力成本,在式(6.3)的约束下,最优化跨期效用函数(6.1),即对消费 C_t,劳动供给(N_t)和真实货币余额 $\frac{M_t}{P_t}$ 求一阶条件,经过整理后得:

$$\frac{\phi}{1-N_t} = \frac{e^{S_t}}{C_t} W_t \qquad (6.4)$$

$$\frac{\gamma P_t}{M_t} = \frac{e^{S_t}}{C_t} - \beta \frac{e^{S_{t+1}}}{C_{t+1}} \qquad (6.5)$$

(二) 企业部门

假设企业在一定的技术条件下,通过投入资本 K_t 和劳动力 N_t 进行生产运营,并且下一期的资本来源于当期的剩余资本和当期的投资,具体的生产函数和资本积累形式如下:

$$Y_t = e^{L_t} A_t (e^{S_t} K_t)^\alpha N_t^{1-\alpha} \qquad (6.6)$$

$$K_{t+1} = (1-\delta) K_t + I_t \qquad (6.7)$$

其中,A_t 为全要素生产率,α 为资本在产出中的贡献份额,I_t 为投资,δ 为资本折旧率,为简化起见,我们设定 $\delta = 1$。按照上一节的理论分析,我们设定 e^{L_t} 为中长期贷款对全要素生产率的冲击,$L_t = \eta L_{t-1} + \varepsilon_L$,$\varepsilon_L \in N(0, \sigma_L)$,$e^{S_t}$ 为短期贷款对资本 K_t 投入的冲击。

借鉴恩加拉瓦和维吉(Ngalawa & Viegi,2010)的做法,企业在生产函数的约束下,通过选择资本 K_t 和劳动力 N_t 投入,努力实现经营成本的最小化,为简化起见,我们不考虑贷款的利息对企业经营成本的影响,企业的成本函数如下:

$$\min_{K_t, N_t} W_t N_t + R_t K_t \qquad (6.8)$$

其中,R_t 为资本成本,为求最优化成本,我们对 K_t 和 N_t 求一阶条件,经过整理后得:

$$\frac{R_t}{W_t} = \frac{\alpha e^{S_t} N_t}{(1-\alpha) K_t} \qquad (6.9)$$

(三) 市场均衡条件

均衡条件由最终产品均衡和货币市场均衡组成,并且我们假设劳动力市场出清，企业的劳动力投入等于家庭部门的劳动力供给，参考一些学者（Atta-Mensah & Dib，2008；Ngalawa & Viegi，2010）的做法，均衡条件为：

$$Y_t = C_t + I_t \tag{6.10}$$

$$P_c Y_t = M_t \tag{6.11}$$

（四）参数校准及求解

式(6.3)~式(6.7)、式(6.9)~式(6.11)加上短期贷款和中长期贷款的冲击函数，构成了本模型完整的动态系统，对各方程求其稳态，并在稳态附近进行对数线性化，在此基础上，利用校准后的参数，进行数值近似模拟，我们将借助 Dynare 4.2.0 版本软件包来完成相应的计算。

首先我们对模型的参数值进行校准，大部分参数的赋值借鉴相关研究文献中的参数值，少数参数利用中国实际数据进行计量估计后调整得到。

参考许伟和陈斌开（2009）的总结，对折现因子 β 取值 0.99；陈晓光和张宇麟（2010）认为民营企业的资本收入份额为 0.35，国有企业的资本收入份额为 0.55，因此我们对资本在产出中的贡献份额 α 设定为 0.45，斯梅茨和武泰（Smets & Wouters，2003）将投资调整成本和资本利用成本设定为 0.148 和 0.17，因此本节将资本成本 R_t 校准为 0.15；参考恩加拉瓦和维吉（2010）的赋值，并结合许伟和陈斌开（2009）、陈晓光等（2010）的折算值，设定闲暇 ϕ 在家庭效用中的权重为 0.3，真实货币余额在家庭效用中的权重 γ 为 0.4。

为保持与上述参数值的时间段基本类似，我们选用 1998~2010 年的短期贷款和中长期贷款季度数据，采用 X-11 方法进行季节调整，并对变量取对数，通过 H-P 滤波方法得到偏离趋势的波动，然后对 $S_t = \psi S_{t-1} + \varepsilon_S$ 和 $L_t = \eta L_{t-1} + \varepsilon_L$ 进行估计，计量结果显示 $\psi = 0.82$，$\eta = 0.83$，根据实际经验，我们认为中长期贷款的连续性要强于短期贷款，一阶滞后的相关系数应该要大于短期贷款，出现这样的情况可能是 2009 年中长期贷款猛增使得中长期贷款波动较短期偏大，同时仅取 12 年的季度数据也可能会导致一定的计量误差。因此我们根据计量结果，并结合与多位银行信贷审批人的访谈[①]，对短期贷款的相关系数下调 10%，长期贷款的相关系数上调 10%，最终取 $\psi = 0.74$，$\eta = 0.9$。

---

① 在此，对热心提供现实经验数据的几家银行的信贷审批人表示衷心感谢。

我们发现 σ_S、σ_L 的取值对最终结果没有本质影响，为便于考察冲击效果，我们取 $\sigma_S = \sigma_L = 0.025$。所有参数校准赋值汇总如表 6-1 所示。

表 6-1　　　　　　　　　　参数校准结果

参数	β	α	R_t	ϕ	γ	ψ	η	σ_S	σ_L
取值	0.99	0.45	0.15	0.3	0.4	0.74	0.9	0.025	0.025

资料来源：根据相关文献资料整理。

（五）模拟结果分析

为验证此模型的解释力，我们采用 1998～2010 年的 GDP、全社会消费品零售总额、短期贷款余额、中长期贷款余额的季度数据，使用 X-11 方法进行季节调整，对相关变量取对数，通过 H-P 滤波方法去除相应变量中的增长趋势，最后分别计算出这些数据的标准差，用来代表其波动性，将实际数据与模型模拟值的波动性进行对比。对于资本与产出波动比的实际值，我们直接借鉴使用了陈晓光和张宇麟（2010）的结果。相关结果如表 6-2 所示。

表 6-2　　　　　　　　主要经济变量的波动性特征

变量	模拟标准差	与产出波动比	实际标准差	与产出波动比
产出	0.016	1.000	0.015	1.000
消费水平	0.006	0.375	0.030	2.000
资本	0.016	1.000	0.018	1.230
短期贷款	0.037	2.313	0.034	2.267
长期贷款	0.057	3.563	0.050	3.333

资料来源：根据 Matlab 软件计算整理。

据表 6-2 所示，虽然消费水平的模拟结果与现实结果存在一定差距，但总的来说，我们建立的模型能够在较大程度上反映实际经济情况。

为了考察短期贷款和中长期贷款对宏观经济的影响，我们检查了产出和价格总水平对两类贷款的脉冲响应情况。图 6-2 表示短期贷款对产出和价格总水平的冲击效应，图 6-3 表示中长期贷款对产出和价格总水平的冲击效应，图中横轴表示时间，纵轴表示变量在冲击后对稳态的偏离。

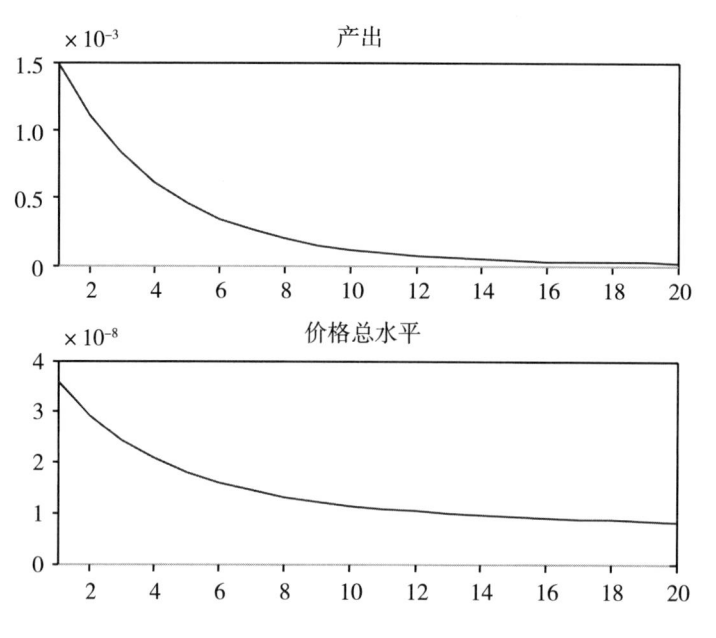

图 6-2　短期贷款对产出和价格总水平的冲击

资料来源：采用 Matlab 软件的 Dynare 4.2.0 版本软件包绘制。

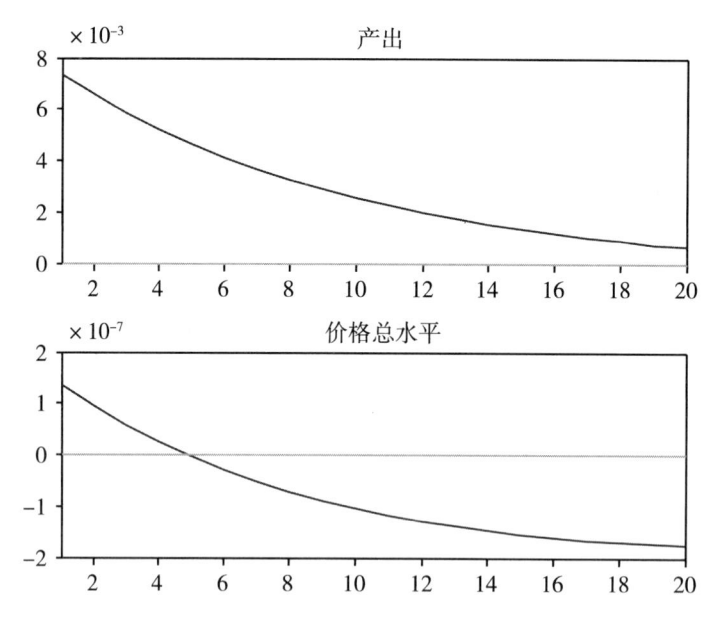

图 6-3　中长期贷款对产出和价格总水平的冲击

资料来源：采用 Matlab 软件的 Dynare 4.2.0 版本软件包绘制。

从图 6-2 和图 6-3 我们发现，短期贷款与中长期贷款对经济增长均有正向作用，相比而言，短期贷款影响的时效性要远小于中长期贷款。在价格总水平方面，短期贷款带来通货膨胀的压力，而中长期贷款仅在短期内对价格产生正向冲击，长期来看却能够对价格总水平产生负向作用，抑制通货膨胀。可能是因为中长期贷款主要通过提高全要素生产率来抑制价格上涨，而中长期贷款投放的项目通常建设时间较长，其建成达产需要一定时间，所以对价格水平的抑制有滞后性，并且是长期性。

二、基于 FAVAR 模型的实证检验

在上一部分，我们利用 DSGE 模型作为基础，从理论上探讨了信贷期限结构对经济增长和价格总水平的作用。但是，刘斌（2008）指出 DSGE 模型尚不能完全替代传统的计量经济模型，开发一个能对现实拟合度较高的模型存在着一定的难度。因此，为更好地检验现实情况，我们将通过非理论性的 FAVAR 计量模型再次对之前的结论进行检验。

（一）FAVAR 模型简单介绍

现有的文献在分析信贷冲击效应的时候绝大部分采用的是 VAR 或 SAVR 模型。伯南克等（2005）指出，用 VAR 模型研究货币政策存在一些缺陷：VAR 模型中的变量非常有限，在选取上也有一定的随意性，无法反映所有的经济信息，难以满足全面分析货币政策效应的需要。基于此，伯南克等（2005）、博伊文和詹诺尼（Boivin & Giannoni, 2008）将传统的 VAR 分析和因子分析相结合，建立了 FAVAR 计量模型来解决这种信息不充分的问题。

FAVAR 计量模型简单描述如下：

$$\begin{bmatrix} F_t \\ Y_t \end{bmatrix} = \Phi(L) \begin{bmatrix} F_{t-1} \\ Y_{t-1} \end{bmatrix} + v_t \tag{6.12}$$

Y_t 是可观测的经济变量向量，一般是我们需要研究的对象，本节中主要为短期贷款余额、中长期贷款余额、GDP 和 CPI。F_t 为不可直接观测的经济变量向量，从大量的宏观经济数据 X_t 中通过因子分析的方法获取。$\Phi(L)$ 为 P 阶滞后多项式，v_t 是均值为零、协方差矩阵为 Q 的随机误差项。这样就实现了因子分析模型和 VAR 模型的结合。由于 Y_t 也包含在全部的宏观经济变量数据 X_t 中，为了消除 Y_t 和 F_t 之间的相关性，我们采用博伊文和詹诺尼（2008）的方法，首先对 X_t 进行主成分分析，从而得到初始的 F_t，并记为 $F(0)_t$；然

后按照下面的方法进行迭代：(1) 以 $F(0)_t$ 和 Y_t 为因变量，对 X_t 进行回归估计，得到估计系数 $\lambda(0)_M$；(2) 计算 $X(0)_t = X_t - \lambda(0)_M Y_t$；(3) 对 $X(0)_t$ 进行主成分估计，得到新的主成分 $F(1)_t$，从而消除了 Y_t 和 F_t 之间的相关性，然后我们可以将 $F(1)_t$ 和 Y_t 代入式（6.12）进行最终的计量分析①。

(二) 变量选取及数据处理

我们认为，在考察信贷期限结构对经济增长及价格总水平的影响时，应在相对市场化的宏观金融环境下进行分析。1998 年 1 月 1 日起，中国人民银行取消了贷款限额的控制，货币信贷调控由直接控制转为间接控制，因此我们的实证检验数据全部选用 1998～2014 年的季度数据，除短期贷款余额、中长期贷款余额、GDP、CPI 以外，我们借鉴伯南克等 (2005)、顾标和周纪恩 (2009)、沈悦等 (2011) 的研究，结合我们需要考察的问题和实际数据的可得性，选取了 43 种经济指标，作为描述宏观经济的变量。大致分为四组：一是反映金融和财政收支的变量，包括外汇储备、M1、M2、股票市值、财政支出和收入等；二是反映房地产和固定资产投资的变量，包括房地产开发投资总额、房地产销售价格指数、固定资产新建投资额、固定资产投资本年施工项目计划等；三是反映国民经济发展的变量，包括农林牧渔业总产值、第一二三产业增加值，进出口总额等；四是反映人民生活和就业的变量：全部在岗职工数、在岗职工工资总额、社会消费品零售额等。

本节的全部数据主要来源于中经网，部分来源于高校财经数据库和中国人民银行网站。我们对相关数据作以下预处理：所有数据中，如果公布数据为月度数据的，将每季度三个月的数据进行平均，得到当季的数据值，个别季度的缺失数据，我们采用插值估算得出。由于缺少 1998～2000 年的 CPI 环比数据，我们以 2001 年的环比数据和 1998～2000 年的同比数据进行折算，得到 1998～2000 年的环比数据，再结合 2001～2014 年的环比数据，计算出以 1998 年为基础的 CPI 定基础价格。再以此价格为基础，对各类数据消除价格因素的影响，然后利用 X-11 的方法进行季节调整，最后再对所有数据取对数②。

---

① 对于该方法的具体讲解，我们在此不详细展开，详见伯南克等 (2005)、博伊文和詹诺尼 (2008) 的描述。

② 处理后的各变量经过 ADF 检验，都符合 I (1) 序列，并通过了 Johansen 协整检验，FAVAR 模型整体也通过了稳定性检验，由于涉及的变量较多而篇幅有限，具体检验结果不再予以列出。

(三) 脉冲响应分析

短期贷款和中长期贷款对 GDP 和 CPI 的冲击影响如图 6-4 和图 6-5 所示。

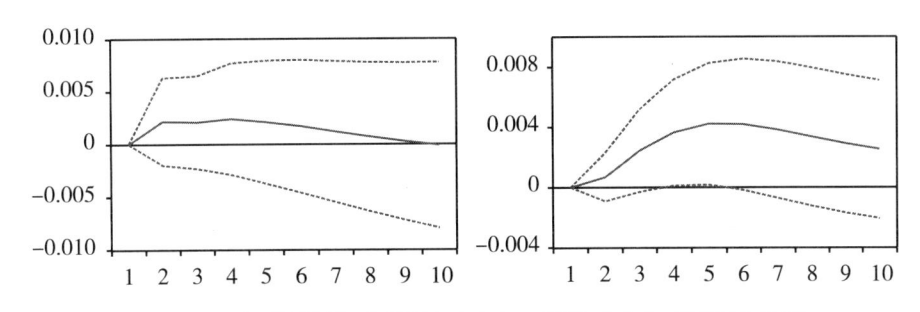

图 6-4　短期贷款对 GDP（左）、CPI（右）的脉冲效应

资料来源：采用 EViews 软件计算绘制。

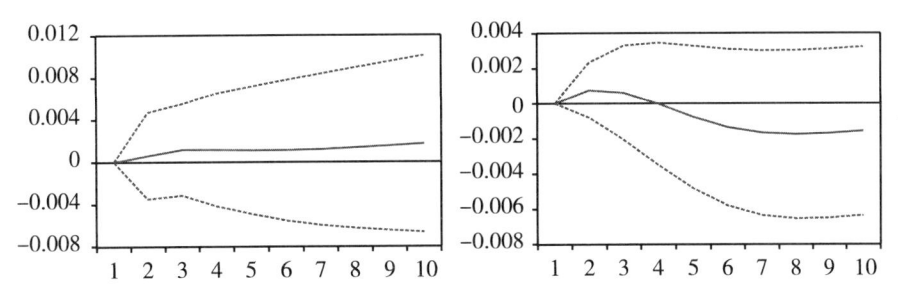

图 6-5　中长期贷款对 GDP（左）、CPI（右）的脉冲效应

资料来源：采用 EViews 软件计算绘制。

从图 6-4 我们可以看出，短期贷款对 CPI 有正向的冲击，并且持续时间较长，对经济增长造成将近两年的正向促进作用，但是效果逐渐减弱，随着时间进一步推移，甚至可能转变为负向作用。整体而言，该检验结果与我们之前的理论探讨是一致的，都得出了短期贷款将带来通胀压力，对经济增长只有短期的正效益。从图 6-5 我们可以看出，从一年以上期限来看，中长期贷款对 CPI 存在明显的负向冲击，而对经济增长则造成较长期的正向作用，并且对两者的影响都是持续的。虽然在收敛性和产生作用的时点上与本节 DSGE 模型部分的结论略有差别，但是在整体方向性的判断上是较为一致的。

总体来说，FAVAR 计量检验的结果与我们在 DSGE 模型分析的结果较为一致，由于 FAVAR 模型本身并不带有理论性，在设立模型时无须做任何先验性的假设约束。因此，我们认为 FAVAR 模型的检验结果能够较好地支持理论分析的结论①。

第三节　银行信贷资源配置结构的启示

一、研究结论

本章应用了一个包含家庭和企业的小型动态随机一般均衡（DSGE）模型，为分析中国的信贷期限结构与经济增长和通货膨胀的关系提供了一个框架。我们将短期贷款和中长期贷款的作用途径引入其中，深入分析了两类贷款的传导机制，通过数值模拟得出了探索性的结论，并且使用 FAVAR 计量模型，以 1998～2014 年的季度数据证实了相应的结论。

研究结论表明，信贷总量中的短期贷款和中长期贷款对经济增长和价格总水平的影响存在着明显差异。短期贷款对经济增长仅有短期的促进效应，但是却会带来通货膨胀的压力；而中长期贷款能够促进经济的持续增长，同时从长期来看，对价格总水平有抑制作用。

对于短期贷款，我们在之前的理论模型分析中发现短期贷款能够拉动企业的生产经营，并刺激消费，这或许将造成短期的生产原料和消费品需求提高，形成需求拉动型的通货膨胀。在整体市场需求较好的情况下，资金的短期投入很容易增加企业短期产出，提高销售收入，进而对我国经济增长产生正向促进作用。对于长期贷款，在之前模型的假定中，我们已经分析了中长期贷款能够促进全要素生产率的提高，提升产出水平。并且，我们认为全要素生产率的提高降低了单位产出的成本，促进了产出效率，这对降低价格总水平是有正向作用的。一些学者的研究结果也证实了我们的推理，例如徐惠儿等（2008）检验了全要素生产率增长份额和通货膨胀的负相关关系，万光彩和刘莉（2007）发现随着技术的进步，劳动生产率不断提高，导致总供给曲线向右下移动，抑制物价上涨。

按照本章的分析，短期贷款对经济增长有短期的促进作用，中长期贷款对

---

① 我们同时也使用了传统 VAR 模型进行检验，得出了与 FAVAR 模型在本质上一致的结论，一定程度上也说明了结论的稳定性，但是从方法上比较，FAVAR 在计量思想上更加全面，因此我们最终仍然采用了 FAVAR 模型。

经济增长有较长时间的促进作用，如果我们将效果进行简单叠加，这与大量学者们认为的信贷总量对经济增长有正向影响是一致的。短期贷款将带来通货膨胀，而中长期贷款却能够抑制价格总水平的上涨，这就解释了为什么学者们在研究信贷总量对价格总水平的影响时会有不同的结论。因为采用不同时间段的数据，短期贷款和中长期贷款的组合不同，最终的叠加效果也将会不同。

二、相关启示

（一）信贷政策及其监管应关注信贷的期限结构

按照本章分析的两类贷款的作用传导机制，我们认为，在经济过热和通胀压力较大时，如果只是不加区分地简单压缩贷款规模，将不利于经济增长，也未必能够起到抑制通货膨胀的效果；在经济衰退时，如果只是随意地投向那些产能过剩，短期受益于财政刺激的行业，发放远远超出生产经营的资金贷款，只能对经济带来短暂的促进，却会极大增加未来通胀的压力。

对于短期贷款，主要应关注其对通货膨胀的影响，尤其是偏离了真实性交易背景的短期贷款，只会造成更大的通胀预期，对经济增长却毫无益处。短期贷款的种类较多，资金流向也比中长期贷款更难以监管，虽然其在总贷款余额中的比重正逐年下降，但是其对通货膨胀的冲击仍不容小觑。2010年监管部门出台的《流动资金贷款管理暂行办法》对于规范短期贷款的流向起到了较好的效果，未来还应当出台更多的监管规定。

中长期贷款促进经济的持续增长，抑制物价上涨的前提是中长期贷款能够促进全要素生产率的提高，否则非但无法促进经济增长，还会带来通胀的危险。应当通过市场化与监管手段相结合的方式，进一步改善商业银行公司治理结构，强化其市场化经营理念，同时依靠政策法规来规范其信贷行为，逐步引导中长期贷款的投向。在货币政策宽松的情况下，对新上项目也应该严格审批，不可盲目投产，存量项目如无真实性需求，也应该予以压缩，谨防信贷大量投放后带来的通胀压力；在货币政策紧缩，贷款规模控制的情况下，也要做到有保有压，对设备改造、技术更新、重要基础设施项目等的资金需求要予以保证，防止紧缩后带来经济的大幅下滑。例如，2010年下半年开始，监管机构要求对地方政府融资平台贷款进行重检，该类贷款基本全部为中长期贷款，此举除了防范政府债务风险和银行信贷风险外,在客观上将有助于提高中长期贷款对经济增长的效率,缓解 2009 年开始出现的贷款低效率现象。

(二) 中长期贷款/短期贷款的大幅提高解释了"中国货币之谜"

中国 M2/GDP 快速增长时,通货膨胀率却较为稳定的"货币之谜",引起了众多研究者的兴趣,他们从多方面对该问题进行了研究。从目前来看,对该问题的解释总结起来主要有以下几个视角:经济货币化程度(易纲,1995)、资本市场发展(马明和和王宇伟,2005)、商业银行不良贷款(谢平和张怀清,2007)以及持币主体结构内在调整(王宇伟,2007;2009)等。毋庸置疑,这些观点对我们理解中国的"货币之谜"都有十分积极的意义,不过,货币化、资本市场发展两方面的观点很难解释中国 M2/GDP 高于美国、英国的原因①。谢平和张怀清(2007)提出的"银行主导的金融系统和商业银行巨额不良资产"虽然解释了中国 M2/GDP 高于其他国家的原因,却未能对通货膨胀率的稳定做出明确解释。在本节中,我们尝试将我国信贷期限结构的变化特征和长短期信贷对宏观经济的不同影响结合起来,对"货币之谜"进行解释。我们注意到,1998~2014 年,我国中长期贷款/短期贷款的比值从 0.29 提高到 1.41,总计增长接近 5 倍,具体如图 6-6 所示。我们认为从整个银行体系来看,M2 属于负债方,而信贷属于资产方,本外币信贷余额占 M2 的比例尽管在逐步下降,但目前依然可以达到 65%,所以我们可以考虑从资产方的

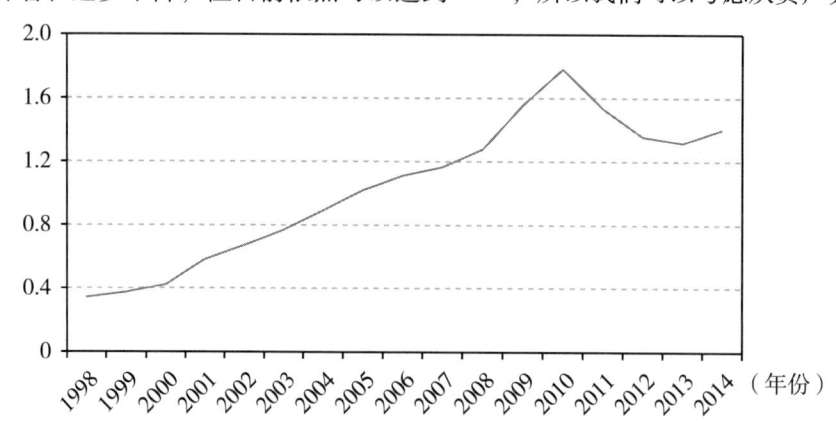

图 6-6 1998~2014 年中长期贷款/短期贷款的变化趋势

资料来源:根据 Wind 数据库计算整理绘制而得。

---

① 可以参见谢平和张怀清(2007)对各类解释观点的评述。

角度，以信贷期限结构来对 M2 的使用情况进行分析，从另一个角度解释"货币之谜"。大量的信贷投放带来了货币量的超额供应，但是中长期贷款余额占贷款比重的大幅上升却抑制了通货膨胀水平，因此在 M2/GDP 快速增长的同时，通货膨胀率依然保持相对稳定。

当然，值得注意的是，本章将信贷作为外生变量，没有细致分析银行经营行为对信贷造成的影响。同时，本章未考虑"影子银行"[①] 的问题，"影子银行"体系的诞生可能大大提高全社会总的贷款投放规模。这些都是未来值得进一步深入研究的问题。

---

① 影子银行体系（the shadow banking system）或称影子银行，美国太平洋投资管理公司创始人比尔·格罗斯于 2007 年 11 月首次使用了这一名词，主要指那些行使着银行功能却不受监管或少受监管的非银行金融机构，包括其开发的金融工具和金融产品，例如通过商业银行发售的信贷类信托理财产品就属于影子银行产品。

第七章

金融科技与银行业转型
——以长三角金融一体化为例*

结合现有研究和本书上述章节的论证,能够充分说明商业银行的经营行为和资源配置活动对于货币政策信用传导机制的重要影响,同时我们也发现了金融科技带来的诸多新变化。随着金融科技的发展,近年来,开放银行的理念逐渐在中国落地生根。开放银行侧重于强调借助创新型技术手段,打造金融生态圈,从而让传统的产品和服务可以脱离物理网点的限制,并且也不再局限于某些金融产品。我们认为这将会对银行业转型带来新的变化,改变现有的银行管理模式,从而很可能会影响传统的货币政策信用传导机制。由于开放银行主要特征的宏观表现与金融一体化内涵高度契合。因此,本章将以金融科技推动的开放银行建设,来讨论金融科技导致银行经营行为的变化,并且以长三角区域为例,讨论开放银行与金融一体化的关联以及开放银行如何推动金融一体化。

第一节 金融科技、开放银行与金融一体化

一、开放银行的特征

"开放银行"(open banking)出现的时间较短,其理念最早可以追溯到

---

* 本章核心内容来自盛天翔、范从来:《借助开放银行推动长三角区域金融一体化》,载《国际金融》2020年第1期。

2004 年在线支付服务商 PayPal 围绕支付服务推出的一系列应用程序接口（application programming interface，API）。2014 年英国市场竞争委员会（Competition & Markets Authority）提出开放银行概念，并着手制定开放银行技术标准和计划；2015 年欧盟通过《新支付指令》（PSD2）立法，要求欧盟区的银行向第三方开放 API；2016 年西班牙对外银行（BBVA）成为全球第一家商业化运作开放 API 的银行。紧接着，开放银行在全球迅速发展，目前已被 30 多个国家和地区接受，中国银行业自 2018 年正式开始开放银行的实践。

作为金融领域新名词，开放银行的含义依然处于逐步完善的阶段。根据麦肯锡咨询公司 2019 年的报告，"开放银行是一种平台合作模式，它利用开放 API 等技术实现银行与第三方机构间的数据共享，从而提升客户体验。"本节结合各方的界定以及中国银行业发展情况，认为"开放银行"的主要特征包括三个方面。第一，本质是数据共享。开放银行以 API 或软件开发工具（software development kit，SDK）作为技术手段，实现内外部数据的共享，将数据作为重要的金融生产要素，从而帮助发现和满足客户需求。第二，模式是构建生态圈。数据共享的背后是金融新业态，银行通过与不同部门和机构之间的合作，包括其他商业银行、非银金融机构、金融科技公司、政府、实体企业以及其他机构等，为客户提供更多、更便利、更透明、更普惠的多元金融产品，打造多方共赢的战略生态圈。第三，目标是提升银行业服务能力。通过生态圈的构建，银行的金融服务能够更加强调以客户为导向，衔接企业生产经营、居民生活消费等各类场景，延展银行服务边界，提高银行服务竞争力。

二、金融一体化的内涵

虽然自 20 世纪 60 年代开始，"金融一体化"已经得到各方诸多关注，但是其并未形成完全统一的定义。综合国内外研究来看，"金融一体化"主要聚焦于某个区域范围内，其基本内涵可以概括为三个方面：一是金融资源共享。区域内的金融市场要素资源能够形成共享和整合，促进金融产业内的专业化分工与协作。二是金融服务易获。区域内金融产业提供的金融工具和服务能够自由流动，产品的种类、价格和盈利率等趋于一致。三是金融配置高效。区域内金融发展的联动性能够不断提高，各类金融活动相互渗透、相互影响，推动金融资源配置的效率提升。

三、开放银行与金融一体化的关联

综合开放银行和金融一体化的特征来看,两者在核心理念方面具有较强的相似性。开放银行强调不同渠道的数据资源共享,注重生产要素联结,与金融一体化要求的要素资源共享相呼应;开放银行重视业务生态圈搭建,提供更丰富的金融产品,有利于满足客户多样化的金融服务需求,与金融一体化要求的金融服务易获相呼应;开放银行旨在增强客户价值创造,以更高的服务效率提升银行竞争能力,与金融一体化要求的金融配置高效相呼应。开放银行和金融一体化的内在关联性如图7-1所示。因此,我们认为开放银行的发展,具备支撑长三角区域金融一体化的基础,能够成为行之有效的助推器。

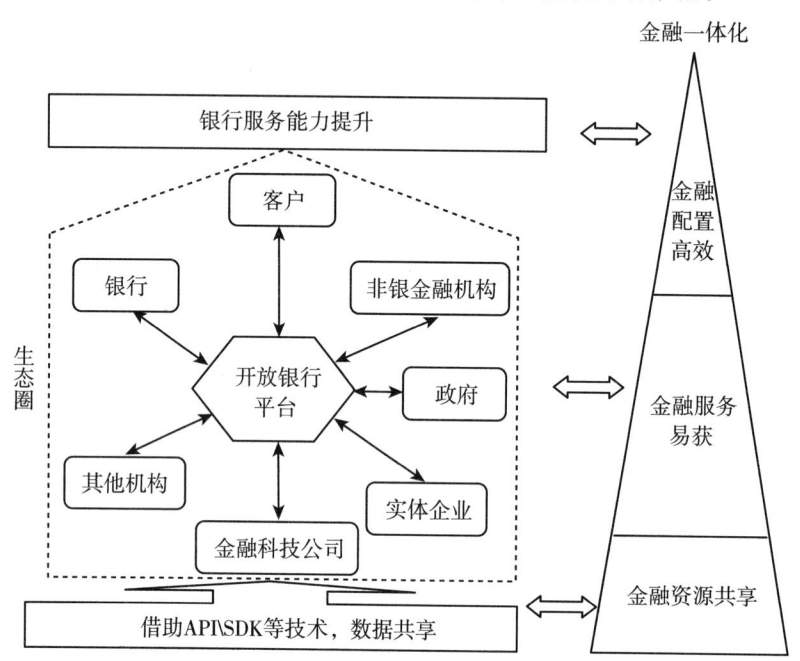

图7-1 开放银行与金融一体化的关联

资料来源:作者整理。

第二节 借助开放银行推动金融一体化

2018年11月,习近平总书记在首届中国国际进口博览会上宣布,支持长三角区域一体化发展并上升为国家战略;2019年3月政府工作报告进一步提出，要将长三角区域一体化上升为国家战略，编制实施发展规划纲要。长三角区域一体化发展迈入新阶段，迎来历史性重大机遇，政界、学界和业界展开大量讨论。长三角地区包括"上海、江苏、浙江、安徽"一市三省，2018 年常住人口占全国人口的约 1/6，经济总量接近全国的 1/4，超过经济总量全球第五的英国。金融在现代经济发展中发挥着促进资源配置的重要作用，长三角地区金融业增加值超过全国的 27%①，因此金融一体化是长三角区域一体化的关键组成部分，也是提升长三角区域一体化程度的核心动力之一。

一、长三角区域金融一体化发展相对不足

（一）区域内金融一体化程度滞后

受经济社会环境、金融发展阶段和金融管理体制等因素影响，长三角区域金融一体化发展处于一定的滞后态势。我们采用 F - H 模型②对长三角、京津冀和珠三角的金融一体化程度进行测量（见图 7 - 2）。2008~2017 年，三大区域的金融一体化程度整体呈现上升趋势，但是长三角地区要落后于京津冀和珠三角。当然，由于长三角地区的经济总量和存贷款总额相当于其他两大区域总和，涉及的城市数量在三大区域中最多，因此相对而言，金融一体化发展过程中协调的难度性也更高一些。

（二）区域内金融资源运用情况差异较大

目前间接融资依然是中国最主要的融资渠道，银行信贷资源对经济增长产生巨大的推动作用，但是从信贷资源的运用情况来看，长三角区域内存在着明显差异。

一是信贷资金运用效率（GDP/贷款）情况。长三角区域信贷资金运用的平均水平与全国水平接近，其中江苏和安徽的信贷运用效率在全国处于领先位置，而上海和浙江则相对低一些（见图 7 - 3）。这一方面是由于不同省市的经

---

① 本节相关数据来源于 Wind 数据库。
② 在对一国内部区域的金融一体化程度测量时，较多采用 F - H 模型。该模型最早由费尔德斯坦和霍利奥卡（Feldstein & Horioka，1980）提出，其基本思想是，当资本可以自由流动时，当地储蓄和当地投资的相关性较低。为更直观展现，我们对结果进行倒数化处理，从而数值越高代表一体化程度越高。

济发展程度和区域定位不同，例如上海作为全国范围内的金融中心，占有较多总部资源，贷款使用不局限于本地，具有一定的辐射能力；同时，另一方面也说明，信贷资金在支持经济发展时呈现良好效率的地区，后续信贷投放可能具备更坚实的基础，也更有信贷扩张的空间。

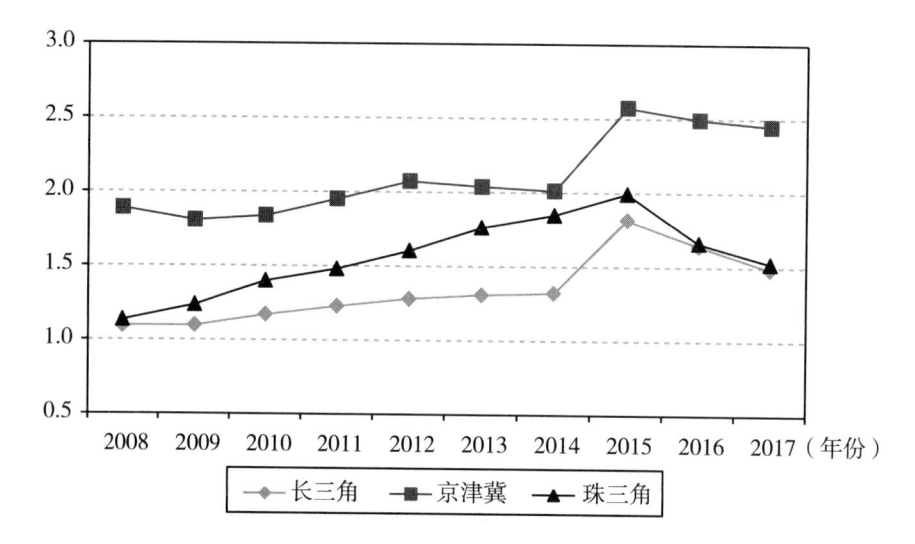

图 7-2 2008~2017 年三大区域金融一体化程度

注：2015 年三大区域的金融一体化程度基本都出现大幅度提升，随后再次回落。这主要是受部分同业存款纳入一般性存款的政策影响，当年区域内的北京、上海和深圳的存款余额大幅度增加，对测算结果造成一定影响，但是该测算依然可以体现三大区域金融一体化程度的整体趋势和区域差异。

资料来源：根据 Wind 数据测算。

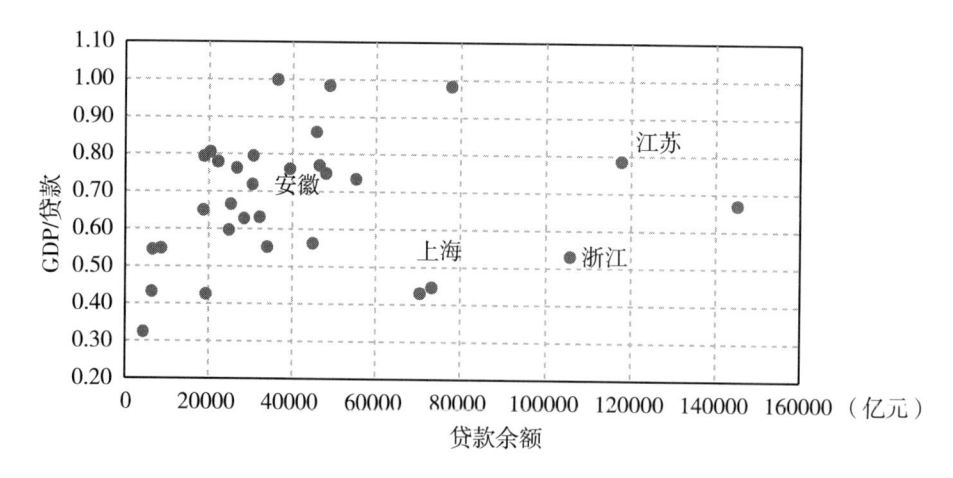

图 7-3 2018 年中国各省（区、市）信贷资金运用效率

资料来源：根据 Wind 数据测算。

二是信贷资金来源（贷存比）情况。长三角区域贷存比的平均水平略高于全国水平，其中上海地区贷存比较低，仅次于北京，属于资金富余型地区，而江苏和浙江的贷存比则分别超过81%和90%（见图7-4）。信贷资金来源的受限，会对商业银行的信贷投放总量和结构调整产生抑制效应，长三角范围内具有一定的资金空间，但是区域间的资金调度能力仍然偏弱，同业市场与信贷市场的资金对接功能没有能够得到充分发挥。

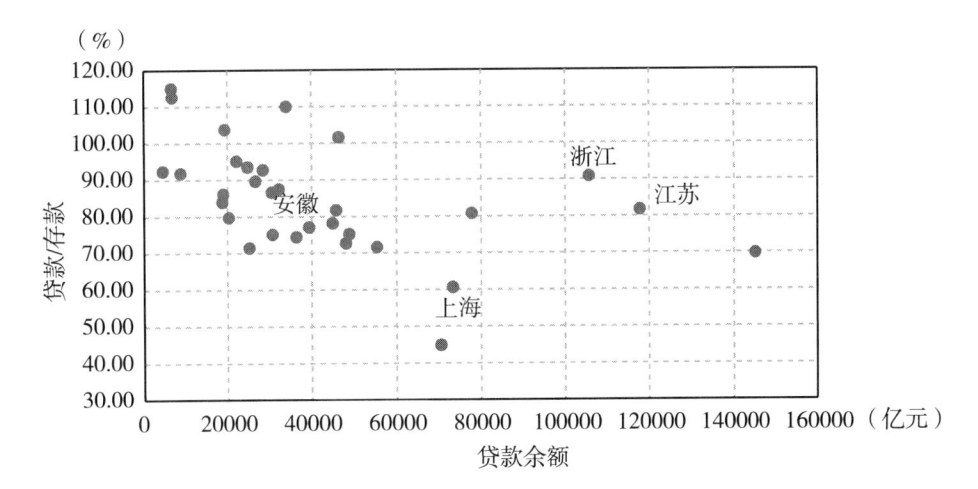

图7-4　2018年中国各省（区、市）信贷资金来源情况

资料来源：根据Wind数据测算。

（三）区域内金融市场化程度和发展质量参差不齐

整体而言，长三角区域的金融市场化程度较高，但也存在不完善不均衡的现象。根据《中国分省份市场化指数报告（2018）》，在要素市场发育方面，上海、江苏和浙江的金融市场化程度均位居全国前5位，而安徽仍然处于全国中间水平。从人均占有的金融服务资源来看（见图7-5），浙江每万人拥有的金融机构营业网点数最高，说明其金融服务覆盖面相对较广；上海每万人对应的金融机构从业人员最高，意味着其金融服务质量相对较高；安徽在人均金融服务资源方面则相对短缺。

在金融发展质量方面，长三角区域内一市三省的信贷资产质量全部处于全国中上等水平。2017年，上海的银行业平均不良贷款率为0.6%，仅次于北京和西藏；区域内信贷余额最高的江苏，银行业不良贷款率能够保持在全国第六；安徽和浙江的不良贷款率在区域内则相对较高一些。由于近几年商业银行

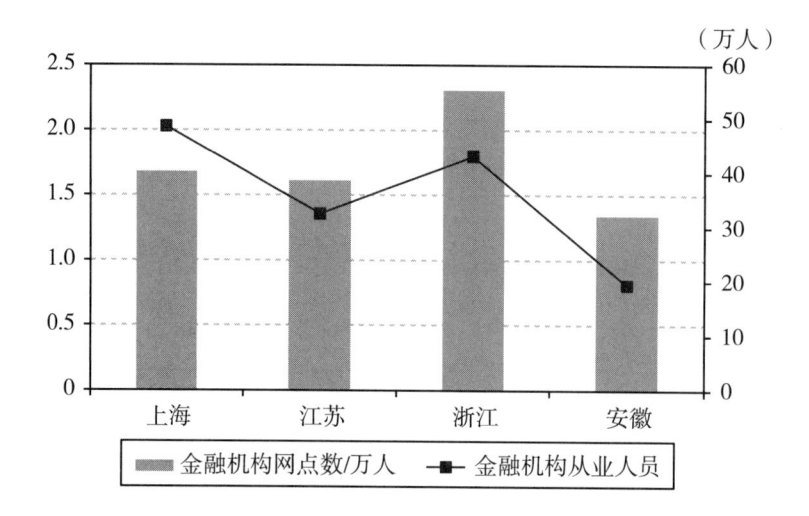

图 7-5　长三角区域人均金融服务资源情况

资料来源：根据 Wind 数据测算。

不断加强对不良贷款的清收化解力度，不良贷款率指标并不能完全体现真实的信贷资产质量。但是不同省市间的差距依然反映出各自的风险管理、风险偏好等情况，地方性的风险冲击无法被跨地区的投资组合分散。

二、借助开放银行推动长三角区域金融一体化的现实基础

2018 年长三角地区债权类融资在社会融资规模中的占比约为 90%，银行业金融机构是推动金融一体化过程中的重要载体。所以，我们认为构建开放银行将有助于长三角区域金融一体化发展，并且具备良好的基础。

（一）长三角区域金融机构体系良好

借助开放银行推动金融一体化时，需要各类金融机构共筑开放银行平台，长三角区域金融机构云集，金融体系较为完整、对外开放程度较高，奠定了共享合作的良好基础。2018 年，长三角区域包含商业银行、证券公司、信托公司、保险公司、基金公司和期货公司等金融机构，约占全国金融机构总数的 17%，外资银行业机构数占比超过全国一半，一些总部不属于长三角区域的全国性商业银行也开始在长三角设立第二总部或中心。众多金融机构共同推动长三角地区形成了全国性金融要素市场、区域性金融要素市场以及新兴的地方特

色互联网金融资产交易中心。

(二) 长三角区域金融创新基因良好

借助开放银行推动金融一体化时,对长三角区域的创新能力提出了更高要求。既需要以金融市场为导向,以各类企业为主体带动金融创新,也需要以科学研究为基础,支撑原创性的金融创新活动。长三角区域在城市群科技创新、金融企业创新实力以及基础科研能力方面,都具备全国领先的优势。

一是城市科技环境优越。根据《2018 中国城市科技创新发展报告》,长三角地区的上海、南京、苏州和杭州,科技创新在全国 289 个城市中位列前 10 位,长三角城市群科技创新水平全国第一。二是金融科技企业基础雄厚。根据浙江大学互联网金融研究院《2018 中国金融科技中心城市报告》,上海和杭州的金融科技产业排名全国前 5 位,上海在金融信息服务商方面列全国第一,杭州在云计算行业贡献率方面列全国第一。2018 年中国独角兽企业中,金融企业共计 22 家,其中 6 家均属于长三角区域;中国金融科技竞争力 100 强中,长三角区域内企业占比 32%。众多金融科技企业逐步产生集聚效应,引领长三角金融科技多业态发展。三是高校研究机构资源丰富。长三角区域拥有"双一流"建设高校 34 所,占全国"双一流"建设高校的 24.82%;"双一流"建设学科 132 个,占全国"双一流"建设学科的 28.39%。2019 年 5 月,复旦大学、上海交通大学、南京大学、浙江大学和中国科学技术大学共同成立了"长三角研究型大学联盟",力争打造互联互通、紧密合作、开放共享的研究型大学合作载体。

(三) 长三角区域金融制度环境良好

借助开放银行推动金融一体化时,离不开积极的金融环境,长三角区域政策先行,创造了良好的制度氛围。一方面,政府的外部政策予以引导。《2018 长三角金融发展白皮书》总结指出,2018 年长三角 29 个城市共发布金融相关政策 49 项,涵盖金融创新、监管规范、推动金融便利化、金融开放、金融专项奖励等诸多方面。鼓励创新类金融政策、金融监管类政策和简易便利类政策数量居前三位,分别占 34%、24.8% 和 16%,说明长三角区域的金融政策整体呈现鼓励创新的态势,同时也兼顾监管要求。另一方面,金融机构的内部政策予以支持。长三角区域一体化发展上升为国家战略后,诸多银行业金融机构展开研讨并踊跃响应。例如，中国银行发布《长三角一体化综合金融服务方案》，未来 5 年将在长三角区域新增投入 1 万亿信贷资源；交通银行组建长三角区域一体化战略推进办公室，推进跨区域业务"同城化"，并与政府部门成立联合金融创新实验室。

三、借助开放银行推动长三角区域金融一体化的建议

（一）借助开放银行的共享理念，多层面规划金融一体化建设体系

一是政府层面继续加强顶层设计。从国际经验来看，世界级城市群在一体化发展过程中，都离不开政府的引导作用，自上而下的推动是金融一体化的重要保障。目前，各类地方性的金融政策较多，但是还没有能形成区域一体化的政策体系，存在各自为政的割据现象，未来需要完善长三角区域层面的官方规划和协调机制，将开放银行的共享思维和发展融入，重点是建立优势互补、协同发展的思维、规则以及渠道。

二是市场层面打造合作共赢的开放银行平台。长三角区域金融一体化过程中，开放银行平台的搭建需要各类商业机构联结成共享发展的利益共同体。银行业金融机构作为最主要的金融类企业，需要在政府规划指导下，明确开放银行发展战略，选择适合自身特点的建设模式，在市场化过程中发挥主导作用。大型商业银行可以借助自身强大的资金技术实力和抗风险能力，优先采用自建开放银行平台系统的模式，主动将金融服务嵌入到客户的各类场景中；中型商业银行可以采用投资或者合作金融科技公司的模式，通过领先科技加快数字化转型，提升开放银行的建设效率；小型商业银行综合实力相对较弱，可以参与到其他开放银行平台系统中，从而能够与其他诸多机构间接产生业务合作。

三是产学研教育层面优化专业人才队伍培养体系。金融一体化发展离不开相关专业人才的支撑，开放银行与诸多不同类型机构产生联系，涉及业务范围、技术手段和数据种类更加纷繁复杂，需要熟悉金融、信息系统、互联网技术、大数据分析等知识的复合型人才。一方面，要借助已经成立的"长三角研究型大学联盟"等高校研究机构合作载体，共享优质高等教育资源，并且加快建设产教融合创新平台，全面提升实践型人才培养质量。另一方面，要完善金融人才引进政策，打造长三角金融人才集聚高地，同时促进长三角区域金融人才

的合作交流，既有不同金融机构之间的流动，也有不同地区之间的分享。

（二）借助开放银行的科学技术，系统性夯实金融一体化数据基础

一是借助开放银行推动数据应用标准制定。目前开放银行可以运用的数据主要由政府部门、金融业机构、第三方平台以及部分大型企业等多类主体持有，但是数据质量良莠不齐，数据格式种类繁多，并且数据信息容易被割裂成孤岛，共享的难度和成本较大。英国、欧盟等在推动开放银行建设时，首先是制定数据共享政策，统一数据格式标准、提高基础数据质量。未来，长三角区域可以先行先试，由政府部门牵头，与行业协会、领军企业等携手，共同建立高效的数据治理规则和开放透明机制，为金融一体化提供标准化的数据规范基础。

二是借助开放银行提高数据共享的广度和深度。按照目前国外开放银行的发展状况，侧重于强调传统商业银行将现有自身数据开放给其他类机构，从而实现金融服务与其他业务的串联。而从国内发展情况来看，传统商业银行获取外部数据信息的需求同样非常强烈。但是考虑到利益分配、数据价值和数据安全等因素后，双方的开放融合行为显得谨小慎微。开放银行在中国的内涵应该予以拓展，提倡开放银行平台上双向或多向数据共享，继续打造生产经营和生活消费等各类服务场景，丰富金融产品种类和组合，并不断总结协同发展的典型成功案例，进一步促进数据合作范围、提高数据融合程度。

三是借助开放银行提高数据处理能力。近几年金融科技发展迅猛，开放银行可以依靠 API/SDK 等共享技术，将以云计算、区块链、人工智能等为代表的科技手段充分应用到大数据处理中，实现从技术底层、数据中台到业务平台的一体化覆盖。开放银行平台需要具备稳健、前沿的科技基础，要建立起智能化、分布式和协同管理的数据治理平台，为实现大数据创造高信息价值赋能。

（三）借助开放银行的商业模式，全方位打造金融一体化生态圈

一是围绕综合化金融服务，打造产品组合生态圈。在开放银行模式下，传统银行不再局限于自身拥有的客户信息，还将获取其他合作伙伴提供的外部信息，从而能够深入理解客户行为及其金融需求。同时，借助开放银行平台，银行应该进一步将多家机构的不同产品进行有效组合管理，建立市场化分润机制，为客户提供一站式的综合金融服务，避免客户受限于一家金融机构的产品种类,提高金融服务获取的便利度。

二是围绕服务实体经济,打造业务互联生态圈。很多重大项目的实施,受实体企业组织管理机制、项目规模与特点等因素影响,往往是跨地区建设和运营,容易涉及资金投放区域与项目管理属地不一致、本地信贷资源不足等问题。目前,监管部门对商业银行跨区域经营设置了相对严格的监管要求,一定程度上影响银行资金在地区间的自由流动。借助开放的银行平台,可以加强银行业金融机构内部以及不同金融机构之间的合作,在不调整监管规则的情况下,通过业务互通互联来满足资金投放、调度以及项目管理等方面的需求,包括同业市场与信贷市场对接、资本市场与信贷市场对接以及信贷市场相互对接等。

三是围绕地方特色优势,打造区域协同生态圈。长三角区域金融一体化发展并不是同质化发展,一市三省的经济特点和金融发展程度存在较大差异,在打造一体化生态圈的同时,还应该充分体现各自的地区特色。上海已经定位于国际金融中心,集中长三角区域优质金融要素资源,构建开放银行过程中可以对其他地区的金融机构产生辐射效应;江苏作为制造业和进出口贸易大省,产融结合情况良好,构建开放银行过程中可以率先进行典型平台的试运行;浙江金融科技基础实力雄厚,构建开放银行过程中可以着力于新兴技术与模式支持;安徽人均金融服务资源相对稀缺,构建开放银行过程中可以在普惠金融和绿色金融方面重点突破。不同区域的生态圈能够优势互补、相互支撑、经验共享,充分发挥协同效应,进一步推动金融一体化建设。

(四)借助开放银行的创新尝试,运用科技手段提升金融一体化监管效能

一是提升商业银行内部的风险管理能力。开放银行能够获取更多方位的客户信息,有助于提高客户画像的准确度,但与此同时,拓展金融服务边界意味着风险开放。开放银行合作伙伴主要负责场景和数据的输出,核心风险管理功能依然需要由银行承担,在业务更加多元化的情况下,银行风险管理也更加复杂。开放银行在突破创新的过程中,要充分应用金融科技手段,将风险防控贯穿于整个业务流程,防范生态圈的新型风险问题,包括数据存储与传输的安全、数据共享中的客户隐私、大数据风险管理模型的适用性、合作机构之间的风险传染与隔离、风险暴露后的处置机制等。

二是提高监管机构外部的监管能力。开放银行推动金融一体化时,单类型

机构的风险监管转化为多种类机构的协同监管，区域内单地区的风险监管转化为各地区的合作监管，对监管部门的监管效能提出了更高要求。从国际实践来看，沙盒监管模式有助于监管部门掌握新兴业务的运行规律和风险特征，评估创新与风险的平衡问题，但是如何建立中国版的监管沙盒，尚没有形成统一的执行方案，长三角区域的监管部门需要率先探索如何运用科技手段来科学监管。另外，不少研究者已经注意到，金融科技的深度运用，有可能导致一系列伦理问题，包括服务对象的歧视问题、过度压榨客户剩余价值（例如大数据"宰熟"现象）等，监管部门特别要关注开放银行的数据使用和模型构建，掌握其透明度。

参考文献

[1] 巴曙松、白海峰：《金融科技的发展历程与核心技术应用场景探索》，载《清华金融评论》2016年第11期。

[2] 巴曙松、何雅婷、曾智：《货币政策、银行竞争力与流动性创造》，载《经济与管理研究》2016年第12期。

[3] 白鹤祥：《中国货币政策传导微观机制研究》，中国金融出版社1999年版。

[4] 白云霞、邱穆青、李伟：《投融资期限错配及其制度解释——来自中美两国金融市场的比较》，载《中国工业经济》2016年第7期。

[5] 边文龙、沈艳、沈明高：《银行业竞争度、政策激励与中小企业贷款——来自14省90县金融机构的证据》，载《金融研究》2017年第1期。

[6] 曹廷贵、苏静、任渝：《基于互联网技术的软信息成本与小微企业金融排斥度关系研究》，载《经济学家》2015年第7期。

[7] 陈飞、赵昕东、高铁梅：《我国货币政策工具变量效应的实证分析》，载《金融研究》2002年第10期。

[8] 陈龙腾、何建勇：《信贷风险、监管约束与银行最优行为》，载《经济评论》2010年第4期。

[9] 陈卫东、熊启跃：《银行业杠杆状况与政策建议》，载《中国金融》2017年第11期。

[10] 陈晓光、张宇麟：《信贷约束、政府消费与中国实际经济周期》，载《经济研究》2010年第12期。

[11] 陈学彬、徐明东、蒋祥林：《资本约束对商业银行信贷扩张的影响：1998~2007——基于中国14家商业银行面板数据的分析》，中国金融学术研究网工作论文，2009年。

[12] 陈雨露：《四十年来中央银行的研究进展及中国的实践》，载《金融

研究》2019 年第 2 期。

[13] 陈雨露、周晴：《浮动汇率制度下货币政策操作模式及中国货币状况指数》，载《世界经济》2004 年第 7 期。

[14] 崔宇清：《金融高杠杆业务模式、潜在风险与去杠杆路径研究》，载《金融监管研究》2017 年第 7 期。

[15] 戴金平、金永军、刘斌：《资本监管、银行信贷与货币政策非对称效应》，载《经济学（季刊）》2008 年第 2 期。

[16] 党宇峰、梁琪、陈文哲：《我国上市银行资本缓冲周期性及其影响因素研究》，载《国际金融研究》2012 年第 11 期。

[17] 邓超、周峰、唐莹：《过度贷款对中国商业银行流动性创造的影响研究》，载《金融经济学研究》2015 年第 6 期。

[18] 邓向荣、杨彩丽、马彦平：《我国银行间同业拆借市场有效性分析》，载《财经理论与实践》2010 年第 9 期。

[19] 邓向荣、张嘉明：《货币政策、银行风险承担与银行流动性创造》，载《世界经济》2018 年第 4 期。

[20] 段云、国瑶：《政治关系、货币政策与债务结构研究》，载《南开管理评论》2012 年第 5 期。

[21] 范从来、盛天翔、王宇伟：《信贷量经济效应的期限结构研究》，载《经济研究》2012 年第 1 期。

[22] 范渊凯：《我国互联网金融伦理研究评述》，载《道德与文明》2018 年第 3 期。

[23] 范忠宝、王小燕、阮坚：《区块链技术的发展趋势和战略应用——基于文献视角与实践层面的研究》，载《管理世界》2018 年第 12 期。

[24] 方意：《货币政策与房地产价格冲击下的银行风险承担分析》，载《世界经济》2015 年第 7 期。

[25] 费方域、许永国：《开放银行是上海金融科技中心建设的关键》，载《新金融》2019 年第 6 期。

[26] 冯春平：《货币供给对产出与价格影响的变动性》，载《金融研究》2002 年第 7 期。

[27] 高铁梅：《计量经济分析方法与建模》，清华大学出版社 2009 年版。

[28] 顾标、周纪恩：《中央银行应当关注相对价格的变化吗》，载《经济

学（季刊）》2010 年第 1 期。

[29] 顾海峰、于家珺：《中国经济政策不确定性与银行风险承担》，载《世界经济》2019 年第 11 期。

[30] 郭峰、王靖一、王芳、孔涛、张勋、程志云：《测度中国数字普惠金融发展：指数编制与空间特征》，载《经济学（季刊）》2020 年第 4 期。

[31] 郭品、沈悦：《互联网金融、存款竞争与银行风险承担》，载《金融研究》2019 年第 8 期。

[32] 郭晔、程玉伟、黄振：《货币政策、同业业务与银行流动性创造》，载《金融研究》2018 年第 5 期。

[33] 郭祎：《金融去杠杆的本质与实现条件》，载《改革》2018 年第 4 期。

[34] 郭友、莫倩：《资本约束与信贷挤压》，载《金融研究》2006 年第 7 期。

[35] 国务院发展研究中心金融研究所货币政策传导机制研究组：《中国银行体系贷款供给的决定及其对经济波动的影响》，载《金融研究》2003 年第 8 期。

[36] 韩亚欣、吴非、李志漫：《互联网金融：理论解构与中国实践》，载《金融经济学研究》2016 年第 2 期。

[37] 韩扬、何建敏：《资管新规窥探：银行表内外流动性创造与实体经济增长》，载《财经科学》2018 年第 6 期。

[38] 何德旭、冯明：《新中国货币政策框架 70 年：变迁与转型》，载《财贸经济》2019 年第 9 期。

[39] 侯荣华、张洋、李峰：《银行资本与货币政策关系研究评述》，载《经济学动态》2010 年第 5 期。

[40] 侯晓辉、李硕、李成：《同业业务与商业银行流动性创造——基于银行业微观数据的实证研究》，载《中南财经政法大学学报》2019 年第 2 期。

[41] 胡朝举：《区域经济一体化背景下粤东金融一体化问题研究——基于与珠三角差距的比较分析》，载《兰州学刊》2018 年第 6 期。

[42] 胡金焱、李建文、张博：《P2P 网络借贷是否实现了普惠金融目标》，载《世界经济》2018 年第 11 期。

[43] 胡利琴、陈锐、班若愚：《货币政策、影子银行发展与风险承担渠

道的非对称效应分析》，载《金融研究》2016年第2期。

［44］胡莹、仲伟周：《资本充足率、存款准备金率与货币政策银行信贷传导——基于银行业市场结构的分析》，载《南开经济研究》2010年第1期。

［45］黄金老：《贷款限额控制应作为明确的政策手段》，载《中国金融》2010年第10期。

［46］黄宪、马理、代军勋：《资本充足率监管下银行信贷风险偏好与选择分析》，载《金融研究》2005年第7期。

［47］黄宪、熊启跃：《银行资本缓冲、信贷行为与宏观经济波动——来自中国银行业的经验证据》，载《国际金融研究》2013年第1期。

［48］黄宪、叶晨、杜雪：《竞争、微金融技术与银行信贷业务边界的移动》，载《金融监管研究》2016年第9期。

［49］黄宪、曾冉：《微金融理论研究的发展》，载《经济评论》2013年第5期。

［50］黄益平、黄卓：《中国的数字金融发展：现在与未来》，载《经济学（季刊）》2018年第4期。

［51］纪敏、严宝玉、李宏瑾：《杠杆率结构、水平和金融稳定——理论分析框架和中国经验》，载《金融研究》2017年第2期。

［52］蒋瑛琨、刘艳武、赵振全：《货币渠道与信贷渠道传导机制有效性的实证分析——兼论货币政策中介目标的选择》，载《金融研究》2005年第5期。

［53］金鹏辉：《货币政策风险承担渠道的机理探索——美国两次次贷危机启示》，载《上海金融》2015年第1期。

［54］靳玉英、贾松波：《杠杆率监管的引入对商业银行资产结构的影响研究》，载《国际金融研究》2016年第6期。

［55］孔丹凤：《货币政策框架理论的一般分析》，载《上海金融》2008年第10期。

［56］李斌：《中国货币政策有效性的实证研究》，载《金融研究》2001年第7期。

［57］李炳、袁威：《货币信贷结构对宏观经济的机理性影响——兼对"中国货币迷失之谜"的再解释》，载《金融研究》2015年第11期。

［58］李朝晖：《我国P2P网络借贷与小微企业融资关系的实证研究》，载

《现代经济探讨》2015 年第 2 期。

［59］李华民、吴非：《谁在为小微企业融资：一个经济解释》，载《财贸经济》2015 年第 5 期。

［60］李华民、吴非：《银行规模、认知偏差与小企业融资》，载《财贸经济》2017 年第 5 期。

［61］李继尊：《关于互联网金融的思考》，载《管理世界》2015 年第 7 期。

［62］李克超：《开放银行的内涵、实践与展望》，载《金融纵横》2019 年第 7 期。

［63］李明辉、黄叶苨、刘莉亚：《市场竞争、银行市场势力与流动性创造效率——来自中国银行业的证据》，载《财经研究》2018 年第 2 期。

［64］李明辉、孙莎、刘莉亚：《货币政策对商业银行流动性创造的影响——来自中国银行业的经验证据》，载《财贸经济》2014 年第 10 期。

［65］李伟、韩立岩：《外资银行进入对我国银行业市场竞争度的影响：基于 Panzar-Rosse 模型的实证研究》，载《金融研究》2008 年第 5 期。

［66］李文豪：《我国银行经营绩效评价标准对信贷配给程度的影响》，载《金融研究》2006 年第 10 期。

［67］李文红、蒋则沈：《金融科技（FinTech）发展与监管：一个监管者的视角》，载《金融监管研究》2017 年第 3 期。

［68］李扬、孙国峰、朱烨东、伍旭川：《中国金融科技发展报告》，社会科学文献出版社 2017 年版。

［69］李占风、涂占新、陈妤：《金融危机背景下我国货币政策效应的实证分析》，载《经济学动态》2010 年第 10 期。

［70］廖理、李梦然、王正位：《中国互联网金融的地域歧视研究》，载《数量经济技术经济研究》2014 年第 5 期。

［71］廖理、张伟强：《P2P 网络借贷实证研究：一个文献综述》，载《清华大学学报（哲学社会科学版）》2017 年第 2 期。

［72］林毅夫、姜烨：《发展战略、经济结构与银行业结构：来自中国的经验》，载《管理世界》2006 年第 1 期。

［73］林毅夫、李永军：《中小金融机构发展与中小企业融资》，载《经济研究》2001 年第 1 期。

[74] 刘斌：《我国 DSGE 模型的开发及在货币政策分析中的应用》，载《金融研究》2008 年第 10 期。

[75] 刘斌：《资本充足率对信贷、经济及货币政策传导的影响》，载《金融研究》2005 年第 8 期。

[76] 刘秉镰、武鹏、刘玉海：《交通基础设施与中国全要素生产率增长——基于省域数据的空间面板计量分析》，载《中国工业经济》2010 年第 3 期。

[77] 刘畅、刘冲、马光荣：《中小金融机构与中小企业贷款》，载《经济研究》2017 年第 8 期。

[78] 刘达禹、赵婷婷、刘金全：《我国价格型与数量型货币政策工具有效性的实时对比及其政策残余信息估计》，载《经济学动态》2016 年第 10 期。

[79] 刘芬华、吴非、李华民：《互联网金融：创新金融体征、泡沫风险衍生与规制逻辑》，载《经济学家》2016 年第 6 期。

[80] 刘海二、石午光：《互联网金融的理论焦点与理论分歧》，载《经济学家》2015 年第 5 期。

[81] 刘海英、何彬：《工业增长、信贷供求和货币政策调整》，载《中国工业经济》2009 年第 7 期。

[82] 刘莉亚、余晶晶、杨金强、朱小能：《竞争之于银行信贷结构调整是双刃剑吗？——中国利率市场化进程的微观证据》，载《经济研究》2017 年第 5 期。

[83] 刘明康：《新中国银行业发展历史回顾与未来展望》，载《中国金融》2009 年第 19 期。

[84] 刘涛：《中国经济波动的信贷解释：增长与调控》，载《世界经济》2005 年第 12 期。

[85] 刘涛雄、徐晓飞：《互联网搜索行为能帮助我们预测宏观经济吗？》，载《经济研究》2015 年第 12 期。

[86] 刘晓光、苟琴：《银行业结构对中小企业融资的影响》，载《经济理论与经济管理》2016 年第 6 期。

[87] 刘忠璐：《互联网金融对商业银行风险承担的影响研究》，载《财贸经济》2016 年第 4 期。

[88] 娄飞鹏：《金融领域高杠杆的深层次成因与去杠杆建议》，载《西南

金融》2017年第6期。

[89] 卢岚、邓雄：《结构性货币政策工具的国际比较和启示》，载《世界经济研究》2015年第6期。

[90] 卢庆杰：《中国货币政策工具有效性分析》，载《复旦学报（社会科学版）》2007年第1期。

[91] 陆岷峰、张欢：《开放银行：历史、现状和未来趋势研究》，载《湖南财政经济学院学报》2018年第6期。

[92] 陆前进、卢庆杰：《我国利率调控面临的困境及政策含义》，载《上海财经大学学报》2008年第5期。

[93] 吕光明：《中国货币政策产业非均衡效应实证研究》，载《统计研究》2013年第4期。

[94] 吕守军、徐海霞：《货币政策与商业银行流动性创造相关问题的文献研究》，载《中央财经大学学报》2018年第6期。

[95] 吕思聪：《外部监管和货币政策对中国商业银行流动性创造能力的影响研究》，载《国际金融研究》2018年第5期。

[96] 马骏、管涛：《利率市场化与货币政策框架转型》，中国金融出版社2018年版。

[97] 马骏、纪敏：《新货币政策框架下的利率传导机制》，中国金融出版社2016年版。

[98] 马骏、施康、王红林、王立升：《利率传导机制的动态研究》，载《金融研究》2016年第1期。

[99] 马明和、王宇伟：《转型经济背景下我国货币迷失、非FDI资本流动与人民币汇率问题》，载《管理世界》2005年第11期。

[100] 马勇、陈雨露：《金融杠杆、杠杆波动与经济增长》，载《经济研究》2017年第6期。

[101] 麦肯锡咨询公司：《开放银行的全球实践与展望》，麦肯锡咨询公司网站，2019年6月。

[102] 明明、王诗雨：《双支柱金融调控政策框架探究》，载《中国金融》2017年第11期。

[103] 莫万贵、王立元：《货币供应量和贷款仍是当前合适的货币政策调控目标》，载《经济学动态》2008年第2期。

[104] 欧阳志刚、薛龙：《新常态下多种货币政策工具对特征企业的定向调节效应》，载《管理世界》2017年第2期。

[105] 潘彬、王去非、易振华：《同业业务、流动性波动与中央银行流动性管理》，载《经济研究》2018年第6期。

[106] 潘敏、缪海斌：《银行信贷、经济增长与通货膨胀压力》，载《经济评论》2010年第2期。

[107] 潘敏、袁歌骋：《金融去杠杆对经济增长和经济波动的影响》，载《财贸经济》2018年第6期。

[108] 潘松、魏先华、张敏、宋洋、陈敏：《银行间支付流与同业拆借利率之关系的实证研究》，载《金融研究》2009年第1期。

[109] 彭俞超、方意：《结构性货币政策、产业结构升级与经济稳定》，载《经济研究》2016年第7期。

[110] 皮天雷、刘垚森、吴鸿燕：《金融科技：内涵、逻辑与风险监管》，载《财经科学》2018年第9期。

[111] 皮天雷、赵铁：《互联网金融：逻辑、比较与机制》，载《中国经济问题》2014年第4期。

[112] 钱崇秀、宋光辉、许林：《超额贷款、不良率与商业银行流动性——流动性螺旋还是流动性权衡》，载《财贸经济》2018年第7期。

[113] 邱晗、黄益平、纪洋：《金融科技对传统银行行为的影响——基于互联网理财的视角》，载《金融研究》2018年第11期。

[114] 裘翔、周强龙：《影子银行与货币政策传导》，载《经济研究》2014年第5期。

[115] 申朴、刘康兵：《中国城镇居民消费行为过度敏感性的经验分析：兼论不确定性、流动性约束与利率》，载《世界经济》2003年第1期。

[116] 沈悦、郭品：《互联网金融、技术溢出与商业银行全要素生产率》，载《金融研究》2015年第3期。

[117] 沈悦、周奎省、李善燊：《利率影响房价的有效性分析——基于FAVAR模型》，载《经济科学》2011年第1期。

[118] 盛朝晖：《中国货币政策传导渠道效应分析：1994~2004》，载《金融研究》2006年第7期。

[119] 盛松成、吴培新：《中国货币政策的二元传导机制——"两中介目

标，两调控对象"》，载《经济研究》2008 年第 10 期。

［120］盛天翔、范从来：《金融科技与小微企业信贷供给述评：机制、实践与问题》，载《现代经济探讨》2020 年第 6 期。

［121］盛天翔、王宇伟、范从来：《利率工具、银行决策行为与信贷期限结构》，载《中国工业经济》2017 年第 12 期。

［122］史青青、费方域、朱微亮：《中国信贷市场的配适性分析》，载《统计研究》2010 年第 4 期。

［123］宋琴、汤桂丹、郭晶晶：《银行流动性创造对实体经济的影响——基于 2011—2016 年中国商业银行面板数据的实证分析》，载《河北经贸大学学报》2019 年第 3 期。

［124］宋琴、郑振龙：《巴塞尔协议Ⅲ、风险厌恶与银行绩效——基于中国商业银行 2004～2008 年面板数据的实证分析》，载《国际金融研究》2011 年第 7 期。

［125］孙国峰、贾君怡：《中国影子银行界定及其规模测算——基于信用货币创造的视角》，载《中国社会科学》2015 年第 11 期。

［126］孙国锋：《我国公开市场业务的实践与思考（下）》，载《中国货币市场》2003 年第 3 期。

［127］孙海波、刘忠璐：《后危机时期银行高质量资本与流动性创造关系研究——基于显性存款保险制度的讨论》，载《国际金融研究》2019 年第 1 期。

［128］孙杰、贺晨：《大数据时代的互联网金融创新及传统银行转型》，载《财经科学》2015 年第 1 期。

［129］孙明华：《我国货币政策传导机制的实证分析》，载《财经研究》2004 年第 3 期。

［130］孙莎、李明辉、刘莉亚：《商业银行流动性创造与资本充足率关系研究——来自中国银行业的经验证据》，载《财经研究》2014 年第 7 期。

［131］索彦峰：《货币政策传导机制的理论脉络、内涵界定及实证方法》，载《南京审计学院学报》2008 年第 1 期。

［132］谭志清：《构建开放银行：粤港澳大湾区金融创新发展的战略举措》，载《南方金融》2019 年第 5 期。

［133］汤铎铎、张莹：《实体经济低波动与金融去杠杆——2017 年中国宏

观经济中期报告》,载《经济学动态》2017 年第 8 期。

[134] 田霖:《互联网金融视域下金融地理学研究的新动态述评》,载《经济地理》2016 年第 5 期。

[135] 童士清:《中国金融机构信贷总量增长:文献综述与实证分析》,载《金融论坛》2008 年第 1 期。

[136] 万光彩、刘莉:《阐释"中国之谜"——一个基于扩展的总需求总供给模型》,载《数量经济技术经济研究》2007 年第 6 期。

[137] 万广华、张茵、牛建高:《流动性约束、不确定性与中国居民消费》,载《经济研究》2001 年第 11 期。

[138] 汪莉:《隐性存保、"顺周期"杠杆与银行风险承担》,载《经济研究》2017 年第 10 期。

[139] 汪洋:《中国货币政策工具有效性分析》,中国金融出版社 2009 年版。

[140] 王达:《论全球金融科技创新的竞争格局与中国创新战略》,载《国际金融研究》2018 年第 12 期。

[141] 王国刚:《调整利率政策思路 防范银根紧缩》,载《农村金融研究》2009 年第 3 期。

[142] 王国刚、张扬:《互联网金融之辨析》,载《财贸经济》2015 年第 1 期。

[143] 王国松:《通货紧缩下我国货币政策传导的信贷渠道实证分析》,载《统计研究》2004 年第 5 期。

[144] 王红:《商业银行的市场结构研究》,华中科技大学博士论文,2005 年。

[145] 王去非、易振华、陈一稀、项燕彪:《我国货币政策非对称效应下调控工具的选择与搭配》,载《金融研究》2015 年第 6 期。

[146] 王胜邦:《巴塞尔Ⅲ最终方案:背景、内容和启示》,载《银行家》2018 年第 1 期。

[147] 王小鲁、樊纲、胡李鹏:《中国分省份市场化指数报告(2018)》,社会科学文献出版社 2019 年版。

[148] 王馨:《互联网金融助解"长尾"小微企业融资难问题研究》,载《金融研究》2015 年第 9 期。

[149] 王义中、陈丽芳、宋敏:《中国信贷供给周期的实际效果：基于公司层面的经验证据》,载《经济研究》2015年第1期。

[150] 王艺明:《流动性过剩、法定存款准备与信用配给》,载《经济管理》2008年第8期。

[151] 王宇伟:《不同经济部门的货币需求差异研究——中国货币需求不稳定的一个新解释》,载《经济科学》2009年第4期。

[152] 王宇伟、范从来:《收入分配差距与交易货币需求关系的协整分析》,载《管理世界》2007年第1期。

[153] 王喆、张明、刘士达:《从"通道"到"同业"——中国影子银行体系的演进历程、潜在风险与发展方向》,载《国际经济评论》2017年第4期。

[154] 王周伟、王衡:《货币政策、银行异质性与流动性创造——基于中国银行业的动态面板数据分析》,载《国际金融研究》2016第2期。

[155] 温信祥:《银行资本监管对信贷供给的影响研究》,载《金融研究》2006年第4期。

[156] 吴俊英:《中小微企业网络融资模式实验——以"阿里小贷"为例》,载《经济问题》2014年第1期。

[157] 吴丽华:《我国信贷规模控制的有效性分析》,载《经济学动态》2008年第10期。

[158] 吴丽华、傅广敏:《人民币汇率、短期资本与股价互动》,载《经济研究》2014年第11期。

[159] 吴晓求:《互联网金融：成长的逻辑》,载《财贸经济》2015年第2期。

[160] 吴晓求:《中国金融的深度变革与互联网金融》,载《财贸经济》2014年第1期。

[161] 伍戈、谢洁玉:《信贷供给不足还是需求萎缩：量价组合的信号作用》,载《金融评论》2015年第6期。

[162] 夏德仁、张洪武、程智军:《货币政策传导的"信贷渠道"述评》,载《金融研究》2003年第5期。

[163] 项后军、陈简豪、杨华:《银行杠杆的顺周期行为与流动性关系问题研究》,载《数量经济技术经济研究》2015年第8期。

[164] 项后军、曾琪：《期限错配、流动性创造与银行脆弱性》，载《财贸经济》2019 年第 8 期。

[165] 肖晶、粟勤：《破除银行业垄断能够缓解中小企业融资约束吗？》，载《南开经济研究》2016 年第 5 期。

[166] 肖崎、阮健浓：《我国银行同业业务发展对货币政策和金融稳定的影响》，载《国际金融研究》2014 年第 3 期。

[167] 谢平、张怀清：《融资结构、不良资产与中国 M2/GDP》，载《经济研究》2007 年第 2 期。

[168] 谢平、邹传伟：《互联网金融模式研究》，载《金融研究》2012 年第 12 期。

[169] 谢绚丽、沈艳、张皓星、郭峰：《数字金融能促进创业吗？——来自中国的证据》，载《经济学（季刊）》2018 年第 4 期。

[170] 熊启跃、杨昊龙：《危机以来银行资本监管问题的前沿研究：文献综述》，载《金融监管研究》2015 年第 5 期。

[171] 徐惠儿、姜翔程、曹家和：《技术进步促进经济增长和福利的机制研究——基于 REDUX 模型扩展后的实证分析》，载《南方经济》2008 年第 5 期。

[172] 徐细雄、林丁健：《基于互联网金融的小微企业融资模式创新研究》，载《经济体制改革》2014 年第 6 期。

[173] 许桂华、谭春枝：《银行业竞争度变动对商业银行流动性创造的影响——基于中国银行业的实证分析》，载《金融经济学研究》2016 年第 4 期。

[174] 许坤、苏扬：《逆周期资本监管、监管压力与银行信贷研究》，载《统计研究》2016 年第 3 期。

[175] 许伟、陈斌开：《银行信贷与中国经济波动：1993—2005》，载《经济学（季刊）》2009 年第 3 期。

[176] 薛菁：《新兴融资方式缓解小微企业融资困难的有效性分析》，载《经济体制改革》2018 年第 6 期。

[177] 杨东：《互联网金融的法律规制——基于信息工具的视角》，载《中国社会科学》2015 年第 4 期。

[178] 杨东：《监管科技：金融科技的监管挑战与维度建构》，载《中国社会科学》2018 年第 5 期。

[179] 杨俊、邵汉华、廖尝君：《银行竞争环境下资本缓冲行为的实证研究》，载《经济科学》2015年第2期。

[180] 杨涛、贲圣林、杨东、宋科：《中国金融科技运行报告》，社会科学文献出版社2018年版。

[181] 叶永刚、李林、舒莉：《中非法郎区银行风险预警研究——基于层次法和熵值法的组合分析》，载《国际金融研究》2018年第4期。

[182] 易纲：《中国的货币供求与通货膨胀》，载《经济研究》1995年第5期。

[183] 易宪容：《金融科技的内涵、实质及未来发展——基于金融理论的一般性分析》，载《江海学刊》2017年第2期。

[184] 易宪容、陈颖颖、周俊杰：《开放银行：理论实质及其颠覆性影响》，载《江海学刊》2019年第2期。

[185] 余明：《中国存款准备金政策有效性分析》，载《世界经济》2009年第2期。

[186] 曾刚：《商业银行杠杆变化趋势》，载《中国金融》2017年第11期。

[187] 战明华、徐杰灵、王石磊：《金融摩擦、产权异质与不同类型货币政策工具的效应》，载《财贸经济》2016年第7期。

[188] 战明华、应诚炜：《利率市场化改革、企业产权异质与货币政策广义信贷渠道的效应》，载《经济研究》2015年第9期。

[189] 战明华、张成瑞、沈娟：《互联网金融发展与货币政策的银行信贷渠道传导》，载《经济研究》2018年第4期。

[190] 张辉、黄泽华：《我国货币政策利率传导机制的实证研究》，载《经济学动态》2011年第3期。

[191] 张军：《中国的信贷增长为什么对经济增长影响不显著》，载《学术月刊》2006年第7期。

[192] 张强、乔煜峰、张宝：《中国货币政策的银行风险承担渠道存在吗？》，载《金融研究》2013年第8期。

[193] 张荣刚、徐京平：《小微企业网络众筹的路径选择与风险甄别》，载《科研管理》2018年第8期。

[194] 张晓玫、潘玲：《我国银行业市场结构与中小企业关系型贷款》，载《金融研究》2013年第6期。

[195] 张一林、林毅夫、龚强：《企业规模、银行规模与最优银行业结构——基于新结构经济学的视角》，载《管理世界》2019 年第 3 期。

[195] 张勇、李政军、龚六堂：《利率双轨制、金融改革与最优货币政策》，载《经济研究》2014 年第 10 期。

[196] 张玉明、迟冬梅：《互联网金融、企业家异质性与小微企业创新》，载《外国经济与管理》2018 年第 9 期。

[197] 章晟、李其保：《信贷规模对经济增长与物价变动影响的实证分析》，载《财贸经济》2009 年第 12 期。

[198] 赵锡军、王胜邦：《资本约束对商业银行信贷扩张的影响：中国实证分析（1995—2003）》，载《财贸经济》2007 年第 7 期。

[199] 赵岳、谭之博：《电子商务、银行信贷与中小企业融资——一个基于信息经济学的理论模型》，载《经济研究》2012 年第 7 期。

[200] 浙江大学互联网金融研究院：《2018 年中国金融科技中心城市报告》，浙江大学互联网金融研究院网站，2018 年 11 月。

[201] 郑晓亚、赵自然、陈华：《利率走廊、政策利率传导与商业银行贷款市场化定价——结合中美实践的比较研究》，载《财政研究》2016 年第 7 期。

[202] 郑志来：《互联网金融对我国商业银行的影响路径——基于"互联网+"对零售业的影响视角》，载《财经科学》2015 年第 5 期。

[203] 中关村互联网金融研究院：《2018 中国金融科技竞争力 100 强榜单》，中关村互联网金融研究院，2018 年 6 月。

[204] 中国人民银行营业管理部课题组：《中央银行利率引导——理论、经验分析与中国的政策选择》，载《金融研究》2013 年第 9 期。

[205] 钟凯、程小可、张伟华：《货币政策、信息透明度与企业信贷期限结构》，载《财贸经济》2016 年第 3 期。

[206] 钟伟、谢婷：《巴塞尔协议Ⅲ的新近进展及其影响初探》，载《国际金融研究》2011 年第 3 期。

[207] 周爱民、陈远：《中国商业银行资本结构与其流动性创造关系的实证研究》，载《金融经济学研究》2013 年第 3 期。

[208] 周凡、齐天翔：《竞争会降低商业银行流动性创造吗？》，载《云南财经大学学报》2017 年第 4 期。

[209] 周凡、齐天翔、周伟峰:《资本充足率会降低商业银行流动性创造吗?——基于中国商业银行的实证研究》,载《金融论坛》2017年第4期。

[210] 周科:《开放银行理念的缘由、实施和挑战》,载《清华金融评论》2018年第6期。

[211] 周小川:《把握好多目标货币政策:转型的中国经济的视角》,载《金融时报》2016年6月25日。

[212] 周晓艳、韩朝华:《中国各地区生产效率与全要素生产率增长率分解(1990~2006)》,载《南开经济研究》2009年第5期。

[213] 周再清、甘易、胡月:《商业银行同业资产特性与风险承担行为——基于中国银行业动态面板系统GMM的实证分析》,载《国际金融研究》2017年第7期。

[214] 祝继高、胡诗阳、陆正飞:《商业银行从事影子银行业务的影响因素与经济后果——基于影子银行体系资金融出方的实证研究》,载《金融研究》2016年第1期。

[215] Adrian T., and Shin H. S., Money, Liquidity, and Monetary Policy, *American Economic Review*, 2009, 99 (2): 600–605.

[216] Agarwal S., and I. Ben-David, Loan Prospecting and the Loss of Soft Information, *Journal of Financial Economics*, 2018, 129 (3): 608–628.

[217] Agrawal A., C. Catalini, and A. Goldfarb, Some Simple Economics of Crowdfunding, *Innovation Policy and the Economy*, 2014, 14 (1): 63–97.

[218] Aksoy Y., and H. S. Basso, Liquidity, Term Spreads and Monetary Policy, *Economic Journal*, 2014, 124 (581): 1234–1278.

[219] Arellano M. and O. Bover, Another Look at the Instrumental Variable Estimation of Error-components Models, *Journal of Econometrics*, 1995, 68 (1): 29–51.

[220] Arellano M. and S. Bond, Some Tests of Specification for Panel Data: Monte Carlo Evidence and an Application to Employment Equations, *The Review of Economic Studies*, 1991, 58 (2): 277–297.

[221] Arner D. W., J. N. Barberis and R. P. Buckley, The Evolution of Fintech: A New Post-Crisis Paradigm, University of Hong Kong Faculty of Law Research Paper No. 2015/047, UNSW Law Research Paper No. 2016-62, Available

at SSRN: https://ssrn.com/abstract=2676553.

[222] Athreya K., X. S. Tam and E. R. Young, A Quantitative Theory of Information and Unsecured Credit, *American Economic Journal-Macroeconomics*, 2012, 4 (3): 153–183.

[223] Atta-Mensah J. and A. Dib, Banking Lending, Credit Shocks, and the Transmission of Canadian Monetary Policy, *International Review of Economics and Finance*, 2008, 17 (1): 159–176.

[224] Baglioni A., Monetary Policy Transmission under Different Banking Structures: The Role of Capital and Heterogeneity, *International Review of Economics and Finance*, 2007, 16 (1): 78–100.

[225] Balyuk T. and S. A. Davydenko, Reintermediation in Fintech: Evidence from Online Lending. Michael J. *Brennan Irish Finance Working Paper Series Research Paper*, No. 18–17, 2018.

[226] Baradwaj B. G., Y. Shao and M. Dewally, Institutions, Capital Control, and Liquidity Creation, *Journal of Financial Economic Policy*, 2016, 8 (3): 396–422.

[227] Bartoli F., G. Ferri, P. Murro et al., SME Financing and the Choice of Lending Technology in Italy: Complementarity or Substitutability, *Journal of Banking & Finance*, 2013, 37 (12): 5476–5485.

[228] Batten J. A., I. Loncarski and P. G. Szilagyi, When Kamay Met Hill: Organizational Ethics in Practice, *Journal of Business Ethics*, 2018, 147 (4): 779–792.

[229] BCBS, Sound Practices: Implications of Fintech Developments for Banks And Bank Supervisors. Consultative Document, 2017. Available at: https://www.bis.org/bcbs/publ/d431.htm.

[230] Beatty A. and S. Liao, Regulatory Capital Ratios, Loan Loss Provisioning and Pro-cyclicality. *Working Paper*, 2009.

[231] Beccalli E., Boitani A. and Di Giuliantonio S., Leverage Pro-cyclicality and Securitization in US Banking, *Journal of Financial Intermediation*, 2015, 24 (2): 200–230.

[232] Berger A. N., C. H. S. Bouwman, T. Kick et al., Bank Liquidity Cre-

ation Following Regulatory Interventions and Capital Support, *Journal of Financial Intermediation*, 2016, 26: 115 – 141.

［233］Berger A. N. , Bouwman, C. H. S. and Kim D. , Small Bank Comparative Advantages in Alleviating Financial Constraints and Providing Liquidity Insurance over Time, *The Review of Financial Studies*, 2017, 30（10）: 3416 – 3454.

［234］Berger A. N. and Bouwman C. H. S. , Bank Liquidity Creation, Monetary Policy, and Financial Crises, *Journal of Financial Stability*, 2017, 30: 139 – 155.

［235］Berger A. N. and Bouwman, C. H. S. , Bank Liquidity Creation, *The Review of Financial Studies*, 2009, 22（9）: 3779 – 3837.

［236］Berger A. N. and J. Sedunov, Bank Liquidity Creation and Real Economic Output, *Journal of Banking & Finance*, 2017, 81（9）: 1 – 19.

［237］Berger A. N. and Udell G. F. , A More Complete Conceptual Framework for SME Finance, *Journal of Banking & Finance*, 2006, 30（11）: 2945 – 2966.

［238］Berger A. N. , The Economic Effects of Technological Progress: Evidence from the Banking Industry, *Journal of Money, Credit and Banking*, 2003, 35（2）: 141 – 176.

［239］Berger A. N. , W. Goulding and T. Rice, Do Small Businesses Still Prefer Community Banks, *Journal of Banking & Finance*, 2014, 44: 264 – 278.

［240］Bernanke B. S. and Blinder A. S. , The Federal Funds Rate and the Channels of Monetary Transmission, *American Economic Review*, 1992, 82（4）: 901 – 921.

［241］Bernanke B. S. and M. Gertler. Inside the Black Box: The Credit Channel of Monetary Policy Transmission, *Journal of Economic Perspectives*, 1995, 9（4）: 27 – 48.

［242］Bernanke B. S. , J. Boivin and P. Eliasz, Measuring the Effects of Monetary Policy: A Factor-augmented Vector Autoregressive（FAVAR）Approach, *Quarterly Journal of Economics*, 2005, 120（1）: 387 – 422.

［243］Bernanke B. S. and A. S. Blinder, Credit, Money and Aggregate Demand, *American Economic Review*, 1988, 78（2）: 435 – 439.

[244] Bernanke B. S. and M. Gertler, Agency Costs, Net Worth, and Business Fluctuations, *American Economic Review*, 1989, 79 (1): 14–31.

[245] Bernanke B. S., C. S. Lown and B. M. Friedman, The Credit Crunch, *Brookings papers on Economic Activity*, 1991 (2): 205–247.

[246] Bernanke B. S., M. Gertler and S. Gilchrist, The Financial Accelerator in a Quantitative Business Cycle Framework, *Review of Economics and Statistics*, 1996, 78 (1): 1–15.

[247] Black L. K. and Rosen R. J., Monetary Policy, Loan Maturity, and Credit Availability, *International Journal of Central Banking*, 2016, 12 (1): 199–230.

[248] Bliss R. R. and Kaufman G. G., Bank Procyclicality, Credit Crunches, and Asymmetric Monetary Policy Effects: A Unifying Model, *Journal of Applied Finance*, 2003, 13 (2): 23–31.

[249] Blum J. and M. Hellwig, The Macroeconomic Implications of Capital Adequacy Requirements for Banks, *European Economic Review*, 1995, 39 (3–4): 739–749.

[250] Blundell R. and S. Bond, Initial Conditions and Moment Restrictions in Dynamic Panel Data Models, *Journal of Econometrics*, 1998, 87 (1): 115–143.

[251] Boivin J. and M. Giannoni, Global Forces and Monetary Policy Effectiveness. *NBER Working Paper*, No. 13736, 2008.

[252] Bollinger, B. and S. Yao, Risk Transfer Versus Cost Reduction on Two-Sided Microfinance Platforms, *Quantitative Marketing and Economics*, 2018, 16 (3): 251–287.

[253] Bolton P. and X. Freixas, Equity, Bonds, and Bank Debt: Capital Structure and Financial Market Equilibrium under Asymmetric Information, *Journal of Political Economy*, 2000, 108 (2): 324–351.

[254] Boot A. W. A. and A. V. Thakor, Can Relationship Banking Survive Competition, *Journal of Finance*, 2000, 55 (2): 679–713.

[255] Borio C. and H. Zhu, Capital Regulation, Risk-Taking and Monetary Policy: A Missing Link in the Transmission Mechanism, *Journal of Financial Stability*,

2012, 8 (4): 236-251.

[256] Buch C. M., S. Eickmeier, and E. Prieto, In Search for Yield? Survey-Based Evidence on Bank Risk Taking, *Journal of Economic Dynamics and Control*, 2014, 43 (C): 12-30.

[257] Buchak G., G. Matvos T. Piskorski et al., Fintech, Regulatory Arbitrage, and the Rise of Shadow Banks, *Journal of Financial Economics*, 2018, 130 (3): 453-483.

[258] Casu B., Di Pietro F. and Trujillo-Ponce A., Liquidity Creation and Bank Capital, *Journal of Financial Services Research*, 2019, 56 (3): 307-340.

[259] Cavallo M. and G. Majnoni, Do Banks Provision for Bad Loans in Good Times? Empirical Evidence and Policy Implications, *Working Paper*, No. 2619, 2001.

[260] Cenni S., S. Monferra, V. Salotti et al., Credit Rationing and Relationship Lending. Does Firm Size Matter, *Journal of Banking & Finance*, 2015, 53 (C): 249-265.

[261] Chami R. and Cosimano T. F., Monetary Policy with a Touch of Basel. *IMF Working Paper*, 2001.

[262] Chami R. and Cosimano T. F., Monetary Policy With a Touch of Basel, *Journal of Economics & Business*, 2010, 62 (3): 161-175.

[263] Chatterjee U. K., Bank Liquidity Creation and Asset Market Liquidity, *Journal of Financial Stability*, 2015, 18: 139-153.

[264] Chen B. S., S. G. Hanson and J. C. Stein, The Decline of Big Bank Lending to Small Banks: Dynamic Impacts on Local Credit and Labor Markets. *NBER Working Paper*, No. 23843, 2017.

[265] Chen M. A., Q. Wu and B. Yang, How Valuable Is FinTech Innovation. *Working Paper Review of Financial Studies Forthcoming*, 2018.

[266] Chong T. T., L. Lu and S. Ongena, Does Banking Competition Alleviate or Worsen Credit Constraints Faced by Small- and Medium-sized Enterprises? Evidence from China, *Journal of Banking & Finance*, 2013, 37 (9): 3412-3424.

[267] Christensen I. and A. Dib, The Financial Accelerator in an Estimated New Keynesian Model, *Review of Economic Dynamics*, 2008, 11 (1): 155-178.

[268] Cole S., M. Kanz and L. Klapper, Incentivizing Calculated Risk-Taking: Evidence from an Experiment with Commercial Bank Loan Officers, *Journal of Finance*, 2015, 70 (2): 537 – 575.

[269] De Haan W. J., Summer S. W. and Yamashiro G. M., Bank Loan Portfolios and the Monetary Transmission Mechanism, *Journal of Monetary Economics*, 2007, 54 (3): 904 – 924.

[270] De Nicolò G., Dell'Ariccia G., Laeven, L. et al., Monetary Policy and Bank Risk Taking. *IMF Working Paper*, 2010.

[271] Delis M. D. and G. P. Kouretas, Interest Rates and Bank Risk-Taking, *Journal of Banking and Finance*, 2011, 35 (4): 840 – 855.

[272] Dell'Ariccia G., Laeven L. and Suarez G. A., Bank Leverage and Monetary Policy's Risk-Taking Channel: Evidence from the United States, *Journal of Finance*, 2017, 72 (2): 613 – 654.

[273] Dell'Ariccia G. and R. Marquez, Information and Bank Credit Allocation, *Journal of Financial Economics*, 2004, 72 (1): 185 – 214.

[274] Dell'Ariccia G., Marquez R. and Laeven L., Monetary Policy, Leverage and Bank Risk-Taking. IMF Working Paper, No. 10276, 2010.

[275] DeYoung R., Hunter W. C. and Udell G. F., The past, present, and probable future for community banks, *Journal of Financial Services Research*, 2004, 25 (2 – 3): 85 – 133.

[276] DeYoung R., W. S. Frame D., Glennon et al., The Information Revolution and Small Business Lending: The Missing Evidence, *Journal of Financial Services Research*, 2011, 39 (1 – 2): 19 – 33.

[277] Di Lorenzo V., Fintech Lending: A Study of Expectations Versus Market Outcomes, *Forthcoming in Review of Banking & Financial Law*, 2018 – 2019: 725 – 763.

[278] Di Maggio M. and Yao V. W., Fintech Borrowers: Lax-Screening or Cream-Skimming. *NEBR Working Paper*, 2018.

[279] Diamond D. W. and Rajan R. G., Money in a Theory of Banking, *American Economic Review*, 2006, 96 (1): 30 – 53.

[280] Diamond D. W. and Dybvig P. H., Bank Runs, Deposit Insurance,

and Liquidity. *Journal of Political Economy*, 1983, 91 (3): 401 – 419.

［281］Diamond D. W. and Rajan R. G. , A Theory of Bank Capital, *Journal of Finance*, 2000, 55 (6), 2431 – 2465.

［282］Diamond D. W. and Rajan R. G. , Fear of Fire Sales, Liquidity Seeking, and Credit Freezes, *Quarterly Journal of Economics*, 2011, 126 (2): 557 – 591.

［283］Drozd L. A. and R. Serrano-Padial, Modeling the Revolving Revolution: The Debt Collection Channel, *American Economic Review*, 2017, 107 (3): 897 – 930.

［284］Elsas R. , A. Hackethal and M. Holzhauser, The Anatomy of Bank Diversification, *Journal of Banking & Finance*, 2010, 34 (6): 1274 – 1287.

［285］Eysenbach G. , Infodemiology and Infoveillance: Framework for an Emerging Set of Public Health Informatics Methods to Analyze Search, Communication and Publication Behavior on the Internet, *Journal of Medical Internet Research*, 2009, 11 (1): e11.

［286］Feldstein M. and C. Horioka, Domestic Savings and International Capital Flows, *Economic Journal*, 1980, 90 (358): 314 – 329

［287］Feng G. and A. Serletis, Efficiency, Technical Change, and Returns to Scale in Large US Banks: Panel Data Evidence from an Output Distance Function Satisfying Theoretical Regularity, *Journal of Banking & Finance*, 2010, 34 (1): 127 – 138.

［288］Fidrmuc J. , Fungáčová, Z. and Weill, L. , Does Bank Liquidity Creation Contribute to Economic Growth? Evidence from Russia, *Open Economies Review*, 2015, 26 (3): 479 – 496.

［289］Filip D. , K. Jackowicz and L. Kozlowski, Influence of Internet and Social Media Presence on Small, Local Banks' Market Power, *Baltic Journal of Economics*, 2017, 17 (2): 190 – 214.

［290］Fleming J. M. , Domestic Financial Policies under Fixed and under Floating Exchange Rates, *I. M. F. Staff Papers*, 1962, 9 (3): 369 – 380.

［291］Francis W. B. and M. Osborne, Capital Requirements and Bank Behavior in the UK: Are There Lessons for International Capital Standards, *Journal of*

Banking and Finance, 2012, 36 (3): 803-816.

[292] Freedman S. M. and G. Z. Jin, Learning by Doing with Asymmetric Information: Evidence from Prosper. com. *NBER Working Paper*, No. 16855, 2011.

[293] Fuster A., M. Plosser P. Schnabl et al., The Role of Technology in Mortgage Lending. *Federal Reserve Bank of New York Staff Reports*, No. 836, 2018.

[294] Gertler M. and S. Gilchrist, The Role of Credit Market Imperfections in the Monetary Transmission Mechanism: Arguments and Evidence, *The Scandinavian Journal of Economics*, 1993, 95 (1): 43-64.

[295] Gomber P., R. J. Kauffman C., Parker et al., On the Fintech Revolution: Interpreting the Forces of Innovation, Disruption, and Transformation in Financial Services, *Journal of Management Information Systems*, 2018, 35 (1): 220-265.

[296] Greenwald B. C. and J. E. Stiglitz, Financial Market Imperfections and Business Cycles, *Quarterly Journal of Economics*, 1993, 108 (1): 77-114.

[297] Hansen A. H., A Guide to Keynes. New York: McGraw-Hill Book Company, 1953.

[298] Hasan I., K. Jackowicz and O. Kowalewski, Do Local Banking Market Structures Matter for SME Financing and Performance? New Evidence from an Emerging Economy, *Journal of Banking & Finance*, 2017, 79: 142-158.

[299] Hicks J. R., Mr. Keynes and the Classics: A Suggested Interpretation, *Econometrica*, 1937, 5 (2): 147-159.

[300] Hovakimian A. and E. J. Kane, Effectiveness of Capital Regulation at US Commercial Banks, *Journal of Finance*, 2000, 55 (1): 451-468.

[301] Jagtiani J. and C, Lemieux, Fintech Lending: Financial Inclusion, Risk Pricing, and Alternative Information. *FRB of Philadelphia Working Paper*, No. 17-17, 2017.

[302] Jagtiani J. and C. Lemieux, Small Business Lending After the Financial Crisis: A New Competitive Landscape for Community Banks, *Federal Reserve Bank of Chicago Working Paper*, 2016.

[303] Jakšič M. and Marinč M., Relationship Banking and Information Technology: The Role of Artificial Intelligence and FinTech, *Risk Management*, 2019,

21 (1): 1 – 18.

[304] Jakšič M. and Marinč M. The Future of Banking: The Role of Information Technology. *Working Paper*, 2015.

[305] Kashyap A. K. and J. C. Stein, The Impact of Monetary Policy on Bank Banlance Sheets. *Carnegie-Rochester Conference Series on Public Policy*, 1994.

[306] Kavuri A. S., and A. Milne, Fintech and the Future of Financial Services: What are the Research Gaps? . *Working Paper*, No. 2019 – 18, 2018.

[307] Kazi I. A., H. Wagan and F. Akbar. The Changing International Transmission of US Monetary Policy Shocks: Is There Evidence of Contagion Effect on OECD Countries, *Economic Modelling*, 2013, 30 (1): 90 – 116.

[308] Kiyotaki N. and J. Moore, Credit Cycles, *Journal of Political Economy*, 1997, 105 (2): 211 – 248.

[309] Koop G. and D. Korobilis, A New Index of Financial Conditions, *European Economic Review*, 2014, 71 (10): 101 – 116.

[310] Kopecky K. J. and D. VanHoose, Bank Capital Requirements and the Monetary Transmission Mechanism, *Journal of Macroeconomics*, 2004, 26 (3): 443 – 464.

[311] Leland H. E., Saving and Uncertainty: The Precautionary Demand for Saving, *Quarterly Journal of Economics*, 1968, 82 (3): 465 – 473.

[312] Liberti J. M., Initiative, Incentives, and Soft Information, *Management Science*, 2018, 64 (8): 3714 – 3734.

[313] Liberti J. M. and M. A. Petersen, Information: Hard and Soft. *NBER Working Paper*, No. 25075, 2018.

[314] Livshits I., J. C. Mac Gee and M. Tertilt, The Democratization of Credit and the Rise in Consumer Bankruptcies, *Review of Economic Studies*, 2016, 83 (4): 1673 – 1710.

[315] Lu L., Promoting SME Finance in the Context of the Fintech Revolution: A Case Study of the UK's Practice and Regulation. *Working Paper*, 2018.

[316] Ludvigson S., The Channel of Monetary Transmission to Demand: Evidence from the Market for Automobile Credit, *Journal of Money, Credit, and Banking*, 1998, 30 (3): 365 – 383.

[317] Marinč M., Banks and Information Technology: Marketability vs Relationships, *Electronic Commerce Research*, 2013, 13 (1): 71–101.

[318] Markidou A. and Nikolaidou F., The Reaction of Bank Lending to Macroeconomic Fluctuations of Monetary Policy Transmission in Greece, *European Journal of Economics, Finance and Administrative Sciences*, 2008, 13 (10): 98–115.

[319] Matsumura Y., Information Advantage, Relationship Advantage and Competition in Banking Industry. *Working Paper*, 2018.

[320] Matsuyama K., Credit Traps and Credit Cycles, *American Economic Review*, 2007, 97 (1): 503–516.

[321] Mocetti S., M. Pagnini and E. Sette, Information Technology and Banking Organization, *Journal of Financial Services Research*, 2017, 51 (3): 313–338.

[322] Mollick E., The Dynamics of Crowdfunding: An Exploratory Study, *Journal of Business Venturing*, 2014, 29 (1): 1–16.

[323] Morse A., Peer-to-Peer Crowdfunding: Information and the Potential for Disruption in Consumer Lending, *Annual Review of Financial Economics*, 2015, 7: 463–482.

[324] Mundell R. A., The Appropriate Use of Monetary and Fiscal Policy under Fixed Exchange Rates, *IMF Staff Papers*, 1962, 9 (1): 70–79.

[325] Nakajima J., M. Kasuya and T. Watanabe, Bayesian Analysis of Time-Varying Parameter Vector Autoregressive Model for the Japanese Economy and Monetary Policy, *Journal of the Japanese and International Economies*, 2011, 25 (3): 225–245.

[326] Navaretti G. B., Calzolari G., Mansilla-Fernandez J. M. et al., Fintech and Banking: Friends or Foes, *Working Paper*, 2018.

[327] Nelson B., Pinter G., and Theodoridis K., Do Contractionary Monetary Policy Shocks Expand Shadow Banking, *Journal of Applied Econometrics*, 2018, 33 (2): 198–211.

[328] Ngalawa F. and Viegi N., Interaction of Formal and Informal Financial Markets in Quasi-Emerging Market Economies, *Working Paper*, 2010.

[329] Nier E. and L. Zicchino, Bank Losses, Monetary Policy and Financial Stability—Evidence on the Interplay from Panel Data. *IMF Working Paper*, No. 08/232, 2008.

[330] Odinet C. K. , Consumer Bitcredit and Fintech Lending. *Working Paper*, 2018.

[331] Oliner S. D. and G. D. Rudebusch, Is There a Broad Credit Channel for Monetary Policy, *FRBSF Economic Review*, 1996, 77 (3): 3 – 13.

[332] Ortiz-Molina H. , and Penas M. F. , Lending to Small Businesses: the Role of Loan Maturity in Addressing Information Problems, *Small Business Economics*, 2008, 30 (4): 361 – 383.

[333] Pagano M. and T. Jappelli, Information Sharing in Credit Markets, *Journal of Finance*, 1993, 48 (5): 1693 – 1718.

[334] Palladino L. , Small Business Fintech Lending: The Need for Comprehensive Regulation, *Working Paper*, 2018.

[335] Papanikolaou N. I. , FinTech Credit and Traditional Bank Credit: Allies or Opponents, *Working Paper*, 2018.

[336] Papke L. E. and J. M. Wooldridge, Panel Data Methods for Fractional Response Variables with an Application to Test Pass Rates, *Journal of Econometrics*, 2008, 145 (1 – 2): 121 – 133.

[337] Paravisini D. and A. Schoar, The Incentive Effect of Scores: Randomized Evidence from Credit Committees. *NBER Working Paper*, No. 19303, 2015.

[338] Park J. , How J. C. and Verhoeven P. , Liquidity Creation and Funding Ability During the Interbank Lending Crunch, *Working Paper*, No. 2492521, 2014.

[339] Peek J. , E. S. Rosengren and Tootell G. M. B. , Identifying the Macroeconomic Effect of Loan Supply Shocks, *Journal of Money Credit & Banking*, 2003, 35 (6): 931 – 946.

[340] Pereira M. D. C. C. , The Effects of Households' and Firms' Borrowing Constraints on Economic Growth, *Portuguese Economic Journal*, 2008, 7 (1): 1 – 16.

[341] Philippon T. , Has the US Finance Industry Become Less Efficient? On the Theory and Measurement of Financial Intermediation, *American Economic Re-*

view, 2015, 105 (4): 1408 – 1438.

[342] Primiceri G. E., Time Varying Structural Vector Autoregressions and Monetary Policy, *Review of Economic Studies*, 2005, 72 (3): 821 – 852.

[343] Qian J., P. E. Strahan and Z. Yang, The Impact of Incentives and Communication Costs on Information Production and Use: Evidence from Bank Lending, *Journal of Finance*, 2015, 70 (4): 1457 – 1493.

[344] Qiao H., Chen M., and Xia Y., The Effects of the Sharing Economy: How Does Internet Finance Influence Commercial Bank Risk Preferences, *Emerging Markets Finance and Trade*, 2018, 54 (13): 3013 – 3029.

[345] Raghuram R. G., Has Finance Made the World Riskier, *European Financial Management*, 2006, 12 (4): 499 – 533.

[346] Rainie L. and J. Anderson, Code-Dependent: Pros and Cons of the Algorithm Age, Pew Research Center, http://www.pewinternet.org/2017/02/08/code-dependent-pros-and-cons-of-the-algorithm-age/, 2017.

[347] Rauch C., Steffen S., Hackethal, A., Tyrell M., Savings Banks, Liquidity Creation and Monetary Policy. *Working Paper*, 2009.

[348] Raza S. A. and Hanif N., Factors Affecting Internet Banking Adoption among Internal and External Customers: A Case of Pakistan, *International Journal of Electronic Finance*, 2013, 7 (1): 82 – 96.

[349] Rime B., Capital Requirements and Bank Behaviour: Empirical Evidence for Switzerland, *Journal of Banking & Finance*, 2001, 25 (4): 789 – 805.

[350] Ripberger J. T., Capturing Curiosity: Using Internet Search Trends to Measure Public Attentiveness, *Policy Studies Journal*, 2011, 39 (2): 239 – 259.

[351] Roosa R., Interest Rates and the Central Bank, Money, Trade, and Economic Growth: Essays in Honor of John H. Williams, *New York: MacMillan*, 1951.

[352] Ryan R. M., C. M. O'Toole and F. McCann, Does Bank Market Power Affect SME Financing Constraints, *Journal of Banking & Finance*, 2014, 49 (C): 495 – 505.

[353] Safaei J. and Cameron N. E., Credit Channel and Credit Shocks in Canadian Macro-dynamics: A Structural VAR Approach, *Applied Financial Econom-*

ics, 2003, 13 (4): 267 – 277.

[354] Sánchez J. M., The IT Revolution and the Unsecured Credit Market. *Federal Reserve Bank of St, Louis Working Paper*, No. 2010-022B, 2012.

[355] Schweitzer M., and Barkley B., Is "Fintech" Good for Small Business Borrowers? Impacts on Firm Growth and Customer Satisfaction, *FRB of Cleveland Working Paper*, No. 17 – 01, 2017.

[356] Sedunov J., Does Bank Technology Affect Small Business Lending Decisions, *Journal of Financial Research*, 2017, 40 (1): 5 – 32.

[357] Sidrauski M., Rational Choice and Patterns of Growth in a Monetary Economy, *American Economic Review*, 1967, 57 (2): 534 – 544.

[358] Smets F. and Wouters R., An Estimated Dynamic Stochastic General Equilibrium Model of the EURO Area, *Journal of the European Economic Association*, 2003, 1 (5): 1123 – 1175.

[359] Stiglitz J. E. and Weiss A., Credit Rationing in Markets with Imperfect Information, *American Economics Review*, 1981, 71 (3): 393 – 410.

[360] Sutherland A., Does Credit Reporting Lead to A Decline in Relationship Lending? Evidence from Information Sharing Technology, *Journal of Accounting & Economics*, 2018, 66 (1): 123 – 141.

[361] Tasic N., and Valev N., The Provision of Long-term Financing in the Transition Economies, *Journal of Comparative Economics*, 2010, 38 (2): 160 – 172.

[362] Taylor J. B., The Monetary Transmission Mechanism: An Empirical Framework, *The Journal of Economic Perspectives*, 1995, 9 (4): 11 – 26.

[363] Thakor A. V., Capital Requirements, Monetary Policy and Aggregate Banking Lending: Theory and Empirical Evidence, *Journal of Finance*, 1996, 51 (1): 279 – 324.

[364] Thakor A. V., Fintech and Banking: What Do We Know, *Journal of Financial Intermediation*, 2020, 41 (C): 1 – 13.

[365] Thakor R. T., and R. C. Merton, Trust in Lending. *MIT Sloan School Working Paper*, No. 5524 – 18, 2018.

[366] Tobin J., A General Equilibrium Approach to Monetary Theory, *Jour-*

nal of Money, Credit, and Banking, 1969, 1 (1): 15-29.

[367] Tran V. T., Lin C. T., and Nguyen H., Liquidity Creation, Regulatory Capital, and Bank Profitability, *International Review of Financial Analysis*, 2016, 48: 98-109.

[368] Van den Heuvel S. J., Does Bank Capital Matter for Monetary Transmission, *Economic Policy Review*, 2002, 8 (1): 259-265.

[369] Van den Heuvel S. J., The Bank Capital Channel of Monetary Policy, Manuscript, *Department of Finance*, University of Pennsylvania, 2003.

[370] Van Loo R., Making Innovation More Competitive: The Case of Fintech, *UCLA Law Review*, 2018, 65 (1): 232-279.

[371] Van Hoose D., Theories of Bank Behavior under Capital Regulation, *Journal of Banking and Finance*, 2007, 31 (12): 3680-3697.

[372] Van Hoose D., Bank Capital Regulation, Economic Stability, and Monetary Policy: What Does the Academic Literature Tell Us, *Atlantic Economic Journal*, 2008, 36 (1): 1-14.

[373] Wright A., Technology as an Enabler of the Global Branding of Retail Financial Services, *Journal of International Marketing*, 2002, 10 (2): 83-98.

[374] Zarutskie R., Evidence on the Effects of Bank Competition on Firm Borrowing and Investment, *Journal of Financial Economics*, 2006, 81 (3): 503-537.

后　记

2016年秋，怀着对科研的兴趣和教书育人的热情，我离开中国银行江苏省分行，进入南京农业大学金融学院，由一名金融从业者转型为金融教学科研人员。彼时，不少关心我的朋友都认为这似乎并非一个理性选择，因为舍弃的机会成本很高，而回归高校的发展之路又充满着诸多不确定性。于是，我听从了弗洛伊德的一句话，"当你做大的决定，如寻找终身伴侣或寻找理想时，你就应该依靠你的潜意识，因为这么重要的决定必须由你的心灵深处的最大需要为依据"。本书成稿之际，恰逢转行四年，谨以本书汇报阶段性的成果。

本书是在我的博士生导师、南京大学范从来教授的鼓励和指导下完成。与范老师相识于2001年，一晃已近20年光阴。高山仰止，景行行止，范老师高屋建瓴的学术视野和胸怀四海的内心格局，一直给我的学习、工作和生活带来启迪，始终引领我前进。

我的研究方向聚焦于货币金融和商业银行管理，本书主要以我已有的研究成果为基础，按照货币政策信用传导机制的过程讨论商业银行信贷资源配置。既包括货币政策调控的总量和结构性分析，也涵盖新兴金融科技可能带来新变化的研究，还有对未来商业银行转型的一些探讨。全书的核心章节曾在《经济研究》《中国工业经济》《金融研究》《国际金融研究》《现代经济探讨》和 *Finance Research Letters* 等国内外权威核心期刊发表，同时吸纳更新了自己的专著《基于商业银行信贷行为的货币政策信用传导机制研究》中的部分内容。

本书的出版要感谢南京农业大学金融学院的领导和同事们的关心，是他们让我能够更快地适应高校的工作，给予我良好的科研环境；感谢中国银行、南京银行和中国人民银行等金融机构和监管部门的领导和朋友们的帮助，是他们让我的研究能够更符合金融业的实践情况；感谢经济科学出版社齐伟娜老师、卢玥丞老师及排版、校对、印刷、美编老师们的辛勤工作，是他们让我的专著能够顺利出版；感谢我的父母和其他亲朋好友的爱护，是他们让我能有良好的心态从事自己感兴趣的职业。

  由于自己才疏学浅、学术积累有限，书稿中依然有不少学术问题尚待解决，也可能存在谬误之处，还请各位读者谅解并给予批评指正。路漫漫其修远兮，本书既是我学术研究的一次阶段性总结，也是未来发展的新的起点。"不忘初心"于我而言，并非一句简单口号，更需要脚踏实地地坚韧探索。我将不断思考、研究和写作，以科学研究为基础，推动教学和社会服务，做一名有贡献的高校教师。

盛天翔

2020 年 12 月

图书在版编目（CIP）数据

货币政策、金融科技与商业银行信贷配置/盛天翔著.
—北京：经济科学出版社，2020.12
（高质量发展阶段货币政策研究论丛）
教育部长江学者创新团队发展计划　南京大学文科卓越研究计划"十层次"项目　"十四五"国家重点出版物出版规划项目
ISBN 978-7-5218-1984-7

Ⅰ.①货…　Ⅱ.①盛…　Ⅲ.①货币政策-研究-中国②金融-科技发展-研究-中国③商业银行-信贷资金管理-研究-中国　Ⅳ.①F822.0②F832

中国版本图书馆 CIP 数据核字（2020）第 201213 号

责任编辑：齐伟娜　卢玥丞
责任校对：靳玉环
责任印制：范　艳

货币政策、金融科技与商业银行信贷配置
盛天翔/著
经济科学出版社出版、发行　新华书店经销
社址：北京市海淀区阜成路甲 28 号　邮编：100142
总编部电话：010-88191217　发行部电话：010-88191522
网址：www.esp.com.cn
电子邮箱：esp@esp.com.cn
天猫网店：经济科学出版社旗舰店
网址：http://jjkxcbs.tmall.com
北京季蜂印刷有限公司印装
787×1092　16 开　15.25 印张　250000 字
2021 年 12 月第 1 版　2021 年 12 月第 1 次印刷
ISBN 978-7-5218-1984-7　定价：68.00 元
(图书出现印装问题，本社负责调换。电话：010-88191510)
(版权所有　侵权必究　打击盗版　举报热线：010-88191661
QQ：2242791300　营销中心电话：010-88191537
电子邮箱：dbts@esp.com.cn)